DANIELLE STEEL

Plus de 90 romans publiés, 800 millions d'exemplaires vendus à travers le monde : Danielle Steel est un auteur dont le succès ne se dément pas depuis maintenant plus de trente ans. Une catégorie en soi. Un véritable phénomène d'édition. Elle a récemment été promue au grade de chevalier de l'ordre de la Légion d'honneur.

Retrouvez toute l'actualité de l'auteur sur :
www.danielle-steel.fr

SOUVENIRS DU VIÊTNAM

DU MÊME AUTEUR
CHEZ POCKET

. COUPS DE CŒUR
. JOYAUX
. NAISSANCES
. DISPARU
. LE CADEAU
. ACCIDENT
. CINQ JOURS À PARIS
. LA MAISON DES JOURS HEUREUX
. AU NOM DU CŒUR
. HONNEUR ET COURAGE
. LE RANCH
. RENAISSANCE
. LE FANTÔME
. LE KLONE ET MOI
. UN SI LONG CHEMIN
. DOUCE AMÈRE
. FORCES IRRÉSISTIBLES
. LE MARIAGE
. MAMIE DAN
. VOYAGE
. LE BAISER
. RUE DE L'ESPOIR
. L'AIGLE SOLITAIRE
. LE COTTAGE
. COURAGE
. VŒUX SECRETS
. COUCHER DE SOLEIL
À SAINT-TROPEZ
. RENDEZ-VOUS
. À BON PORT
. L'ANGE GARDIEN
. RANÇON
. LES ÉCHOS DU PASSÉ
. IMPOSSIBLE
. ÉTERNELS CÉLIBATAIRES
. LA CLÉ DU BONHEUR
. MIRACLE
. PRINCESSE
. SŒURS ET AMIES
. LE BAL
. VILLA NUMÉRO 2
. UNE GRÂCE INFINIE
. PARIS RETROUVÉ
. IRRÉSISTIBLE
. UNE FEMME LIBRE
. AU JOUR LE JOUR
. AFFAIRE DE CŒUR
. DOUBLE REFLET
. MAINTENANT ET POUR TOUJOURS
. ALBUM DE FAMILLE
. CHER DADDY
. LES LUEURS DU SUD
. UNE GRANDE FILLE
. LIENS FAMILIAUX
. LA VAGABONDE
. IL ÉTAIT UNE FOIS L'AMOUR
. UNE AUTRE VIE
. COLOCATAIRES
. EN HÉRITAGE
. JOYEUX ANNIVERSAIRE
. TRAVERSÉES
. UN MONDE DE RÊVE
. LES PROMESSES DE LA PASSION
. HÔTEL VENDÔME
. TRAHIE
. SECRETS
. LA BELLE VIE
. SOUVENIRS D'AMOUR
. ZOYA
. DES AMIS SI PROCHES
. LA FIN DE L'ÉTÉ
. L'ANNEAU DE CASSANDRA
. LE PARDON
. SECONDE CHANCE
. JUSQU'À LA FIN DES TEMPS
. STAR
. PLEIN CIEL
. SOUVENIRS DU VIÊTNAM
. UN PUR BONHEUR
. VICTOIRES
. LOVING
. COUP DE FOUDRE
. PALOMINO

. OFFRIR L'ESPOIR

DANIELLE STEEL

SOUVENIRS DU VIÊTNAM

ROMAN

Traduit de l'anglais (États-Unis)
par Danielle Berdou

PRESSES DE LA CITÉ

Titre original :
MESSAGE FROM NAM

MIXTE
Papier issu de sources responsables
FSC® C003309
FSC
www.fsc.org

Pocket, une marque d'Univers Poche, est un éditeur qui s'engage pour la préservation de son environnement et qui utilise du papier fabriqué à partir de bois provenant de forêts gérées de manière responsable.

ISBN 978-2-266-25070-2

Pour l'amour de ma vie,
John,
qui fait que chaque instant
vaut la peine d'être vécu.
Et pour nos fils chéris,
Trevor, Todd, Nicholas, Maxx,
puissiez-vous ne jamais, au grand jamais
avoir à vous battre dans une guerre,
comme celle-ci.
De tout mon cœur
et de tout mon amour,

D. S.

Le flambeau a été passé à une nouvelle génération.

Extrait du discours inaugural
de John Fitzgerald Kennedy.

Ces garçons qui se sont battus au Vietnam

Ils ont passé de main en main
les souhaits
les rêves
les espoirs
de toute une génération,
de toute une nation
envoyée à la guerre,
une poignée
de vieillards
conduisant nos enfants
à la mort,
tandis que nous regardions
dans l'horreur
dans la douleur
dans le malheur
sans parvenir à croire
que nous allions perdre
tant de nos garçons,
qui venaient à peine de délaisser
leurs jouets,
leurs yeux
tellement jeunes,

tellement vivants,
tellement remplis d'espoir,
le combat,
si long
si lamentable,
les blessures
si profondes
jusqu'au moment où enfin
nos jeunes hommes se sont de nouveau endormis
dans les bras de leur créateur,
leurs noms gravés
dans la pierre,
ils ne reverront plus jamais leur maison,
ils ne toucheront plus jamais nos larmes
plus jamais…
de peur que nous oubliions,
de peur que nous devenions vieux,
nos cœurs ne doivent plus jamais
être si glacés,
il ne faut pas nous voiler la face,
il faut nous souvenir d'eux,
de ces garçons qui sont
morts…
que cela n'ait pas été en vain,
n'oublions jamais,
les cris,
la douleur,
l'atrocité,
la bravoure,
les héros,
et les sourires,
cette époque
si lointaine

à des kilomètres de distance
dans une contrée si riante
si verdoyante
dans un endroit
situé exactement
entre l'espoir et les mensonges,
nous devons nous souvenir toujours,
promettre
de toujours
toucher leurs cœurs
tant que faire
se peut,
amis, gardez en mémoire…
gardez en mémoire…
les garçons qui ont péri,
qui ont vécu,
qui ont pleuré,
les garçons
qui se sont battus
au Vietnam.

PREMIÈRE PARTIE

ÉTATS-UNIS

Savannah – Berkeley

Novembre 1963 – Juin 1968

1

C'était un jour froid et gris, à Savannah, et une brise glaciale soufflait de l'océan. Les feuilles mortes jonchaient le sol du parc Forsyth, quelques couples se promenaient, main dans la main, et des femmes bavardaient en fumant une dernière cigarette avant de reprendre le travail. Au lycée de Savannah, les couloirs étaient déserts. Après la sonnerie de treize heures, les élèves avaient regagné leurs classes. On entendit un rire fuser de l'une des salles, mais un silence studieux émanait de la majorité d'entre elles, troublé seulement par le crissement de la craie sur le tableau. Les élèves de seconde année, mal préparés à une interrogation surprise en civilisation américaine, affichaient des mines consternées. On venait d'informer ceux de dernière année que les conseils d'éducation auraient lieu la semaine suivante, avant Thanksgiving.

Au même instant, bien loin de là, à Dallas, trois coups de feu claquaient. Dans le cortège présidentiel, un homme s'écroulait entre les bras de sa femme, horriblement blessé à la tête. Personne encore n'avait réalisé ce qui venait de se passer.

A Savannah, la voix du professeur continuait son

ronron, et Paxton Andrews essayait de résister à l'ennui et à la somnolence. Elle eut subitement l'impression qu'elle n'arriverait pas à garder les yeux ouverts une minute de plus.

Heureusement, la sonnerie de treize heures cinquante retentit, libérant un flot de jeunes gens des interrogations, des exposés, de la littérature française et des pharaons d'Egypte. Ils changeaient de salle pour le cours suivant, s'arrêtant à leur casier pour prendre un livre ou échanger une brève plaisanterie avec un éclat de rire. Soudain, un cri. Un son prolongé, angoissant, qui transperça l'atmosphère comme une flèche tirée de très loin. Puis ce fut comme un déferlement de tonnerre vers le téléviseur allumé dans une pièce d'angle ordinairement réservée aux professeurs, et des centaines de jeunes visages affolés se tendirent vers l'écran, en un vacarme d'où émergeaient des « Non ! » incrédules qui rendaient l'information inaudible, jusqu'à ce que quelqu'un se mette à crier :

— Silence, les gars ! on n'entend rien !

— Est-ce qu'il est blessé ? Est-ce qu'il est…

Personne n'osait prononcer le mot.

Les mêmes questions se répercutaient dans la foule :

— Que s'est-il passé ?

— On a tiré sur le président Kennedy…

— Quoi ? Comment est-ce arrivé ?

— A Dallas ?

Abasourdis, ils voulaient croire à une mauvaise plaisanterie.

— Tu as entendu ? On a tiré sur le président Kennedy !

— Oui, et alors… Tu n'as rien trouvé de plus drôle ?

Il n'y avait rien à dire. Rien que des mots insensés, des questions sans réponse.

L'écran diffusait des images confuses : on voyait le cortège présidentiel se disloquer et les voitures s'éloigner à vive allure. Le présentateur Walter Cronkite était à l'antenne, blanc comme un linge. « Le Président a été grièvement blessé. » Un frisson parcourut l'assistance, dans la petite salle qui semblait contenir tout le lycée de Savannah, élèves et professeurs confondus.

— Qu'est-ce qu'il a dit ? cria quelqu'un, de la foule qui s'entassait dans les couloirs.

— Le Président est grièvement blessé, répondit une voix au premier rang.

Trois « première année » fondirent en larmes sous les yeux de Paxton, immobilisée par la pression des corps autour d'elle. Un étrange silence envahit soudain la pièce, comme si personne n'osait bouger de crainte que le moindre déplacement d'air n'eût une influence néfaste sur le cours des événements.

Paxton se retrouva six ans en arrière – elle avait à peine onze ans…

« Papa est blessé, Pax… » lui avait annoncé son frère Georges. Leur mère était déjà partie pour l'hôpital. Carlton Andrews aimait piloter son propre avion. Il survolait l'Etat de part en part pour se rendre à ses réunions, et il avait été pris dans une tempête près d'Atlanta.

— Il n'est pas… Ça va aller ?…

— Il…

La voix de Georges s'était brisée et Paxton avait lu dans son regard l'inéluctable vérité. Georges avait vingt-cinq ans à l'époque. Non seulement le frère et la sœur avaient quatorze ans de différence, mais leurs caractères étaient aux antipodes l'un de l'autre. Paxton était ce qu'il est convenu d'appeler un « accident » – comme sa mère le glissait à ses amies – dont Carlton n'avait cessé de se réjouir. Béatrice Andrews avait vingt-six ans à la naissance de son fils Georges. Cinq années s'étaient écoulées depuis son mariage, et sa grossesse avait été un véritable cauchemar. Elle avait été malade tous les jours, durant neuf mois, et l'accouchement fut si pénible qu'elle n'en oublierait jamais la douleur. Le travail, interminable, avait duré quarante-deux heures au bout desquelles il avait fallu pratiquer une césarienne, et bien que le bébé fût un magnifique garçon de quatre kilos et demi, Béatrice s'était juré de ne jamais avoir d'autre enfant. Pour rien au monde elle n'aurait voulu réitérer l'expérience et y veillait avec une vigilance toute particulière.

Comme à l'accoutumée, Carlton fut d'une immense patience avec elle, et il était fou de son fils. Il faut dire que Georges était le genre de fils que n'importe quel père aurait rêvé d'avoir. C'était un garçon joyeux, de bonne composition, raisonnablement sportif, et manifestant un penchant pour les études qui comblait également sa mère. Ils menaient une vie tranquille, heureuse. Carlton avait un cabinet d'avocats prospère, Béatrice assumait des fonctions importantes à la Société Historique, au Club de jeunes et à l'Association des filles de la Guerre civile[1]. Son existence était bien remplie. De plus, elle jouait au bridge tous les mardis. C'est au cours d'une de ces parties qu'elle ressentit pour la première fois une nausée aussi violente que subite.

1. Les Américains appellent la guerre de Sécession « Guerre civile ». (*N.d.T.*)

Elle attribua cette indisposition à un petit déjeuner trop copieux, pris au Club le matin même, et elle rentra se reposer après sa partie de bridge. Trois semaines plus tard, elle était fixée sur la nature de son malaise.

Elle se retrouvait enceinte à quarante et un ans, avec un fils de quatorze ans sur le point d'achever ses études secondaires, et un mari qui n'avait même pas la pudeur de dissimuler sa joie.

Cette grossesse se déroula mieux que la précédente, mais elle ne semblait guère s'en émouvoir tant elle était humiliée par son état, à l'âge où d'autres songent à devenir grand-mères. Elle ne voulait plus d'enfant et son mari ne parvenait pas à la rasséréner, malgré sa tendresse. Même l'adorable petite fille, blonde et angélique, qu'on lui mit dans les bras à son réveil ne parut pas la consoler. Durant des mois, elle ne cessa de répéter qu'elle avait été inconséquente, et elle laissa le bébé en permanence à l'énorme et gazouillante nounou noire dont elle s'était alloué les services pendant sa grossesse. Celle-ci répondait au nom d'Elizabeth McQueen, mais tout le monde l'appelait Queenie. Ce n'était pas à proprement parler une nurse professionnelle. Elle avait mis au monde onze enfants, dont sept seulement étaient encore en vie, et elle était l'image même de cette bénédiction du Sud : la bonne vieille nounou noire bien-aimée. Elle débordait d'amour pour l'humanité entière, plus particulièrement pour les enfants et les tout-petits, mais elle nourrissait pour Paxton une passion qu'aucune mère n'aurait pu éprouver, surtout pas Béatrice Andrews. Béatrice n'était pas à l'aise avec la petite et, pour des raisons qui lui demeuraient obscures, elle gardait ses distances. L'enfant avait toujours l'air d'avoir les mains poisseuses, ou elle voulait jouer avec les fragiles flacons de parfum sur la coiffeuse de Béatrice et les renversait immanquablement, et la mère et l'enfant s'agaçaient mutuellement. C'était Queenie qui consolait Paxton quand elle pleurait. C'était dans les bras de Queenie qu'elle se réfugiait si elle avait mal ou si elle avait peur. Queenie ne la quittait jamais d'une semelle. Queenie ne prenait jamais de congé. D'ailleurs elle n'avait nulle part où aller : ses enfants avaient fait leur vie et elle tremblait à l'idée d'abandonner Paxton un seul instant. Il est vrai que son père l'adorait et se montrait toujours indulgent à son égard, mais il n'en était pas de même pour sa mère. A mesure que Paxton grandissait, le fossé entre elle et sa mère se creusait. A dix ans, elle savait déjà que tout les séparait. Difficile même d'imaginer un lien de parenté entre ces deux êtres. La mère ne vivait que pour ses clubs, ses amies, ses associations et ses parties de bridge. Elle avait fait de son action au sein des Filles de la Guerre civile et de son amitié pour ces femmes son unique raison d'être.

Elle ne manifestait que peu d'intérêt à son mari, et, le soir à table, elle l'écoutait avec un ennui poli qui n'échappait pas à Paxton. A Carlton non plus, d'ailleurs. Bien que pour rien au monde il ne l'eût admis, il souffrait tout autant que Paxton de la froideur de sa mère. Béatrice Andrews était loyale, respectueuse de ses devoirs, bien organisée, élégante, agréable, en un mot parfaitement bien élevée, mais elle n'avait, de sa vie, ressenti la moindre émotion envers qui que ce soit. Elle n'en avait tout simplement pas la capacité. Queenie s'en était bien aperçue aussi, bien qu'elle le formulât autrement que Carlton aurait pu le faire. Elle avait d'ores et déjà déclaré à ses filles que Béatrice Andrews avait le cœur plus sec qu'un noyau de pêche. Il n'y avait guère que pour son fils Georges qu'elle éprouvait un sentiment voisin de l'amour. Ils avaient une forme de relation à laquelle elle ne s'était jamais laissée aller avec Paxton. Il portait sur les choses un regard froid, distant, pour ainsi dire clinique, qui l'avait finalement amené à entreprendre des études de médecine ce qui impressionnait Béatrice. Elle lui vouait admiration et respect, exultant à l'idée que son fils devînt médecin. « Il est plus brillant que son père », confiait-elle à ses amies, et ce n'était pas sans lui rappeler son propre père, qui avait autrefois siégé à la Cour suprême de Géorgie. Elle était persuadée que Georges lui aussi accomplirait de grandes choses. Mais qu'adviendrait-il de Paxton ? Elle irait à l'université pour obtenir un diplôme, puis se marierait et aurait des enfants. La banalité de ce destin, calqué sur le sien, émouvait peu Béatrice. Elle-même, sur l'insistance de son père, avait suivi les cours à Sweet Briar, puis épousé Carlton deux semaines après avoir obtenu son diplôme. Au fond, bien qu'elle se plût en leur compagnie et la recherchât en maintes occasions, elle n'avait guère de considération pour les femmes. Elle était beaucoup plus impressionnée par les hommes qui, eux, réalisaient de grands desseins. Dans son esprit, il était clair que la jolie petite fille blonde qui collait ses doigts poisseux un peu partout n'était pas promise à un avenir glorieux.

Walter Cronkite continuait d'égrener les nouvelles à la télévision. Paxton se tenait immobile parmi les autres élèves silencieux, rivés à l'écran. Certains faisaient des commentaires à voix basse. Toutes les cinq minutes, Cronkite appelait les journalistes postés dans le hall de l'hôpital Parkland Memorial de Dallas où on avait transporté le Président.

— Nous n'avons pas de précisions pour l'instant, déclarait un journaliste. Tout ce que nous savons, c'est que le Président est dans un état critique, mais il n'y a pas eu de nouveau bulletin de santé.

Un professeur changea de chaîne, juste pour entendre son présentateur Chet Huntley dire exactement la même chose. Les élèves se regardaient, la même expression de terreur sur le visage.

Paxton fut de nouveau submergée par le souvenir de Georges venant la chercher à l'école pour lui annoncer l'accident survenu à leur père.

L'avion qui s'écrasait… Le choc… et l'expression de Georges. A l'époque, il venait de terminer ses études de médecine et était sur le point de commencer son internat à l'hôpital d'Atlanta. Il s'était arrangé pour faire toutes ses études dans le Sud, bien que leur père, diplômé de Harvard, l'eût encouragé à aller dans le Nord. Mais Béatrice considérait qu'il était important de rester près de ses racines et de soutenir le système éducatif du Sud, comme elle le proclamait fréquemment.

Il était maintenant deux heures de l'après-midi. Paxton, le souffle court, se tenait dans un coin de la pièce, essayant de se persuader qu'il s'en tirerait ; elle ne parvenait pas à retenir ses larmes, ne sachant plus si elle pleurait pour le Président ou pour son père. Celui-ci, trop grièvement atteint, était mort des suites de ses blessures le lendemain de l'accident, sa femme et son fils à son chevet, pendant que Paxton attendait à la maison avec Queenie. Ils avaient estimé qu'à onze ans elle était trop jeune pour le voir à l'hôpital, et de toute façon il n'avait pas repris connaissance. Il s'en était allé, emportant avec lui sa chaleur et sa générosité, sa sagesse, sa fascination pour les êtres, l'Histoire, et les événements, loin de Savannah. C'était un gentleman du Sud de la vieille école, cependant il avait échappé de façon mystérieuse à ses modèles d'éducation, et c'était ce que Paxton adorait en lui. Ça et tout le reste. La façon qu'il avait de la serrer fort dans ses bras quand elle courait vers lui, leurs conversations quand ils allaient faire de longues promenades et abordaient des sujets qui la préoccupaient – la guerre, l'Europe, la vie à Harvard. Elle adorait l'entendre parler, elle adorait son parfum – ce sillage poivré qu'il laissait derrière lui dans la pièce –, elle adorait la manière dont il plissait les yeux en souriant, lorsqu'il lui disait combien il était fier d'elle. Elle avait cru mourir lorsqu'on avait joué *Amazing Grace* à son enterrement, et Queenie, assise au fond, pleurait si fort que Paxton l'entendait du premier rang où elle se tenait entre sa mère et son frère.

Après la mort de son père, rien n'avait plus jamais été comme avant. C'était comme si une partie d'elle-même avait disparu avec lui, celle qui allait respirer des fleurs des champs avec lui, qui l'accompagnait à son bureau lorsqu'il travaillait le samedi matin, qui pouvait lui parler en ayant l'impression de vraiment comprendre le monde, et lui poser toutes sortes de questions. Elle avait une étrange prescience des êtres et, un jour, elle lui avait dit que sa mère ne l'aimait pas vraiment – ce qui ne la troublait d'ailleurs pas outre mesure. C'était comme ça. Et puis, elle avait Queenie et son père.

— Je pense qu'elle a besoin de quelqu'un comme Georges… Il la rassure, lui parle des choses qui lui tiennent à cœur. En fait, il est comme elle, tu ne trouves pas, papa ? Parfois, quand je lui dis que j'adore quelque chose, j'ai l'impression que cela lui fait peur.

Elle avait inconsciemment touché le point sensible et Carlton Andrews le savait bien, mais pour rien au monde il n'en eût convenu vis-à-vis de son unique fille.

— Elle n'exprime pas ses sentiments de la même manière que toi ou moi, avait-il répondu en toute honnêteté, adossé au vieux fauteuil de cuir dans lequel elle aimait tourner jusqu'à perdre l'équilibre. Cela ne veut pas dire qu'elle n'éprouve rien.

Il se sentait obligé de prendre la défense de sa femme, même contre Paxton, bien qu'au fond de lui-même il sût qu'elle disait la vérité. Béatrice était froide comme le marbre. Fidèle et loyale, c'était une « bonne épouse », selon ses propres critères. Elle tenait agréablement leur intérieur, était toujours aimable et polie envers lui, ne le trahirait jamais.

C'était une lady, au plus profond de son être, mais, comme Paxxie, il doutait qu'elle eût jamais aimé quelqu'un ou quelque chose, à l'exception toutefois de Georges ; encore que même avec lui, elle restait sur ses gardes et manquait de chaleur. C'est sans doute parce que son fils lui ressemblait tant qu'il se contentait de ce qu'elle lui donnait. Or Carlton était plus exigeant, et Paxxie aussi, mais ils savaient tous deux qu'il ne fallait pas en demander plus à Béatrice.

— Elle t'adore, Pax.

Au moment même où il le dit, elle pensa qu'il mentait. Elle ne saisissait pas exactement dans quelle subtile zone d'ombre se situait la réelle capacité d'amour de cette femme. Son père en avait sans doute une appréciation plus juste.

— Papa, je t'adore.

Elle l'avait entouré de ses bras, avec une totale spontanéité. Avec lui, elle donnait libre cours à ses sentiments, et il riait alors qu'elle manquait le faire basculer de son vieux fauteuil pivotant.

— Hé là… tu vas me faire tomber !

Il la voyait déjà à Radcliffe, et, en la pressant sur son cœur, il l'imaginait grande et belle, faisant l'orgueil de ses vieux jours. Elle correspondait à tout ce dont un père peut rêver : elle était chaleureuse, spontanée, aimante et attentive. Tout comme il l'était lui-même, à son insu.

Maintenant, il l'avait quittée, et elle restait seule avec « eux », Queenie mise à part. Elle s'était plongée dans ses études et passait son temps libre à lire. Elle écrivait à son père, comme s'il était parti pour un long voyage, allant parfois jusqu'à poster les lettres, en sachant à quel point c'était dérisoire. D'autres fois elle les jetait, ou les déchirait. Mais cela l'aidait, c'était sa façon de continuer à dialoguer avec lui, puisque avec « eux » elle ne le pouvait pas. Sa mère sursautait à la moindre de ses paroles, jamais d'accord avec elle, au point que Paxxie se sentait comme une extraterrestre. Elles se ressemblaient si peu ! Georges, lui, la conjurait de « bien se comporter » et de comprendre les idées de leur mère, d'être « raisonnable », de ne pas perdre de vue qui elle était, et cela ne faisait qu'ajouter à son désarroi. Etait-elle davantage la fille de son père que de sa mère ? Qui était dans le vrai ? Au plus profond de son cœur elle savait avec certitude que la générosité de son père, son amour de la vie étaient infiniment plus proches de sa vérité à elle, et, lorsqu'elle atteignit ses seize ans, au moment où Georges finit son internat, elle n'eut plus le moindre doute : elle était résolue à quitter le Sud et à entrer à Radcliffe. Sa mère voulait qu'elle aille à Agnes Scott ou à Mary Baldwin, à Sweet Briar où elle-même avait fait ses études, ou à la rigueur à Bryan Mawr, mais trouvait que Radcliffe était un choix complètement farfelu.

— Tu n'as pas besoin d'aller dans le Nord. Nous avons tout ce qu'il faut ici. Regarde ton frère : il aurait pu aller n'importe où, et il a fait ses études ici, en Géorgie.

A cette seule idée, Paxton se sentait devenir claustrophobe. Ce qu'elle voulait plus que tout, c'était fuir les conceptions étriquées de sa famille, les amies de sa mère et tous les propos qu'elle entendait sur les « horreurs de l'intégration ». Elle parlait bien des droits civiques avec ses amis, ou avec Queenie, à voix basse dans la cuisine, mais Queenie elle aussi restait attachée aux anciennes valeurs, et ne pensait même pas à se mêler aux Blancs. La seule idée que les deux communautés puissent s'interpénétrer la choquait toujours, alors que la loi sur les droits civiques qui donnait aux Noirs l'égalité des droits datait de presque un siècle ! Ses enfants et petits-enfants, quant à eux, souhaitaient la même évolution que Paxton.

Paxton pensait qu'on lui avait inculqué de mauvais principes, et n'avait pas peur de le dire, ni de l'écrire, dans les exposés qu'elle faisait à l'école. Elle savait que son père l'eût approuvée, comme toujours, et cela renforçait son ardeur. Elle s'était interdit d'aborder ce sujet avec sa mère et son frère. Mais, cet automne, elle avait posé sa candidature pour une demi-douzaine d'universités du Nord, et deux en Californie. Elle avait fait une demande pour Vassar, Wellesley, Radcliffe, Smith, et à l'Ouest, pour Stanford et Berkeley. Elle ne souhaitait pas réellement fréquenter une université féminine, et, en fait, son désir le plus cher était d'entrer à Radcliffe. C'était à la requête de son conseiller d'orientation qu'elle avait postulé pour les deux universités de l'Ouest, et, pour calmer un peu sa mère, elle avait fait sans enthousiasme une démarche auprès de Sweet Briar. Depuis, les amies de sa mère ne cessaient de la féliciter de son entrée à Sweet Briar comme si c'était chose faite.

Mais elle était à cent lieues de penser à cela pour l'instant. Elle gardait les yeux rivés sur la pendule : deux heures de l'après-midi… il y avait seulement une demi-heure que le Président avait été touché. Tous restaient suspendus aux nouvelles depuis dix minutes, la nation tout entière priait. La famille présidentielle vivait le même drame que celle de Paxton, six ans auparavant, lors de la mort de son père…

A deux heures une, Walter Cronkite, la mine défaite, annonçait au peuple américain la mort de son Président. Une vague de chagrin submergea l'assistance, et bientôt la salle résonna du bruit des sanglots. Tout le monde pleurait, professeurs et élèves s'étreignaient en échangeant des phrases incohérentes sur l'horreur de la tragédie. Sur l'écran de télé, le commentaire se poursuivait, on interrogeait deux médecins, et Paxton avait l'impression de se mouvoir sous l'eau. Tout semblait se dérouler au ralenti, loin d'ici. Aveuglée par les larmes, elle suffoquait, comme si une main invisible l'empêchait de reprendre son souffle. Son chagrin était intolérable. Elle avait l'impression de perdre son père une seconde fois. Il était mort à cinquante-sept ans, John Kennedy n'en avait que quarante-six, pourtant l'un et l'autre avaient été fauchés en pleine force de l'âge, habités d'idées généreuses et débordants d'amour de la vie ; tous deux étaient chefs de famille, et leurs enfants les chérissaient tendrement. Le monde entier allait pleurer John Kennedy ; Carlton Andrews n'avait été regretté que de ses proches. Mais Paxton ressentait la même peine pour l'un et l'autre, imaginant la douleur incommensurable et la révolte que ses enfants devaient éprouver en ce moment. Comment pouvait-on commettre un crime aussi odieux ?

Elle sortit de l'école comme un automate, sans avoir adressé la parole à quiconque, et franchit en courant les quelques blocs d'immeubles qui la séparaient de chez elle, à Habersham. Elle s'engouffra dans l'entrée en claquant la porte, toujours pleurant, sa longue crinière blonde flottant derrière elle. Elle ressemblait à son père jeune homme, avec ses cheveux blond platine et ses grands yeux verts toujours en quête de réponses. Elle était d'une pâleur effrayante, et, jetant ses livres et son sac à terre, elle se précipita vers la cuisine pour parler à Queenie.

Celle-ci grommelait en s'affairant dans son domaine de prédilection. Les marmites de cuivre, alignées sur l'étagère au-dessus du fourneau, étaient astiquées à la perfection et une délicieuse odeur de cuisine emplissait l'atmosphère. Elle eut un mouvement de surprise en voyant Paxton, qui la dévisageait sans un mot, l'œil hagard, sa jolie petite frimousse ravagée par les larmes. A cet instant précis, Paxton était le symbole de la nation tout entière.

— Qu'est-ce qui s'est passé, ma chérie ?

L'air affolé, Queenie s'approcha en tanguant de cette enfant qu'elle avait élevée et qu'elle aimait par-dessus tout.

— Je…

Paxxie ne trouvait pas ses mots, elle ne savait pas comment s'y prendre pour annoncer la terrible nouvelle.

— Est-ce que tu as regardé la télé aujourd'hui ?

Bien que fanatique de feuilletons, Queenie secoua la tête en signe de dénégation tout en fixant Paxton.

— Non, ta mère a porté le poste de la cuisine chez le réparateur et je ne regarde jamais la télé dans le séjour. – Elle parut offusquée qu'on pût l'en soupçonner. – Pourquoi ?

Elle se demanda ce qui avait bien pu se produire de si épouvantable en ville… Peut-être était-il arrivé quelque chose au docteur Georges, où à Mme Andrews ? Peut-être y avait-il eu une de ces terribles manifestations en faveur des droits civiques… Ses propres enfants ?… Elle était bien loin de se douter que…

— Le président Kennedy a été victime d'un attentat.

— Oh ! mon Dieu !

Queenie laissa tomber son énorme masse sur la chaise la plus proche, avec une expression d'incrédulité et d'horreur, une interrogation muette dans le regard.

— Il est mort.

Paxxie se remit à pleurer, et, s'agenouillant auprès de Queenie, l'entoura de ses bras. Le même sentiment de trahison, le même désespoir, vieux de plusieurs années, la submergea à nouveau. Queenie l'enlaça à son tour, et, toutes deux, elles pleurèrent un homme qu'elles ne connaissaient pas et qui avait été fauché en pleine jeunesse. Pour qui, pour quoi ? Quelle cause pouvait justifier une telle haine ? Pourquoi viser un homme comme lui, débordant d'espoir et de projets ? Pourquoi faire une jeune veuve et deux orphelins ? Paxxie s'abandonnait à son chagrin dans les bras de Queenie et la vieille nounou noire la réconfortait, la berçait comme lorsqu'elle était enfant, tout en pleurant elle-même cet homme qu'elle savait bon.

— Seigneur… j'ai du mal à y croire. Est-ce qu'on sait qui a tiré ?

— Je ne crois pas.

Elles allumèrent la télé dans le séjour ; on avait des précisions sur les circonstances de l'attentat. Un dénommé Lee Harvey Oswald avait abattu un policier qui essayait de l'interroger et on avait relevé ses traces jusqu'à l'endroit d'où les coups fatals avaient été tirés sur le cortège, à une heure et demie. C'était l'assassin présumé du Président et il avait été appréhendé. Le Président était mort, ainsi que le policier et un agent secret ; le gouverneur du Texas, John Connally, avait été grièvement blessé, mais ses jours n'étaient pas en danger.

La dépouille du Président s'acheminait vers Washington, veillée par sa femme, dans l'avion présidentiel, l'Air Force One. Le nouveau président, Lyndon B. Johnson, et son épouse étaient également à bord. (Le bruit avait couru qu'il était légèrement blessé, ce qui s'était révélé entièrement faux par la suite.) Le pays tout entier était en état de choc, Paxton et Queenie restaient sans voix. Elles étaient encore là, debout, le visage strié de larmes, quand la mère de Paxton arriva, quelques minutes plus tard. Elle allait chez le coiffeur tous les vendredis, et sortait tout juste de son rendez-vous hebdomadaire. C'était là-bas qu'elle avait appris la nouvelle, et elle arborait une mine sinistre.

La plupart des femmes étaient rentrées chez elles cheveux mouillés, les coiffeuses n'ayant pas eu le cœur de finir leur ouvrage. Tout le monde était en pleurs dans le salon de coiffure, mais Béatrice avait insisté pour qu'on finisse sa manucure, l'idée de paraître négligée lui était insupportable. Elle avait beaucoup à faire cette fin de semaine, avant Thanksgiving, et son club de bridge donnait un dîner. Toutes les festivités allaient probablement être annulées, les gens resteraient rivés à leurs postes de télévision, le pays tout entier figé dans son deuil, mais ça ne l'avait même pas effleurée. Elle était rentrée chez elle, attristée certes, mais pas désespérée pour autant. Elle trouvait même indécente la façon qu'avaient certaines femmes de se laisser aller. Elle avait eu sa part de chagrin elle aussi : n'avait-elle pas pleuré son époux ? Mais elle était incapable d'éprouver la même peine pour un homme public. Les gens réagissaient comme s'ils avaient perdu un être aimé, un proche parent. John Kennedy avait su faire naître en chacun l'espoir d'un avenir meilleur, il avait apporté l'enthousiasme de la jeunesse aux entreprises les plus ardues, et maintenant ce monde riche de promesses n'était plus qu'un rêve. Et puis sa veuve était belle comme une princesse de conte de fée.

Béatrice, l'air grave, se tint un moment en retrait, derrière sa fille et Queenie, puis alla s'asseoir pour regarder la retransmission du serment de Lyndon Johnson, qui eut lieu dans l'avion transportant la dépouille présidentielle.

Les caméras, braquées sur le juge Sarah Hugues, qui faisait prêter serment à Lyndon Johnson, montrèrent Jacqueline Kennedy à ses côtés, toujours vêtue du tailleur rose encore souillé du sang de son mari. Son visage était décomposé par le chagrin. Lyndon Johnson devint président, et Paxton s'affaissa sur une chaise, à côté de sa mère. Les joues inondées de larmes, elle fixait l'écran avec une expression de totale incrédulité, tout cela était trop intolérable.

— Comment peut-on commettre un acte aussi horrible ? dit-elle à travers ses sanglots.

Queenie, toujours en pleurs, se dirigea vers sa cuisine.

— Je l'ignore, Paxton, répondit sa mère. On parle d'un complot, mais pour l'instant personne ne sait exactement ce qui s'est passé. Je suis très peinée pour Mme Kennedy et ses enfants. C'est une terrible épreuve pour eux.

Paxton se remit à penser à son père. Il n'avait pas été assassiné, certes, mais sa disparition brutale et le vide laissé par son absence la faisaient encore souffrir. Cette blessure ne cicatriserait peut-être jamais. Pourquoi le destin l'avait-il frappée si durement ?

— Nous vivons une époque troublée, poursuivait Béatrice, toutes ces émeutes raciales… Il a voulu apporter de tels changements… Peut-être en a-t-il payé le prix, au bout du compte.

Béatrice, l'air guindé, ferma le récepteur. Paxton la dévisagea un instant, doutant de jamais la comprendre.

— Tu crois qu'il a été tué parce qu'il défendait les droits des Noirs ?

Paxton sentait la colère monter en elle. Pourquoi sa mère avait-elle des idées aussi étriquées ? Pourquoi voulait-elle toujours que tout se passe comme au Moyen Age ? Etait-ce une fatalité de vivre dans le Sud ? D'être née à Savannah ?

— Je n'ai pas dit cela, Paxton. J'ai dit que c'était une possibilité. On ne peut pas bousculer impunément des traditions dont les gens se sont accommodés depuis des siècles sans en payer le prix.

Paxton la fixa, perplexe. Mais ce point de désaccord entre elles ne datait pas d'hier.

— Comment peut-on « s'accommoder » de la ségrégation ? Comment peux-tu dire une chose pareille ? Tu crois que les esclaves s'en « accommodaient », eux ?

— Certains, oui. Ils étaient bien plus heureux que maintenant quand ils appartenaient à des gens responsables.

— Oh ! mon Dieu !

Elle était sincère, et Paxton le savait.

— Regarde ce qui arrive aux Noirs de nos jours. Ils sont analphabètes, ils sont exploités, victimes de la ségrégation, et ils n'ont accès à aucun des privilèges dont nous jouissons, toi et moi, maman.

Elle l'appelait rarement maman, sauf quand elle était très triste ou très touchée, comme c'était le cas, mais Béatrice ne sembla rien remarquer.

— Peut-être n'ont-ils pas la capacité de jouir des mêmes privilèges, Paxton. Je n'en sais rien. Je dis simplement qu'on ne peut pas bouleverser le monde en une nuit sans provoquer de terribles conséquences. Et c'est précisément ce qui vient de se produire.

Paxton ne répondit rien. Elle alla se réfugier dans sa chambre où elle pleura jusqu'à l'heure du repas. Elle n'en émergea, les joues pâles et les yeux gonflés, que lorsque son frère arriva pour le dîner du vendredi.

Il venait dîner tous les mardis et vendredis, sauf si son travail ou un rendez-vous important l'en empêchait, ce qui était rarissime. Son caractère, tout comme celui de sa mère, était aux antipodes de celui de sa jeune sœur. Il se contentait de sourire lorsqu'elle lui exposait ses conceptions, ou se moquait d'elle, affirmant que ça lui passerait avec l'âge. Aussi leur faisait-elle rarement part de ses sentiments et gardait-elle souvent un silence distant. Elle n'avait pas grand-chose à leur dire, et aborder avec eux des sujets philosophiques ou politiques la rendait malade à chaque fois. Elle pouvait échanger des idées avec ses camarades de classe, ou avec les plus libéraux de ses professeurs ; elle s'exprimait également dans ses exposés, et se confiait à Queenie, dont la sagesse palliait l'éducation rudimentaire. La vieille femme possédait un solide bon sens populaire qui faisait d'elle une interlocutrice tout à fait à la hauteur. Paxton lui avait même parlé des universités où elle désirait entrer. Paxton était catégorique quand elle disait vouloir quitter le Sud, et Queenie comprenait cela. Ça lui fendait le cœur de devoir se séparer de Paxton, mais elle savait que c'était dans son intérêt. Et puis, elle ressemblait tellement à son père…

— Je pense qu'il s'agit d'un attentat orchestré depuis Cuba, proféra Georges pendant le dîner. J'ai l'impression que si on creuse un peu dans cette direction, on risque de trouver des choses intéressantes.

Tout en l'observant, Paxton se demandait ce qu'il pouvait bien y avoir de vrai là-dedans. Même si la personnalité de Georges n'était pas fascinante, c'était un garçon intelligent. La plupart du temps, il était plongé dans sa médecine et à part ça, rien ne le passionnait vraiment. Il avait des idées bornées, et les rares fois où il s'emballait pour quelque chose, c'était pour une nouvelle orientation de la recherche dans des domaines médicaux, comme les premières manifestations du diabète chez l'adulte, toutes choses qui ne captivaient pas excessivement Paxton. Il avait trente et un ans et s'était pratiquement fiancé l'année précédente, puis avait rompu ; Paxton avait la sensation que sa mère en était soulagée, bien que la jeune fille fût issue d'une famille qu'elle connaissait bien. Béatrice avait affirmé à plusieurs reprises que Georges était trop jeune pour se marier, qu'il valait mieux qu'il s'installe comme médecin avant de s'encombrer d'une famille.

De toute façon, Paxton n'aimait pas les filles avec qui il sortait. Elles étaient toujours jolies, mais stupides et superficielles. Elles n'avaient rien dans le crâne, et pas moyen d'avoir une conversation sérieuse avec elles. La dernière en date, qu'il avait amenée à la maison au cours d'une réception donnée par leur mère, avait vingt-deux ans et n'avait cessé de glousser toute la soirée. Elle avait raconté qu'elle n'était pas allée à l'université parce qu'elle collectionnait les mauvaises notes ; qu'elle adorait travailler pour le Club de jeunes, elle allait d'ailleurs participer à leur défilé de mode la semaine suivante et n'en pouvait plus d'attendre. A la fin de la soirée, Paxton était à deux doigts de l'étrangler. Elle se demandait comment son frère pouvait la supporter, d'autant qu'elle prit des airs de sainte-nitouche en se collant à lui lorsqu'il l'entraîna vers sa voiture pour une petite promenade nocturne. Elle gloussait toujours… Paxton s'était fait une raison ; elle détesterait probablement la fille que Georges épouserait : une petite oie blanche, peu exigeante, sans grand-chose dans le crâne, sans ambition, en un mot, typiquement du Sud.

Paxton aussi était du Sud, mais elle le ressentait plutôt comme une référence géographique que comme une fatalité. Il y avait tellement de filles qui se contentaient de jouer les « belles du Sud »… Paxton abhorrait ce genre de filles, mais apparemment il n'en était pas de même pour son frère.

Cette nuit-là, Paxton ne put fermer l'œil : elle était obsédée par la télé et n'arrêtait pas d'aller et venir. Finalement, à trois heures du matin, elle s'installa devant le récepteur. A quatre heures trente-quatre, le cercueil fut transféré à la Maison-Blanche. Jacqueline Kennedy marchait à son côté.

Paxton ne décolla guère de l'écran de télé durant les trois jours qui suivirent. Le samedi, la famille du Président et les membres les plus âgés du gouvernement vinrent rendre un dernier hommage à cet homme qu'ils avaient aimé.

Le dimanche, le fourgon, tiré par des chevaux, gagna le Capitole. Jacqueline Kennedy et sa fille Caroline s'agenouillèrent à côté du cercueil ; la petite fille glissa la main sous le drapeau qui le recouvrait. Toutes deux avaient les traits tirés par la douleur. Mais il était dit que le drame ne s'arrêterait pas là. Lee Oswald, tout encadré qu'il était par les forces de l'ordre, fut abattu devant les caméras de télévision, sous les yeux de millions de téléspectateurs, apprit-on, au cours d'un transfert en prison. L'exécuteur était un certain Jack Ruby. Paxton, anéantie, n'en crut ni ses yeux ni ses oreilles, tant il lui semblait inconcevable qu'un autre meurtre vînt encore s'ajouter à l'horreur.

Le lundi, elle regarda la retransmission des funérailles, auxquelles assistèrent plus de cinquante chefs d'Etat ou de gouvernement. Elle ne put retenir ses larmes au son lugubre des roulements de tambour. Lorsqu'elle vit le cheval du Président sans son cavalier, elle se remit à penser à son père. Son chagrin semblait inextinguible, et cette infinie tristesse l'accompagnerait peut-être tout au long de sa vie. Sa mère elle-même avait l'air affectée ce lundi soir, et leur repas se déroula en silence. Plus tard, lorsque Paxton rejoignit Queenie dans la cuisine, celle-ci se frottait encore les yeux. Paxton s'assit et la regarda machinalement vaquer à ses occupations, puis l'aida à essuyer les assiettes. Sa mère était montée dans sa chambre pour téléphoner à une amie, la laissant à sa tristesse. Une fois de plus, elles n'avaient pas grand-chose à se dire, aucun réconfort à attendre l'une de l'autre.

— Je ne sais pas pourquoi, Queenie, mais je ressens la même chose que lorsque papa est mort ; j'attends que quelque chose se passe, qu'il revienne d'une minute à l'autre, et me dise que tout cela n'était qu'une mauvaise plaisanterie ; que Walter Cronkite annonce que ce n'était qu'un test, que le Président passe la fin de la semaine en famille à Palm Beach, et qu'il s'excuse de nous avoir fait si peur… Mais les choses ne se passent jamais ainsi. La réalité est affreuse.

Queenie hocha la tête, avec toute la sagesse de ses cheveux blancs. Comme toujours, elle comprenait ce que Paxton ressentait.

— Je sais, petite. C'est comme ça quand quelqu'un meurt. On attend qu'on vienne vous dire que tout cela n'est qu'un mauvais rêve. C'est ce que j'ai ressenti lorsque j'ai perdu mes enfants. Ça met du temps à disparaître.

Difficile maintenant de penser à Thanksgiving. Comment être reconnaissant à un monde en proie au désordre, où les hommes étaient arrachés à leur destin avant même de l'avoir accompli ? Difficile de penser aux vacances en cet instant tragique, et Paxton imaginait la détresse des Kennedy. Jacqueline Kennedy et ses enfants devaient vivre le pire cauchemar qui puisse se concevoir. Elle s'était magistralement acquittée de sa tâche pour les funérailles, orchestrant la cérémonie à la perfection jusque dans ses moindres détails, comme les faire-part sur lesquels elle avait écrit à la main : « Dieu Tout-Puissant, accorde Ta miséricorde à Ton humble serviteur, John Fitzgerald Kennedy », et avait fait imprimer des extraits de son discours inaugural. C'était la fin d'un monde… éphémère, incertain. Une nouvelle génération venait effectivement de reprendre le flambeau, le tenait fermement, mais sans savoir désormais où porter sa flamme.

Queenie éteignit la lumière de la cuisine, souhaita bonne nuit à Paxton en l'embrassant, et elles restèrent un moment silencieuses, enveloppées par l'obscurité, la vieille nounou noire et la jeune fille blanche, unies par le même chagrin ; puis Queenie descendit vers sa chambre, Paxton gagna la sienne à l'étage, s'efforçant de mettre de l'ordre dans ses idées. Elle avait l'impression d'avoir reçu quelque chose de lui en héritage, au moins il ne serait pas mort en vain… Elle avait eu le même sentiment vis-à-vis de son père. Pour eux, mais aussi pour elle-même, il fallait qu'elle fasse quelque chose de sa vie – quelque chose d'important – mais quoi ? Là était la question.

Elle se mit au lit en pensant à ces deux hommes – celui qui lui était si proche et celui qu'elle ne pouvait que deviner –, à leur idéal, aux valeurs pour lesquelles ils s'étaient battus. Soudain il lui apparut clairement que son plus cher désir était de s'engager dans la vie, de persévérer dans la voie qu'elle se serait tracée… et cette voie la menait à Harvard, c'était son rêve. Elle ferma les yeux et leur promit à tous deux de réaliser ce vœu, de devenir « quelqu'un » dont ils seraient fiers. Elle savait qu'elle tiendrait sa promesse, c'était sa façon à elle de leur prouver sa reconnaissance pour les précieuses valeurs qu'ils lui avaient léguées. Il n'y avait qu'à attendre le printemps… et prier pour être admise à Radcliffe.

2

Les dernières lettres arrivèrent fin avril. L'université de Sweet Briar avait répondu favorablement dès le mois de mars, puis celles de Vassar, Wellesley et Smith, début avril. Mais Paxton s'en moquait bien. Elle avait soigneusement rangé les enveloppes sur son bureau et attendait avec impatience la seule qui lui importât vraiment, Radcliffe. Dans son esprit, les deux universités californiennes n'étaient pas à la hauteur. Elle priait pour que ses vœux soient exaucés, et il était peu vraisemblable qu'ils ne le fussent pas. Elle suivrait les traces de son père : après tout, elle avait d'assez bonnes notes pour briguer Harvard. Pas excellentes, mais très bonnes. Le seul point noir était sa faiblesse en sport ; peut-être n'avait-elle pas suffisamment de centres d'intérêt extrascolaires.

Elle adorait composer des poèmes, écrire des nouvelles, et prenait beaucoup de plaisir à l'atelier photo qu'elle fréquentait ; plus jeune, elle avait fait de la danse, et récemment, s'était inscrite au club d'art dramatique, mais elle avait dû abandonner, ses études l'accaparaient trop. Elle avait entendu dire à plusieurs reprises qu'à Harvard on exigeait des capacités dans tous les domaines et des centres d'intérêt éclectiques. Malgré tout, elle avait bon espoir d'être admise.

Sa mère avait eu l'air satisfaite quand son admission à Sweet Briar était arrivée, et, de son point de vue, il était inutile d'aller chercher plus loin. Elle était contente de pouvoir dire que Paxxie avait été reçue dans les vieilles universités les plus prestigieuses de l'Est, mais, pour une fois, elle manifestait comme sa fille peu d'enthousiasme pour cette orientation. Quant aux universités californiennes, elles auraient bien pu, selon Béatrice, appartenir à une autre planète. Elle pressait Paxton de faire le choix le plus « sensé » et de répondre à Sweet Briar avant même d'avoir les résultats de ses démarches auprès des autres universités.

— Je ne peux pas, avait calmement rétorqué Paxton, ses grands yeux verts scrutant ce visage qui lui paraissait plus que jamais indéchiffrable. Il y a longtemps, je me suis promis une chose.

En fait c'était plus qu'une promesse faite à elle-même, c'était un devoir envers son père.

— Tu seras malheureuse à Boston. Il y fait un temps effroyable. Et c'est une université gigantesque ; tu serais mieux dans un environnement familier, plus près de chez nous. Tu pourras toujours passer un diplôme à Harvard par la suite si tu le désires.

— Ne parlons pas dans le vide. Je ne sais même pas si je suis admissible.

Mais ce qui relevait du simple bon sens pour Paxton ne semblait guère toucher sa mère. L'obstination de sa fille à vouloir s'inscrire dans une université du Nord l'agaçait au-delà de toute expression. Georges était passé à l'improviste un samedi après-midi pour exposer son point de vue, et Paxton sourit intérieurement en l'écoutant. On aurait cru entendre sa mère. Tous deux pensaient qu'elle devrait rester près d'eux sa vie entière, et que vouloir élargir son horizon et acquérir son indépendance était absurde.

— Pense à papa, Georges. Il ne s'en est pas trop mal sorti, pour un aventurier parti étudier au Nord avec les Yankees !

A défaut de le faire rire, du moins s'amusait-elle. Il faut dire que parmi ses innombrables qualités, Georges n'avait pas hérité du sens de l'humour de leur père.

— Ça n'a aucun rapport, Pax. Tu sais que je ne suis pas obsédé par le Sud, mais je crois que, pour une femme, Sweet Briar est plus adéquat. Maman a raison. Je ne vois pas pourquoi tu irais jusqu'à Boston.

— Avec ce genre de raisonnement, on n'aurait jamais découvert l'Amérique, Georges. Imagine qu'Isabelle la Catholique ait dit un jour à Christophe Colomb qu'elle ne voyait pas pourquoi il partirait à la découverte du Nouveau Monde…

Elle se moquait de lui et il n'avait pas l'air de goûter la plaisanterie.

— Maman a raison. Tu es encore une enfant. C'est stupide de partir par simple entêtement. Tu n'es pas un garçon, et tu n'as pas besoin d'aller à Harvard. Tu ne vas étudier ni le droit, ni la médecine, donc aller ailleurs n'a pas de sens. Tu devrais rester près de nous. Et si maman tombait malade ?

Il essayait maintenant de la culpabiliser, et cela ne fit que la mettre en colère. Elle ne comprenait pas pour quelle raison ils voulaient lui couper les ailes. Ils se comportaient comme si elle était leur propriété.

— Elle a cinquante-huit ans, pas quatre-vingt-dix ! Je ne vais pas rester ici toute ma vie sous prétexte qu'elle peut tomber malade un jour. D'abord, qu'est-ce que tu sais de mes intentions ? Je veux étudier la chirurgie du cerveau, figure-toi. Est-ce un argument convaincant, ou faut-il que je passe ma vie à faire de la pâtisserie, simplement parce que je suis une femme ?

— Ce n'est pas ce que nous disons.

Il avait l'air peiné par cette sortie.

— Je sais bien, dit-elle en essayant de retrouver son calme. Et Sweet Briar est une bonne université, mais j'ai toujours rêvé d'aller à Radcliffe.

— Et si tu n'es pas admise ? fit-il d'un ton sarcastique.

— Je serai admise. Il le faut.

Elle se l'était juré. En mémoire de son père. Elle s'était promis qu'elle marcherait sur ses traces et qu'il serait fier d'elle.

— Et sinon ? insistait-il froidement. Accepterais-tu de rester dans le Sud ?

— Peut-être… Je ne sais pas. Je verrai.

Les vieilles universités de l'Est ne la séduisaient pas non plus, et elle n'avait pas songé sérieusement à Stanford ou à Berkeley. Elle ne se voyait pas là-bas, elle ne connaissait personne en Californie.

— Tu ferais bien d'y réfléchir sérieusement, Pax. Avant de mettre maman dans tous ses états.

Pourquoi lui parlait-il ainsi ? C'était injuste. En vertu de quoi se sacrifierait-elle ? Qu'attendaient-ils d'elle exactement, et pourquoi tenaient-ils tant à ce qu'elle reste ici, à Savannah ? C'était la réduire à l'insignifiance, la contraindre à assister aux repas des Filles de la Guerre civile avec sa mère, et finir par s'inscrire au club de bridge, pour que Béatrice ne fût pas « déshonorée » auprès de ses amies ; c'était se couler dans le moule. Mais elle voulait justement briser ce carcan. Elle avait envie d'autre chose. Elle voulait faire l'école de journalisme de Radcliffe.

Elle s'en était souvent ouverte à Queenie, la seule à l'approuver, à l'aimer suffisamment pour souhaiter la voir libre. Elle savait bien ce qui convenait à Paxton, elle l'aiderait à conquérir son indépendance, envers et contre ces deux êtres qui semblaient attendre beaucoup d'elle mais lui donnaient si peu en échange.

La jeune fille méritait une autre vie que celle que lui offrait Savannah, elle était brillante, bouillonnante d'idées généreuses. Et si, plus tard, elle décidait de revenir, Queenie l'accueillerait à bras ouverts. Mais elle ne la supplierait pas de rester, ne la harcèlerait pas comme le faisaient les deux autres.

Un mardi après-midi, en revenant du collège, Paxton trouva l'enveloppe dans la boîte aux lettres, avec une autre de Stanford. Elle retint son souffle. C'était un tiède après-midi de printemps, elle avait flâné sur le chemin du retour, en pensant au jeune homme qui venait de l'inviter au bal de printemps. C'était un grand brun, un beau garçon pour qui elle avait eu un coup de cœur l'an passé, mais il était sorti avec une autre. Maintenant, il était de nouveau libre, et Paxton échafaudait toutes sortes de rêves… elle allait enfin pouvoir parler de lui à Queenie. Et puis la lettre tant attendue était là. Tout son avenir était inscrit sur cette simple feuille de papier, bien scellée dans son enveloppe à en-tête de Harvard. Ses mains tremblaient en prenant les enveloppes, ne sachant laquelle ouvrir en premier. Elle s'assit sur les marches, devant la solide maison de briques rouges, puis, incapable de faire durer le suspense plus longtemps, elle ouvrit la lettre de Radcliffe – la seule qui lui importât vraiment. Elle rejeta ses longs cheveux blonds dans son dos, ferma les yeux et s'appuya contre la balustrade en fer forgé aux motifs tarabiscotés, implorant silencieusement la bénédiction de son père. Pourvu que la réponse soit favorable ! Elle rouvrit les yeux et décacheta l'enveloppe fébrilement.

Elle fut surprise par la tournure de la lettre, qui pérorait indéfiniment sur les mérites de Harvard, université remarquable, puis enfin évoquait sa candidature, qualifiée de tout à fait intéressante. Ce n'est qu'à la deuxième page que le sujet était vraiment abordé, et son cœur s'arrêta presque de battre en lisant la suite : « Bien que vous ayez toutes les qualités requises pour prétendre intégrer Radcliffe, nous pensons que pour l'instant… Peut-être une autre institution… Nous sommes au regret… Nous sommes convaincus que vous réussirez, quelle que soit l'université sur laquelle se portera votre choix… Nous vous souhaitons bonne chance. »

Les mots se mirent à danser devant ses yeux brouillés de larmes ; la sentence lui fendait le cœur. Elle avait manqué à sa promesse en se faisant évincer. Tous ses rêves s'écroulaient en un clin d'œil. Radcliffe lui avait fermé ses portes. Qu'allait-elle faire maintenant ? Fallait-il rester dans le Sud, avec ses idées étriquées, ses sujets de conversation maintes fois ressassés, et la proximité de sa mère et de son frère ? Ou aller à Vassar, Smith, ou Wellesley ? Toutes les solutions lui semblaient aussi ennuyeuses les unes que les autres.

Peut-être fallait-il songer sérieusement à Stanford ? Elle se sentit de nouveau fébrile en ouvrant la seconde enveloppe, d'une main hésitante, mais elle fut vite fixée. A ceci près qu'elle ne s'embarrassait pas de préambules littéraires, la réponse était quasi identique à celle de Radcliffe. Ils lui souhaitaient de réussir dans une autre institution. Que lui restait-il ? Rien, à part une inconnue en ce qui concernait Berkeley.

Le cœur lui manqua lorsqu'elle se releva pour entrer dans la maison. Elle appréhendait de devoir tout raconter à sa mère.

Evidemment, c'est à Queenie qu'elle se confia d'abord, et la vieille femme eut du chagrin pour elle, mais finit par prendre la nouvelle avec philosophie.

— Si tu n'as pas été prise, c'est qu'il devait en être ainsi. Plus tard, avec le recul, tu t'apercevras que je disais vrai.

Mais en attendant, les perspectives qui s'offraient à elle étaient plutôt déprimantes. Pas question de rester dans le Sud, ni de fréquenter une université exclusivement féminine, et elle n'envisageait même pas d'aller à Berkeley. Que faire ? Queenie y avait déjà réfléchi :

— Pourquoi n'irais-tu pas en Californie ? C'est loin d'ici, et tu pourrais t'y plaire.

Une de ses filles avait emménagé à Oakland quelques années auparavant ; elle n'y avait jamais mis les pieds, mais elle avait entendu dire que San Francisco était une belle ville.

— Il paraît que c'est très joli. Et puis tu ne risqueras pas de prendre froid comme dans le Nord !

Elle sourit tendrement à cette enfant qu'elle avait élevée et dorlotée dès sa naissance ; elle était vraiment peinée de la voir si amèrement déçue.

— Ta mère me tuerait si elle m'entendait, mais je crois que tu devrais penser à la Californie.

Paxton eut un large sourire. Sa mère les tuerait toutes les deux si elle surprenait seulement la moitié de leurs conversations.

— Ça a l'air si loin, comment dire… presque un pays étranger.

— La Californie ? s'esclaffa Queenie. Tu veux rire ! Ce n'est qu'à quelques heures d'avion ! En tout cas c'est ce que ma Rosie n'arrête pas de me répéter. Pense à ça aussi. Réfléchis bien en priant ce soir. Peut-être que cette université de Berkeley est une bonne solution.

Mais ce soir-là, au cours du dîner, sa mère et son frère persistèrent, eux, à soutenir que la meilleure solution pour Paxton consistait à rester près d'eux, et, dans leur esprit, la réponse de Radcliffe apportait un point final au débat. Ils ne manifestèrent pas la moindre déception pour elle, ils étaient simplement soulagés. Ils dirent, comme Queenie, qu'il devait en être ainsi mais, à l'inverse de la vieille nounou qui avait réellement du chagrin pour elle, ils avaient l'air presque heureux que ses rêves s'écroulent. Par-dessus tout, Paxton avait la sensation d'avoir trahi son père. Elle avait envie de se confier à quelqu'un, de lui dire combien elle était malheureuse mais, pour une fois, elle pensait que Queenie ne comprendrait pas. Quant à sa mère et à son frère, il n'en était même pas question. Ses amis étaient en proie à leurs propres préoccupations, peines et joies mêlées. Ils étaient tous obsédés par leur admission à l'université, dans l'attente de réponses à leurs candidatures.

Le jeune homme qui l'avait invitée au bal l'appela ce soir-là ; elle essaya de lui faire part de ses soucis, mais il était surexcité à l'idée d'avoir été admis à Chapel Hill, et c'est tout juste s'il l'écouta. Apparemment, il lui faudrait ruminer son chagrin dans la solitude. En se mettant au lit, elle pensa à ce que Queenie lui avait dit l'après-midi ; son idée méritait-elle d'être prise en considération ? Au cas où elle serait acceptée, évidemment.

Mais à la fin de la semaine, sa mère et Georges l'avaient eue à l'usure et elle avait accepté d'intégrer Sweet Briar la semaine suivante, tout en se promettant dans son for intérieur de se présenter de nouveau à Radcliffe l'année prochaine (et les suivantes si nécessaire), quels que soient la somme de travail à fournir et les trésors de ténacité à déployer pour les convaincre. Après avoir conçu ce plan, elle se sentit soulagée, pensant qu'il lui serait moins pénible de rester près de chez elle en sachant que c'était provisoire.

Le lundi, la réponse de Berkeley arriva. On était enchanté de lui apprendre qu'elle était admise. Alors, sans qu'elle sût pourquoi, son cœur se mit à battre plus vite, et elle se précipita vers la cuisine pour montrer la lettre à Queenie. Le visage de la vieille femme rayonna de bonheur comme si c'était là la solution tant attendue.

— Eh bien, la voilà, la réponse à toutes tes questions.

— Tu as l'air bien sûre de toi.

Comment pouvait-elle afficher une telle certitude ? Il est vrai que les autres choix ne pesaient guère dans la balance.

— Qu'est-ce que tu ressens ?

— Je suis à la fois excitée et effrayée… mais je trouve ça plutôt bien. Je me sens heureuse.

— Et quel est ton sentiment par rapport aux autres universités dont tu m'as parlé ?

— Elles me paraissent ennuyeuses, tristes, épouvantables !

— Ce n'est peut-être pas la solution idéale mais la moins mauvaise, je dirais… Réfléchis, ma chérie. Prie. Ecoute le Seigneur. Et *tes* tripes. Ecoute toujours ce que tu ressens à l'intérieur. *Tu sauras*. C'est la même chose pour tout le monde ; au fond de soi, on trouve la vérité. – Elle désignait son ventre rebondi d'un air docte. – Si tu te sens bien, tu as la bonne réponse, à coup sûr, mais si tu as mal au cœur, si tu te sens mal, alors c'est que tu fais une *grosse* erreur, et si ce n'est pas déjà fait, c'est que ça ne va pas tarder !

Devant cette démonstration de sagesse populaire, Paxton éclata de rire. Elle sentait que Queenie avait raison. Comme toujours. La vieille femme savait tout, d'instinct. Elle était drôlement plus intelligente que sa mère, que Georges, ou même que Paxton.

— C'est fou, mais je crois bien que tu as raison, Queenie.

Elle s'assit sur une chaise de cuisine, grignotant un bout de carotte d'un air pensif. Elle était jeune et jolie, son visage exprimait une grande douceur, une paix intérieure. Elle se sentait en parfait accord avec elle-même, depuis longtemps déjà. Elle était calme, forte, et saine, chose assez rare pour une fille de son âge ; il faut dire que, depuis bientôt sept ans maintenant que son père avait disparu, elle avait beaucoup mûri.

— Qu'est-ce que je vais leur dire ?

— La vérité, à partir du moment où tu la connaîtras toi-même. Et ne le fais pas parce que je t'ai dit de le faire. Tu es trop intelligente pour ça, ma fille. Fais ce que *toi* tu as envie de faire, quand tu le sauras, et tu ne te tromperas pas. Pense d'abord à ça. Tu sentiras quand tu seras sur la bonne voie.

Elle désigna à nouveau son gros ventre, et Paxxie se leva en riant.

Sa taille, haute et élancée – elle ressemblait en cela aussi à son père – lui conférait un charme singulier. Elle était plus grande que la majorité de ses amies, mais n'y avait jamais réellement prêté attention. Et, au grand étonnement de Queenie, elle ne se souciait guère de son apparence. Elle était jolie, mais semblait ne pas y accorder d'intérêt.

Elle se passionnait pour tout autre chose, les sentiments, les idées, la spiritualité. Elle était comme son père, qui se moquait de son aspect extérieur, et cette indifférence à sa propre beauté exaspérait fortement sa mère. Elle aurait voulu qu'elle participe au défilé de mode du Club de jeunes, ou fasse quelques apparitions aux Filles de la Guerre civile, mais Paxton refusait systématiquement. Elle était tranquille, timide, et les passions politiques qui agitaient ces réunions l'amusaient, mais tout ça ne l'intéressait guère. Elle aimait aborder les sujets graves avec ses professeurs au lycée, comme l'évolution de la situation au Vietnam, les conséquences de la mort de Kennedy, la position de Johnson sur les droits du citoyen, ou les actions et les manifestations de Martin Luther King. Elle se passionnait pour tous les événements qui bouleversaient le monde, et leurs répercussions. Elle aimait écrire, réfléchir et prendre parti.

Un peu plus tard dans la semaine, elle alla trouver l'un de ses professeurs préférés, et lui demanda son opinion sur Berkeley.

— Je pense que c'est l'une des meilleures universités du pays. Pourquoi ? demanda-t-il en la regardant droit dans les yeux.

— Je me demande si je dois y aller.

— La réponse de Radcliffe n'a pas été celle que tu espérais ?

Il savait que son plus cher désir était d'aller là-bas, combien elle avait misé dessus ; il s'apprêtait à être déçu pour elle si elle n'avait pas été admise.

— Ils ont refusé ma demande. Stanford aussi. Toutes les autres l'ont acceptée.

Elle énuméra les différentes universités et le professeur lui conseilla Berkeley sans l'ombre d'une hésitation. Il était lui-même originaire du Nord et il était persuadé qu'il fallait enrichir son expérience. Il pensait que les jeunes gens de l'Ouest devraient aller à l'Est, ceux du Sud au Nord et vice versa, pendant un an ou deux.

— A ta place, je n'hésiterais pas une minute, Pax. Saisis ta chance, et oublie Radcliffe. Tu pourras toujours y passer un diplôme plus tard. Y en a marre de tout ça maintenant, pars pour l'Ouest ! Tu vas adorer.

Il lui sourit. En l'écoutant, elle se sentit gagnée par une joyeuse excitation. Queenie avait raison, après tout. Elle tenait la réponse qu'elle cherchait.

Elle ne toucha mot de tout ceci à sa mère pendant quelques jours puis, à la fin de la semaine, elle renvoya son admission. Vint le dîner du vendredi, au cours duquel elle avait décidé de parler.

— J'ai renvoyé mon dossier aujourd'hui, annonça-t-elle calmement, sachant quelle tempête elle allait déclencher.

— Bravo !

Son frère fut prompt à la féliciter. Elle avait donc suivi leurs conseils, elle n'était pas si entêtée que ce que prétendait leur mère, après tout. Elle sourit, en attendant l'orage.

— En fait, oui, je suis assez fière de moi. J'ai beaucoup réfléchi et je crois avoir pris la bonne décision. J'en suis même sûre.

Sa mère la regarda avec circonspection.

— Je suis contente que les événements aient pris cette tournure, Paxton, dit-elle laconiquement.

— Moi aussi, rétorqua Paxton.

— Il y a beaucoup de jeunes filles très bien qui vont à Sweet Briar, Paxton. C'est une université formidable, ajouta son frère d'un ton enjoué.

Paxton leur jeta un regard tranquille.

— Sans doute, mais ce n'est pas là que je vais. – Un instant, tout sembla se figer sous l'effet de surprise. – Je vais à l'université californienne de Berkeley.

Tous deux restèrent abasourdis un moment, puis son frère jeta sa serviette sur la table avec un mouvement de colère.

— Qu'est-ce qui t'a pris de faire une bêtise pareille ?

Queenie quitta la pièce, un demi-sourire aux lèvres, pour aller chercher le plat de viande.

— J'en ai discuté avec le conseiller d'orientation et certains de mes professeurs. Ils pensent que c'est la meilleure option pour moi, puisque j'ai été refusée à Radcliffe.

— Mais pourquoi la Californie ? fit sa mère d'un ton désespéré. Pourquoi, au nom du ciel, aller là-bas ?

Ils savaient très bien pourquoi elle souhaitait partir si loin. Elle n'était pas heureuse chez elle depuis la mort de son père, et ils n'avaient pas fait grand-chose pour qu'il en fût autrement. Sa mère et son frère avaient mené leur barque de leur côté, faisant de temps à autre une tentative pour l'entraîner dans leur sillage, que cela lui plût ou non. Elle était censée adhérer à leur mode de vie, peu leur importait qu'elle fût malheureuse. Maintenant, elle voulait suivre sa propre voie. Et cette voie la menait en Californie.

— Je sens que c'est ce qu'il faut que je fasse, dit-elle avec sérénité, en soutenant le regard de sa mère, de ses grands yeux d'un vert profond.

Elle ne cherchait pas la polémique, elle était tout simplement déterminée. C'était à son père qu'elle devait ce luxe. Il lui avait laissé un petit capital à son nom, en vue de pourvoir à son éducation, si bien que sa mère ne pouvait exercer aucune pression sur elle quant au choix de son université. Elle avait donc exercé cette liberté en décidant d'aller à Berkeley.

— Ton père serait très déçu, lança froidement sa mère.

Là, c'était vraiment un coup bas, et Paxton fut touchée.

— J'ai essayé d'entrer à Radcliffe, répliqua-t-elle en cherchant à garder son sang-froid. Je n'ai pas été reçue, c'est tout. Je pense qu'il comprendrait.

Elle se souvenait qu'il avait été lui-même refusé à Princeton et à Yale, et finalement s'était « rabattu » sur Harvard. Eh bien, elle se « rabattait » sur Berkeley.

— Je veux dire qu'il serait déçu de te voir partir brutalement, si loin de chez nous.

— Je reviendrai, dit-elle doucement.

Mais au moment même où elle prononçait ces mots, elle se demandait si elle était vraiment sincère. Aurait-elle seulement envie de revenir ? Souffrirait-elle du mal du pays ou tomberait-elle amoureuse de la Californie au point de vouloir y rester pour toujours ? Elle brûlait d'envie de partir, et en même temps elle était triste d'avoir à quitter ses amis. Dans un certain sens, quitter la maison la soulageait. Elle ne s'y était jamais vraiment sentie à sa place. Elle ne correspondait pas à ce que sa mère attendait d'elle. Mais elle ne pouvait pas continuer à faire semblant d'être comme eux, d'adhérer à leurs valeurs, alors qu'elle en était à cent lieues. Elle n'arrivait plus à tricher. Maintenant elle était prête à admettre sa propre différence et à entamer une nouvelle vie, à Berkeley.

— Tu penses revenir souvent à la maison ? demanda sa mère d'un ton de reproche, tandis que Queenie observait la scène par-dessus son épaule.

— Pour Noël, je suppose, et en été, bien sûr. Je viendrai le plus souvent possible.

C'était là tout ce qu'elle pouvait leur concéder. Elle ne désirait qu'une chose : qu'ils lui laissent sa liberté. Elle leur adressa un sourire hésitant. Elle aurait voulu qu'ils fussent heureux pour elle. En vain.

— Vous pourrez venir me voir en Californie, si vous voulez.

— J'y suis allée une fois avec ton père, fit sa mère avec un air de sévère réprobation, c'est affreux. Je me suis jurée de ne jamais y remettre les pieds.

— Berkeley est en dehors de San Francisco.

Mais elle aurait pu aussi bien dire « en enfer », vu l'expression de sa mère. Le reste du repas se déroula en silence.

3

Le matin de son départ, Paxton, debout dans la cuisine chaleureuse, promenait autour d'elle un regard perdu, comme si elle partait contre son gré. De grosses larmes perlaient à ses paupières, et elle avait posé sa tête sur l'épaule rebondie et rassurante de Queenie.

— Comment vais-je pouvoir vivre sans toi ? murmura-t-elle.

Son chagrin avait la violence d'un désespoir d'enfant, comme celui qui l'avait submergée à la mort de son père, même si ce n'était pas une perte comparable.

— Tout ira bien, l'encouragea Queenie, luttant courageusement contre ses propres pleurs. N'oublie pas de manger des légumes verts, dors suffisamment, rince tes beaux cheveux blonds avec du citron une fois par semaine. – Elle lui avait appliqué cette recette depuis qu'elle était bébé, et n'était pas peu fière du résultat. – Protège-toi des coups de soleil, et mets un chapeau…

Elle avait mille recommandations à lui faire, mais par-dessus tout elle avait envie de lui exprimer toute son affection et la chaleur avec laquelle elle la pressa contre son cœur en dit bien plus qu'un long discours. Paxton la serra impétueusement dans ses bras à son tour.

— Je t'aime tellement, Queenie ! Promets-moi de faire bien attention à toi. Si tu te mets à tousser cet hiver – ça lui arrivait tous les ans –, va voir le docteur cette fois-ci.

— Ne t'en fais pas pour moi, ma petite. Je me porte comme un charme. Sois sage là-bas, en… Californie.

Elle avait du mal à prononcer le mot et pourtant c'était elle qui l'avait encouragée à conquérir sa liberté. Elles relâchèrent leur étreinte ; Queenie avait le regard humide, deux traînées de larmes striaient les joues pâles de Paxton, et ses yeux paraissaient plus verts que jamais.

— Tu vas tellement me manquer.

— Toi aussi.

Queenie se tamponna les yeux avec un coin de son tablier et tapota doucement l'épaule de la jolie jeune fille qu'elle avait choyée comme son enfant. Leur grande affection les liait pour toujours, elles le savaient, même si la vie devait les séparer. Paxxie lui pressa la main une dernière fois, planta un baiser sur sa bonne joue noire et alla rejoindre « les autres ».

— Je t'appellerai, chuchota-t-elle à l'adresse de Queenie en partant.

La vieille nounou cligna de l'œil pour toute réponse mais, dès que Paxton eut quitté la maison, elle se précipita dans sa chambre pour y sangloter à l'aise.

Le départ de Paxton lui fendait le cœur même si elle savait mieux que quiconque où était son intérêt : elle était douée d'un enthousiasme et d'une passion communicatifs qui effrayaient sa mère et son frère. Queenie avait l'impression d'avoir couvé quelque oiseau tropical d'une espèce rare pendant dix-sept ans, lui prodiguant tout son amour et tous ses soins, pour maintenant le laisser s'envoler vers des cieux plus cléments. Paxton n'avait jamais vraiment été d'ici, et, bien qu'elle fût encore jeune pour quitter la maison, Queenie savait qu'elle devait le faire, pour son bien. Là-bas, une vie tout à fait nouvelle l'attendait, et, d'une certaine façon, Queenie était impatiente qu'elle y fût confrontée, même si, au plus profond de son cœur, elle était malheureuse comme les pierres à l'idée de ne plus la sentir près d'elle, de ne plus plonger son regard dans ses grands yeux verts, de ne plus embrasser sa chère tête blonde le matin au petit déjeuner. Elle était pourtant prête à faire ce sacrifice, par amour pour elle.

Elle se précipita à la fenêtre en les entendant partir, juste à temps pour faire un signe de la main à Paxton, qu'elle vit penchée à la portière, cheveux au vent, jusqu'à ce que la voiture disparût.

Pendant le trajet vers l'aéroport, sa mère avait son air des grands jours, et Georges ne soufflait mot.

— Il n'est pas trop tard pour changer d'avis, dit-elle d'un ton paisible, ce qui était peut-être sa façon à elle de lui avouer qu'elle lui manquerait.

— Je ne pense pas que ce soit possible, rétorqua-t-elle tout aussi calmement, ayant encore à l'esprit le visage de Queenie derrière le carreau, et la chaleur rassurante de ses bras et de ses épaules.

— Je suis sûre que le doyen de Sweet Briar se ferait un plaisir d'arranger ça, laissa froidement tomber sa mère.

Elle persistait à considérer le départ de Paxton pour l'Ouest comme un affront personnel. Elle trouvait déjà assez vexant qu'elle voulût quitter Savannah.

— Peut-être, si je ne me plais pas en Californie, dit poliment Paxton, en avançant sa main pour toucher celle de sa mère, mais elle se ravisa.

Sa mère ne fit pas le moindre effort pour se rapprocher, et elles restèrent silencieuses jusqu'à l'aéroport. Paxton sentait qu'elle aurait dû être rongée par la culpabilité, mais, si elle était triste de partir, elle n'en ressentait pas moins une excitation bien légitime.

Elle avait récemment entendu dire beaucoup de bien de Berkeley et brûlait d'impatience de connaître la Californie.

Elle avait déjà expédié une malle et deux sacs marins ; son frère sortit son unique valise du coffre de la voiture et la confia à un bagagiste pour l'enregistrement, puis il remit le ticket à Paxton, et précéda les deux femmes dans le hall pour attendre le vol d'Oakland.

— J'espère que tu auras beau temps, là-bas, fit Béatrice d'un ton emprunté.

Paxton acquiesça d'un signe de tête. Elle regarda sa mère et sentit les larmes monter. Il faut dire que la matinée avait été riche en émotions. Vers six heures, alors que tout le monde dormait encore, elle était allée dans le bureau de son père, son refuge. Elle le revoyait, assis à sa table de travail, et elle lui avait parlé, dans un murmure à peine audible.

— Papa, je n'ai pas pu aller à Radcliffe, et je pars pour Berkeley.

De toute façon, cet aveu était superflu, et elle espérait qu'il était heureux pour elle. Malgré sa tristesse de quitter des êtres proches et des lieux familiers, elle savait qu'à la différence des autres elle emmenait son père partout avec elle. Il faisait partie d'elle-même, elle le sentait dans le ciel clair du matin, ou dans les couchers de soleil qu'elle aimait admirer sur l'océan. Elle ne pouvait plus le perdre une seconde fois.

— Maman, dit-elle en s'éclaircissant la voix, je suis désolée, pour Sweet Briar. Je veux dire… si je t'ai fait de la peine, je regrette.

Sa mère, décontenancée un instant par sa franchise, ne sut que répondre. Elle eut presque un mouvement de recul, comme si elle ne pouvait pas supporter la sincérité d'une émotion.

— Je suis vraiment désolée, je tenais à te le dire avant de partir.

Il fallait toujours dire les choses aux gens que l'on aime au moment propice, sinon l'occasion risquait de ne jamais se présenter à nouveau, elle avait appris cela très tôt, à ses propres dépens.

— Je… enfin. – Sa mère bredouillait. – C'est très bien comme ça. Tu t'en trouveras peut-être très contente, Paxton, sinon tu pourras toujours changer d'avis l'année prochaine.

Elle venait de faire une concession énorme, et Paxton lui en fut reconnaissante. Elle n'aurait pas voulu les quitter en mauvais termes, et même Georges n'eut pas l'air trop fâché en l'embrassant, lui recommandant de bien se comporter en Californie, mais il savait que c'était superflu. Elle avait un bon fond, même si elle était un peu têtue. Et par rapport à d'autres jeunes de son âge, elle était relativement raisonnable.

Ils lui dirent au revoir de la main, lorsqu'elle monta à bord, et elle se sentit envahie par un immense soulagement.

Lorsque l'avion décolla, décrivant un cercle au-dessus de la ville, elle ne regrettait déjà plus que Queenie. Savannah ne lui manquerait guère, et, de toute façon, elle reviendrait pour Noël. Beaucoup de ses amis étaient partis aussi. La majorité d'entre eux se dispersait un peu partout dans le Sud, deux seulement avaient choisi le Nord, et elle était la seule à avoir porté son dévolu sur la Californie. Elle se laissa glisser contre son siège et ferma les yeux.

Avec le décalage horaire, il n'était que midi lorsque

l'avion atterrit en Californie, et c'est par un temps ensoleillé, resplendissant, que Paxton découvrit le petit aéroport peuplé de gens essentiellement vêtus de jeans et de tee-shirts, de chemises à fleurs ou de petites robes légères, aux teintes artisanales, et de minijupes. Tout le monde portait les cheveux longs et elle se sentit instantanément en terrain familier ; elle alla récupérer sa valise, puis héla un taxi, toute fière de sa nouvelle indépendance.

Le chauffeur lui dévoila quelques petits tuyaux utiles : les meilleurs restaurants près de l'université, les bars fréquentés par les jeunes, l'animation de Telegraph Avenue ; il fit des commentaires sur son accent, dont il s'étonna à maintes reprises et qu'il finit par trouver à son goût. A proximité du campus, au coin de Telegraph et de Bancroft Avenue, il attira son attention sur une série de stands affichant les opinions les plus diverses pour l'égalité raciale ou la paix. Une énorme pancarte proclamait : « Les femmes du campus pour la paix. » Elle était tout excitée de respirer l'air du campus, et brûlait d'impatience d'aller flâner et discuter avec les gens.

Comme elle connaissait déjà le numéro du bâtiment où elle se rendait, le chauffeur la déposa juste devant, lui serra la main et lui souhaita bonne chance avant de prendre congé. Tout le monde avait l'air chaleureux et ouvert ici. Que vous soyez blanc ou noir, riche ou pauvre, beau ou moche, du Nord ou du Sud, cela n'avait guère d'importance. On ne pratiquait pas ces discriminations sordides qui la révoltaient chez les amies de sa mère, pour qui la valeur de quelqu'un se mesurait à ses ancêtres – à savoir s'ils avaient ou non possédé des plantations et des esclaves, s'ils avaient pris part ou non à la guerre de Sécession. Pour elle, ces distinctions appartenaient à un passé honni.

La chambre qui lui avait été attribuée se trouvait au deuxième étage, tout au bout d'un long couloir. C'était un logement pour quatre, composé de deux pièces disposées de part et d'autre d'un salon commun, meublé d'un divan recouvert d'un plaid de tweed marron avec des pièces de couleurs vives, destinées à masquer les dégâts commis par les précédents occupants. Il y avait des affiches sur les murs, quelques meubles délabrés, une carpette orange et une chaise en plastique vert amande. Paxton promena son regard sur la pièce : elle était évidemment assez loin de l'élégance cossue de la maison familiale, mais le manque de confort était un prix bien modique en échange de la liberté.

La chambre était beaucoup plus petite et plus austère, avec pour seul mobilier deux petits lits métalliques, un bureau, deux commodes, une chaise au dossier rigide et un placard tout juste assez spacieux pour un balai. Il lui faudrait vraiment bien s'entendre avec sa future compagne pour vivre dans un tel espace, mais elle était confiante. Elle avait entrevu trois valises entassées dans l'autre pièce, et un moment plus tard, alors qu'elle se demandait comment on pourrait arranger un peu le salon, elle s'aperçut que l'une de ses camarades était arrivée. C'était une fille magnifique, aux jambes interminables, au teint café au lait, originaire d'Alabama, qui répondait au nom d'Yvonne Gilbert.

— Salut.

Paxton lui adressa un sourire chaleureux. Cette fille avait une allure terrible, des yeux brillants, d'un noir de jais, et une impressionnante coiffure « afro ».

— Je m'appelle Paxton Andrews.

Elle marqua un temps d'hésitation avant de lui dire d'où elle venait, mais son accent n'avait pas échappé à la jeune fille.

— Tu es de Caroline du Nord ?

— Non, de Géorgie. De Savannah.

Yvonne parut immédiatement sur ses gardes.

— Une Sudiste ! Je suis bien tombée ! Qu'est-ce que vous nous mijotez ? Un remake de la Guerre civile ? Je trouve qu'ils ont un sacré sens de l'humour dans la distribution des chambres !

Elle avait l'air très en colère, mais Paxton ne voulut pas en rajouter.

— Ne t'en fais pas. Je suis de votre côté.

— Ouais. Je l'aurais parié. J'ai hâte de savoir d'où viennent les deux autres. Peut-être du Mississippi ou du Tennessee ? Vous pourrez fonder une section des Filles de la Guerre civile, ça serait franchement marrant. Je sens que je vais vous adorer !

Elle exagérait à dessein son accent traînant, et balança un coup d'œil sournois à Paxton avant de lui claquer la porte au nez. Celle-ci se laissa tomber sur le canapé d'un air consterné. Elle ne s'attendait certes pas à un tel accueil, mais en tout cas, ça promettait d'être intéressant.

Bientôt arriva une jeune fille pâle, évanescente, au teint blanc, aux cheveux noirs tombant jusqu'à la taille et aux yeux d'un bleu porcelaine de Chine ; elle mit une chemise de nuit quasi transparente.

— Salut, murmura-t-elle, je m'appelle Aurore.

Elle était de Des Moines et se prénommait en réalité Gertrude. Elle n'avait adopté Aurore que récemment, après une soirée où circulait un peu de LSD. Elle avait également joué du violon alto dans l'orchestre local et s'était vu proposer une place à Stanford. On lui avait affecté l'autre chambre et elle se dirigea vers la porte qu'Yvonne venait de claquer à toute volée. Il n'y eut ni cris ni grincements de dents, et Paxton en déduisit que la nouvelle avait eu la chance de plaire à Mlle Gilbert. Il faut dire que Des Moines n'a pas la réputation raciste qui entache Savannah.

Tout en songeant à ces deux jeunes filles, Paxton se mit à défaire ses bagages. Les deux sacs marins et la malle étaient là depuis la veille et elle décida de faire les deux lits : ce serait plus accueillant pour la nouvelle venue. Elle se surprit à penser : « Pourvu qu'elle ne soit pas noire, vindicative et pleine de préjugés contre les natives de Géorgie ! Mon Dieu, faites qu'elle soit à peu près comme moi ! »

Comme sa future compagne n'était toujours pas arrivée vers seize heures, Paxton décida de faire quelques courses pour remplir le petit frigidaire. Avant de sortir, elle frappa à la porte des autres filles. La réponse se fit attendre, mais finalement Aurore vint ouvrir.

— Oui, répondit-elle dans un souffle, comme si elle avait peur d'être entendue.

Paxton avait du mal à comprendre ce qu'elle disait, et, par contagion, elle se mit à chuchoter, tant un ton de voix ordinaire eût semblé brutal à cette apparition éthérée.

— As-tu besoin de quelque chose ? murmura Paxton. Je vais acheter de quoi manger, je meurs de faim.

Elle eut soudain une pensée émue pour la cuisine toujours bien approvisionnée de Queenie. Et avec le décalage horaire, c'était déjà l'heure du dîner pour elle.

— Je voudrais des infusions, du miel… des citrons… mm… et aussi du pain de seigle.

Rien de tout ça ne parut très appétissant à Paxton, mais, désireuse avant tout de se faire des amies, elle nota prestement la commande d'Aurore.

— Et Yvonne, elle ne veut rien ? demanda Paxton avec ménagement.

— Tu pourrais peut-être me rapporter Martin Luther King, mon chou !

— Ça ne prend pas avec moi, rétorqua Paxton, furieuse. C'est complètement débile de dire ça. Tu ne me connais que depuis deux heures.

Cette fille ne l'impressionnait pas avec ses préjugés. Ils ne faisaient qu'augmenter sa colère.

— Et qu'est-ce que je devrais penser ? fit Yvonne en se mettant nez à nez avec Paxton.

Celle-ci ne bougea pas. Elle savait que si elle ne s'imposait pas maintenant, ce serait fini. Elle n'hésita pas une seconde à lui tenir tête. Paxton était forte, passionnée et dotée d'une bonne dose de philosophie. Elle s'était depuis longtemps forgé le caractère au contact de sa mère et ce n'était pas une petite Noire révoltée d'Alabama qui lui faisait peur.

— Tu es de Géorgie ? poursuivait Yvonne. Alors qu'est-ce que tu veux que je pense de toi ?

— Laisse-moi au moins une chance. Tout comme je t'en laisse une. Pourquoi, d'après toi, défendons-nous les droits civiques ? Pour que chacun soit jugé sur ses actes et non sur son apparence ou la couleur de sa peau. Tu ne t'es pas demandé pourquoi je ne suis pas en ce moment même en train de siroter un whisky à la menthe en respirant le parfum des magnolias dans le Sud profond ? Je parie que ça ne t'a même pas effleurée ! Figure-toi que dans le Sud tous les Blancs ne sont pas du même acabit que le gouverneur Wallace[1]. Laisse-moi le bénéfice du doute, pour l'amour du ciel ! Ça vaut peut-être le coup, non ?

N'était-ce pas là le fondement même de la lutte de Martin Luther King ?

— Ouais. Super. Rapporte-moi un paquet de Kool et six Coca-Cola.

Ni s'il te plaît, ni merci. Elle lui tourna le dos et rentra dans la chambre d'une démarche affectée.

Paxton ajouta ses commandes à sa liste et se mit en quête de l'épicerie la plus proche. Elle se dit que ses relations avec Yvonne allaient être difficiles. Cette fille était révoltée, haineuse, et elle se demandait si elle arriverait à l'amadouer. Paxton avait essayé de se lier d'amitié avec quelques jeunes Noires rencontrées dans des œuvres de bienfaisance ou lors d'une sortie de plein air avec la paroisse, au grand dam de sa mère et de Queenie. Cela choquait les gens de leur génération, et Queenie en était plus bouleversée encore que la mère de Paxton. Mais Paxton avait une tout autre approche de la question. Une fois, elle avait voulu déjeuner en ville avec une jeune Noire de sa connaissance, et on ne les avait pas servies. Paxton était verte de rage. Après avoir essayé en vain trois restaurants, elles avaient fini par grignoter un paquet de chips sur un banc dans Forsyth Park. La jeune Noire, qui avait l'habitude de cette ségrégation, s'était résignée, mais elle avait été touchée par la compassion et la sollicitude de Paxton.

Depuis longtemps Paxton avait envie de participer à une manifestation, mais elle n'avait jamais osé, sachant

1. Gouverneur du Sud réputé pour ses opinions ségrégationnistes. (*N.d.T.*)

que, si par malheur elle s'était fait arrêter, sa mère l'aurait bouclée à la maison pour un an. Et pire, cela aurait tant humilié sa mère vis-à-vis de ses amies qu'elle n'avait pas le cœur de lui infliger cet affront. Mais elle savait qu'un jour elle passerait aux actes. Et par une ironie du sort, voilà qu'elle cohabitait avec une jeune Noire qui l'avait prise en grippe uniquement parce qu'elle venait de Géorgie. Elle fut saisie d'un brusque éclat de rire en traversant Telegraph Avenue, si bien qu'un couple se retourna sur son passage. Elle imaginait la tête de sa mère si elle savait qu'une de ses camarades de chambre était noire. Et la tête de Queenie, donc ! Coûte que coûte, il lui fallait amadouer cette Yvonne !

Elle fit toutes leurs emplettes : des bonbons pour tout le monde, quelques Coca pour elle, de quoi faire des sandwiches et un sachet de beignets. En revenant, elle rencontra dans l'escalier une jeune fille aux cheveux roux, séduisante quoiqu'un peu petite et rondelette, qui ahanait sous le poids de trois valises tandis qu'un grand jeune homme blond se bagarrait avec une énorme malle qui avait l'air de peser plus lourd que lui.

— Mais qu'est-ce que tu as bien pu fourrer là-dedans, Gab ? Des pierres ou des haltères ?

— Juste quelques livres, c'est tout, je te jure…

— Foutaises ! Tu vas la porter, oui. Je n'ai pas envie d'attraper une hernie à trimbaler cette fichue malle à travers toute l'université.

Il avait l'air vraiment excédé, et Paxton se fit la plus petite possible en passant près d'eux, puis se décida à leur proposer un coup de main.

— Si on essayait à trois ? dit-elle en les interrogeant alternativement du regard.

Ils s'étaient arrêtés sur les marches. « Pourvu que

je ne pique pas un fard », se dit-elle en sentant sur elle le regard du beau garçon blond.

— Elle ne mérite pas tous ces égards, grogna-t-il.

Il avait l'air tellement fâché que Paxton se demanda un instant s'ils étaient mariés. Mais leur ressemblance frappante portait plutôt à croire qu'ils étaient frère et sœur.

— Je peux vous donner un coup de main, si vous voulez.

Rejetant en arrière sa longue chevelure dorée, Paxton sourit aimablement à la petite rousse.

— C'est très gentil de ta part. Mon frère est nul dès qu'il s'agit de porter un petit sac.

— Petit ! hurla-t-il. Tu n'as pas la moindre idée du poids de ce truc. Au moins cent cinquante kilos ! On n'est même pas sûrs de pouvoir le soulever à trois.

— On pourrait essayer, insista Paxton.

Il l'observa avec un vif intérêt.

— Si on la laissait se débrouiller avec son barda, on irait boire une bière chez *Kips* tous les deux... ?

Paxton éclata de rire devant le regard lourd de menaces que lui décocha sa sœur.

— Peter Wilson, si tu me laisses tomber, je t'étrangle. N'oublie pas qu'il y a tes draps dans mon barda, et si tu ne m'aides pas, tu pourras bien dormir à même ton matelas toute l'année, je m'en fiche.

— Tu me fends le cœur !

Paxton rit, tout en essayant bravement de soulever un côté de la malle avec la fille rousse.

— Allez, espèce d'andouille, aide-nous un peu !

Bon gré mal gré, il finit par s'exécuter en rouspétant et ils hissèrent péniblement la malle jusqu'à l'étage. Paxton dut reconnaître qu'il avait raison, ce machin pesait au moins une tonne.

— Où est ta chambre ? fit Peter d'un air préoccupé, en consultant sa montre.

Il avait nettement mieux à faire un dimanche après-midi que de jouer les porteurs pour sa sœur.

— Je ne sais pas.

— Mon Dieu ! Tu es sûre que c'est le bon bâtiment au moins ?

Il lui jeta un regard assassin, mais elle fit oui de la tête en fouillant dans son sac, d'où elle extirpa un morceau de papier. Elle portait des jeans, un chemisier à fleurs et des mocassins de grande marque. Tous ses bagages étaient en cuir, et à part sa malle qu'on eût crue bourrée de lingots d'or, il n'y avait pas de fausse note au tableau.

— Ah ! Le voilà.

Elle lut le numéro de sa chambre.

— Nous sommes dans la même chambre, fit Paxton en souriant.

Les choses s'annonçaient bien. Elle l'aimait déjà. Le jeune homme s'assit sur la malle en soupirant et adressa un large sourire à Paxton.

— Pauvre de toi ! Tu n'as pas idée de ce qui t'attend. A propos, je ne me suis pas présenté. Peter Wilson, dit-il en tendant la main à Paxton.

— Paxton Andrews.

— Moi, c'est Gabrielle. Gabby Wilson. – Elle gratifia Paxton d'un sourire chaleureux. – D'où es-tu ? J'adore ton accent.

— J'ignorais que j'en avais un, fit Paxton en riant. En tout cas, je suis ravie qu'il te plaise. Tu verras que ce n'est pas l'avis de tout le monde : nous avons une camarade de chambre qui ne l'apprécie guère.

— Dis-lui d'aller se faire voir, fit vivement Gabby,

sous l'œil désapprobateur de Peter qui s'échinait de nouveau sur la malle.

— Voilà ma petite sœur tout craché : une vraie lady. Allez, grande gueule, viens m'aider à porter ton truc. J'ai rendez-vous à cinq heures et demie.

— Tu me brises le cœur, fit Gabby d'un ton brusque, en empoignant l'autre côté de la malle, aidée de Paxton.

— Et grâce à toi je me brise le dos, ce qui est pire, grogna-t-il.

Cahin-caha, ils finirent par trimbaler l'énorme malle jusqu'à leur petit salon, la laissèrent choir sur la carpette orange, et retournèrent chercher ses autres valises.

— Où est-ce que tu vas mettre tout ça ? demanda Peter, sachant pertinemment qu'il n'y avait pas de place.

— Je n'y ai pas encore réfléchi. Mais qui a meublé cette pièce ? fit-elle à l'adresse de Paxxie. Dracula ? Ou l'Armée du Salut ?

— Ça vient de la décharge publique, fit gaiement Peter. C'est là que nous nous fournissons habituellement !

Gabby lui lança un regard blasé et Paxton se demanda vraiment où elle allait ranger toutes ses affaires. Vu l'exiguïté des placards, la question ne manquait pas de piquant.

— Tu es en dernière année ? demanda Paxton à Peter.

— J'étais. J'ai passé mon diplôme l'an dernier et maintenant je me spécialise en droit. Mais les deux dernières années, je n'ai pas vécu au campus. Heureusement que la môme n'a rien dit aux parents ; elle aurait pu me faire chanter ! Eh bien, je te la laisse, dit-il en lançant un regard amusé sur le monceau de bagages entassé au milieu de la pièce.

Il piqua un beignet dans le paquet de Paxton, et s'éclipsa en faisant un signe de la main. Gabby, debout au milieu de la pièce, sourit à Paxton.

— Merci beaucoup pour ton aide. Excuse-le, c'est un sacré rigolo, mais, au fond, je l'adore. Pour rien au monde je ne le lui dirais, mais à toi, je peux bien l'avouer. Quand nous étions gamins, il me battait… du moins il essayait.

De toute évidence, ils s'adoraient, et Paxton en ressentit un peu de jalousie. Georges et elle n'avaient jamais partagé ce genre d'affection joyeuse, il faut dire que son frère était plus âgé, et ne débordait pas d'humour.

Elles grignotaient des beignets en sirotant du Coca-Cola lorsque Aurore et Yvonne émergèrent de leur chambre, jetant un regard affolé sur la montagne de valises de Gabby

— Mon Dieu, d'où ça sort ? fit Yvonne d'un air exaspéré Tu as mes Kool ?

— Les voilà.

Yvonne lui tendit la somme exacte en échange du paquet. Pas question d'accepter un cadeau de Savannah. Aurore déballa les provisions, tandis qu'Yvonne observait Gabby d'un air soupçonneux. Elle ne tarda pas à lui demander d'où elle venait.

— De San Francisco. Je ne me suis pas aventurée très loin ! s'excusa-t-elle avec un petit haussement d'épaules. Mais j'adore ce pays. Ça fait quatre ans que je viens voir mon frère ici, et j'y ai tous mes amis. – Elle les regarda toutes les trois avec enthousiasme. – Je suis sûre que vous allez vous plaire énormément ici.

Yvonne jeta un coup d'œil en biais à Paxton : pour elle rien n'était moins sûr, et même Aurore semblait en douter.

— Je n'ai jamais vraiment eu envie de poursuivre mes études, mais mes parents ont insisté pour que je m'inscrive ici, dit-elle d'un air timide.

Son père était professeur d'anglais.

— Vous aviez envie d'aller à l'université près de chez vous ? s'enquit Gabby.

Elle avait un heureux caractère, et s'intéressait à tout le monde.

— Non, fit Aurore avec un pauvre petit sourire. Je voulais me marier, et nous avions projeté un voyage en Inde pour étudier les religions orientales.

— Je veux faire des études de droit, confessa Yvonne, tapotant sa cigarette dans un vieux cendrier de plastique vert olive à demi fondu. Mais je sais que la route est longue. J'ai une bourse, et si je n'ai pas de bonnes notes, je me ferai jeter et je me retrouverai en Alabama, avec ma petite gueule de Noire, avant d'avoir compris ce qui me tombe dessus. Et je n'ai pas l'intention d'y retourner avant d'être capable de changer les choses. Et toi, Savannah ?

Paxton n'admettrait pas longtemps de se faire traiter ainsi, mais pour l'instant elle n'avait pas envie de mettre de l'huile sur le feu.

— Je veux me spécialiser dans le journalisme. Comme ça, je pourrai écrire des articles sur tes réformes dans le Sud.

Yvonne sourit malgré elle, et alluma nerveusement une autre cigarette. Vu sa beauté, Paxton se demanda si elle avait jamais été mannequin.

— Je ne sais pas ce que je ferai plus tard, confia

Gabby. J'ai simplement envie de prendre du bon temps avant de me marier.

— Tu es fiancée ? demanda Aurore, pleine d'espoir, mais Gabby hocha tristement la tête.

— Pas encore, mais je vais me mettre en chasse.

Yvonne et Paxton éclatèrent de rire, et Paxton se dit que Gabby et Yvonne auraient sans aucun doute un succès fou auprès des garçons.

— Tu vas sûrement trouver, l'encouragea Yvonne. J'ai vu des tas de beaux garçons depuis que je suis arrivée.

— Moi aussi, renchérit Paxton avec un petit sourire.

De tous ceux qu'elle avait croisés sur le chemin de l'épicerie, le frère de Gabby était de loin le plus séduisant. Mais elle se doutait bien que les étudiants en droit ne raffolaient pas spécialement des petites nouvelles. Elle fut d'autant plus surprise de le voir réapparaître quelques heures plus tard. Aurore s'était déjà mise au lit et Yvonne, dans un déshabillé suggestif, lisait sur le canapé lorsque Peter arriva, accompagné d'un ami qui portait des bières. Avec un sourire, il tendit une bière à Paxton, qui sortait de sa chambre.

— Nous sommes venus voir si vous aviez besoin de quelque chose.

Paxton était étonnée, Gabby encore plus.

— Qu'est-ce que tu fais là ? fit-elle d'un air suspicieux. Si tu veux du liquide contre un chèque, ne compte pas sur moi ! Méfie-toi, il fait toujours des chèques en bois, ajouta-t-elle à l'intention de Paxton. – Elle aperçut son copain, qui était resté debout à l'entrée. – Salut Sandy, entre, personne n'est à poil !

— Dommage, fit Sandy en rougissant, faussement décontracté.

— En fait, on espérait bien vous surprendre en tenue d'Eve ! Quelqu'un veut une bière ? fit Peter, plus à l'aise.

Il réussit même à faire sourire Yvonne, qui offrit une cigarette à Sandy, et les deux jeunes gens s'installèrent, à la bonne franquette, l'un par terre et l'autre sur l'unique chaise ; Gabby et Paxton s'assirent sur la malle de Gabby, qu'elles avaient décidé d'utiliser comme table basse. Sandy, qui poursuivait aussi des études de droit, était l'un des sept camarades de chambre de Peter. Ils habitaient une jolie maison à Ellsworth qu'ils laissaient dans un désordre épouvantable.

— Nous vous inviterons à dîner un de ces soirs, dit gaiement Peter, mais avant il nous faudrait un bulldozer pour dégager la cuisine ! Nous avons peut-être une pizza de l'année dernière au four, je n'ose pas aller voir ! Et toi ? – Il regarda Paxton droit dans les yeux et elle fut subjuguée par l'intensité de son regard bleu. – Tu sais faire la cuisine ?

— J'essaie, dit-elle timidement.

— Tu sais faire la polenta ? demanda Yvonne, brusquement intéressée, les côtelettes, et les travers de porc ?

Paxton se demanda si elle la cherchait encore, mais elle décida d'être franche et dit que toutes ces spécialités étaient du ressort de Queenie.

— Mes compétences culinaires se limitent à l'omelette, au steak ou aux pommes de terre sautées.

— Ça fera l'affaire, fit Peter sans complexes. On peut aussi aller au restaurant.

C'était une proposition nettement plus réjouissante ! Yvonne observait les garçons avec curiosité, et Sandy avait l'air de la trouver à son goût, à la grande déconvenue de Gabby, qui avait depuis longtemps un faible pour lui. Décidément ça promettait ! Ils venaient d'arriver, et de joyeuses perspectives se dessinaient déjà devant eux.

Les garçons s'attardèrent encore un instant avant de prendre congé : ils avaient rendez-vous avec des amis au *Kips*. Paxton dut s'avouer épuisée, il était deux heures du matin pour elle !

— Tu n'avais pas l'air fatiguée du tout tant que le frère de Gabby était là, l'asticota Yvonne. Tu paraissais en pleine forme.

— Toi aussi, quand Sandy te regardait.

Paxton lui avait répondu du tac au tac et cette fois-ci, elles rirent à l'unisson. Yvonne était toujours en train de lire sur le canapé lorsque Gabby et Paxton allèrent se coucher.

— C'est incroyable, fit Gabby en enfilant sa chemise de nuit, lui qui déteste systématiquement tous mes amis, sans exception... le voilà qui débarque avec des bières pour faire la causette, c'est insensé ! – Elle dévisagea Paxton avec stupéfaction. – C'est à cause de toi, c'est sûr. C'est la première fois qu'il ne se comporte pas comme un goujat avec une fille qu'il rencontre avec moi.

— Simple curiosité. On ne le reverra pas de l'année. Aux cours de droit il y a sûrement des tas de filles plus intéressantes que moi.

— Ça m'étonnerait.

Gabby avait également été impressionnée par Paxton. Elle était superbe et le plus étonnant chez elle, c'était qu'elle ne semblait pas en être consciente. Elle était équilibrée, intelligente, et il suffisait de parler un peu avec elle pour s'apercevoir qu'elle ne manquait pas d'humour. Et décidément, Gabby adorait son accent. Au-delà des apparences, elle avait senti chez Paxton une maturité et une sensibilité qui lui conféraient une véritable beauté intérieure. Gabby connaissait l'intuition de son frère ; il avait déniché un oiseau rare. Peut-être même un oiseau de très grande envergure. Elle grogna en s'asseyant sur le lit étroit et inconfortable.

— Il reviendra. Tu vas voir ce que je te dis. Je crois que je le verrai plus cette année que je ne l'ai jamais vu de ma vie ! Et ça ne me plaît pas trop.

— Ne t'en fais pas. D'ici à une semaine il nous aura toutes oubliées, sauf peut-être Yvonne… elle est magnifique, tu ne trouves pas ? chuchota-t-elle.

— Oui, mais c'est une garce.

Paxton prit sa défense :

— Au fond, je ne crois pas qu'elle soit méchante, mais elle s'est braquée contre moi d'emblée, uniquement parce que je viens de Géorgie.

— Je ne sais pas. On dirait une enquiquineuse de première.

— La vie ne l'a sans doute pas gâtée. Tu sais, ça n'est pas drôle pour les Noirs en Alabama, comme à peu près partout, d'ailleurs. Sauf peut-être ici. Elle a probablement de bonnes raisons d'être comme elle est.

Gabby haussa les épaules, pas spécialement préoccupée par la question.

— Qu'est-ce que tu penses d'Aurore ?

— C'est vraiment une pauvre petite chose effarouchée. J'ai l'impression qu'elle n'a pas réellement choisi d'être ici.

— Elle dort tout le temps. Elle est peut-être malade. Un genre de maladie exotique, comme la narcolepsie par exemple.

Effectivement elle avait fait la sieste presque tout l'après-midi.

Paxton rit, heureuse de constater qu'elle aimait déjà sa camarade de chambre. Gabby était aimable et drôle, on ne pouvait rêver meilleure compagne.

— On ferait mieux de dormir, murmura Paxton, déjà tout ensommeillée.

Gabby continuait à s'affairer avec une énergie sans faille, mais Paxton n'arrivait plus à garder les yeux ouverts.

— Demain, je dois voir mon conseiller d'orientation et il va falloir que nous choisissions nos cours.

— Ne t'en fais pas. Prends les plus faciles, ceux que tu as déjà faits au lycée. Ce n'est pas la peine de te tuer au travail, Paxton. On est ici pour s'amuser, ne l'oublie pas – et pour se trouver un mari. Un bon conseil, Pax : prenons du bon temps.

— J'y songerai…

Pax sombra immédiatement dans un profond sommeil. Dans ses rêves apparut Queenie, puis une jeune beauté noire, un prince charmant beau comme le jour qui lui offrait de la bière… tandis que, quelque part dans le lointain, son frère Georges dansait avec une petite rousse rigolote…

4

Paxton et Gabby mirent leurs projets à exécution. Gabby s'était inscrite aux cours les plus faciles, et sortait tous les soirs. Elle s'amusait comme une folle mais n'avait pas encore trouvé de mari. Quant à Paxton, elle avait choisi des matières ardues : journalisme et écriture. Elle prenait également un cours d'économie politique de très haut niveau qui la terrifiait, et des cours de maths, de physique et d'espagnol.

Son conseiller ne le lui en avait recommandé aucun, à part les maths et l'espagnol ; elle se débrouillait bien partout, sauf en physique – c'était un cours obligatoire, et elle faisait de son mieux. Elle se passionnait pour tout ce qu'elle apprenait, trouvait même le temps de sortir quelquefois avec Gabby et ses amis, et s'amusait beaucoup avec eux. Ils aimaient bien faire la fête, mais avaient aussi des engagements politiques. Deux d'entre eux militaient au Congrès pour l'égalité raciale, d'autres organisaient une collecte pour le Comité des non-violents, causes qui soutenaient les Noirs du Sud et séduisaient Paxxie. Un soir, elle fit même la connaissance de Mario Savio, chef de file du Mouvement pour la liberté de parole. Gabby semblait connaître tout le monde, des plus engagés aux dilettantes complets.

Au bout de deux mois à peine, Paxton avait déjà eu plusieurs accrochages avec Yvonne Gilbert. La jeune Noire semblait peu encline aux concessions, et dès que quelque chose n'allait pas, elle en rejetait immanquablement la responsabilité sur Paxton, qui dut faire appel à tout son sang-froid pour ne pas répliquer.

Dès la deuxième semaine, Yvonne s'était trouvé un petit ami. C'était la vedette de l'équipe de foot, un immense et magnifique garçon noir originaire du Texas. Par mimétisme et grâce à sa propre personnalité, elle était en passe de devenir elle aussi une vedette du campus. Elle était la coqueluche de tous les garçons, mais semblait être fidèle à Deke et avait clairement signifié à nombre de ses admirateurs qu'elle ne s'intéressait pas aux Blancs.

Elle suivait le cours de physique avec Paxton, mais ne lui adressait jamais la parole et quand, par hasard, elles se croisaient dans la petite pièce commune, leurs échanges n'étaient guère amicaux.

Aurore vivait sa vie de son côté. Elle dormait presque tout le temps, et à plusieurs reprises Paxton s'était demandé s'il lui arrivait de suivre un cours. « Elle ne s'en sortira pas, si elle continue comme ça », avait-elle confié à Gabby, mais celle-ci avait d'autres chats à fouetter ; en ce moment on la voyait beaucoup avec deux étudiants en droit, des amis de son frère. Sa prédiction s'était révélée exacte : son frère pointait son nez à tout bout de champ sous les prétextes les plus futiles, mais Gabby n'était pas dupe : elle savait bien qu'il venait pour Paxton, et, même si elle ronchonnait pour la forme, au fond elle était ravie.

Tous deux passaient des heures à discuter, assis par terre ou sur le canapé délabré, parfois jusque tard dans la nuit, buvant du café ou du Coca-Cola. Ils partageaient les mêmes opinions sur de nombreux sujets, et Paxton était presque effrayée de constater à quel point leurs pensées étaient jumelles. Elle n'était pas, comme Gabby, venue à Berkeley dans l'intention de se trouver un mari, et elle restait sur ses gardes. Avant toute chose, elle voulait étudier, faire quelque chose de sa vie, devenir une grande journaliste, ou du moins une journaliste reconnue, qui écrit et voyage de par le monde. Elle voulait voir l'Europe, l'Afrique, l'Orient. Parfois elle songeait à passer un an avec le Corps des volontaires de la paix. Peter et elle semblaient destinés à se rencontrer tant ils avaient d'affinités, mais il n'était nullement question pour elle de tomber amoureuse, de faire des bébés, et d'aller s'installer en banlieue. Elle le lui avait dit et ça l'avait fait rire. Ils se ressemblaient même physiquement : même blondeur, même beauté. Leurs amis disaient qu'elle passait plus facilement pour sa sœur que Gabby.

— Est-ce que tu essaies de me dire que j'ai la tête de quelqu'un qui veut se marier et aller s'encroûter en banlieue ? Bon sang, mais c'est une insulte !

Il riait à gorge déployée.

Il était deux heures du matin, et Gabby venait juste de rentrer, Aurore dormait depuis longtemps, et Yvonne avait élu domicile chez son petit ami, en dehors du campus.

— J'ai bien entendu parler de mariage ? fit Gabby en mettant drôlement une main en cornet autour de son oreille.

— Tu n'as rien entendu du tout, répliqua vivement Paxton.

Elle portait un jean et un tee-shirt, et était assise par terre près de Peter. Elle aimait sa façon de penser et ses révoltes, mais elle ne s'autorisait pas à tomber amoureuse de lui, en tout cas pas tout de suite. C'était tout simplement impossible.

— Ta copine vient de m'injurier, dit-il à l'intention de Gabby, tout en caressant les cheveux dorés de Paxton, plongeant son sourire dans ce regard vert qui le chavirait déjà. Elle m'a accusé d'être vieux jeu, et même pire.

— Ça n'est pas vrai ! – Paxton se releva en riant. – J'ai simplement dit que je ne voulais pas me marier et m'installer. Je veux voir le monde d'abord.

— Tu crois que moi je n'en ai pas envie non plus ? fit-il, à moitié vexé.

— C'est vrai qu'il veut parcourir le monde, renchérit Gabby. Monte-Carlo, Paris, le cap d'Antibes, Acapulco, Londres, Saint-Moritz, rien que des endroits déshérités !

Tous trois éclatèrent de rire.

— Vous me prenez pour qui ? Un fainéant ?

Sa sœur, qui le connaissait sur le bout du doigt, secoua la tête :

— Non, mais tu es un enfant gâté, comme moi.

Elle lui sourit avec bienveillance, mais il balança une boîte de Coca-Cola vide dans sa direction.

— C'est la vérité. Je ne nous vois pas rejoindre les Volontaires de la paix, comme Pax. Rien que d'y penser, ça me donne des boutons, et je t'imagine mal creuser des tranchées ou construire des latrines, est-ce que je me trompe ? Pourquoi crois-tu que je fais des études de droit ?

Il plaisantait mais il y avait du vrai là-dedans.

Il allait être diplômé en droit à vingt-cinq ans, avec un peu de chance il échapperait à l'armée jusqu'à vingt-six, mais ça n'était pas une solution, même si son statut d'étudiant en droit lui permettait de bénéficier d'un sursis. Il n'était cependant guère tenté de rejoindre l'armée au Vietnam. Là-bas, la situation devenait explosive. Les Américains étaient de moins en moins en position de « conseillers » du Viêtnam du Sud. La menace du Nord communiste, qui voulait réunifier le pays sous son contrôle, s'amplifiait. Deux mois auparavant, le destroyer américain *Maddox* avait été attaqué par les Vietnamiens du Nord, dans le golfe du Tonkin, et en guise de représailles, les pilotes avaient bombardé le Viêtnam pour la première fois.

— Pour être franc, je ne me vois pas au Vietnam,

pas plus que dans un autre pays lointain, d'ailleurs. Pourquoi veux-tu aller travailler avec le Corps des volontaires de la paix, Pax ?

— Je ne suis pas si sûre que ça de le vouloir vraiment. J'aimerais surtout entreprendre quelque chose de différent, dit-elle avec un air grave, dès qu'ils furent de nouveau seuls. Jusqu'à présent je n'ai vu que des gens complaisants envers eux-mêmes et qui se fichaient des autres comme d'une guigne. J'ai envie de vivre autre chose, c'est tout Mon père, lui, s'intéressait aux gens. Je crois qu'il se serait engagé dans une action humanitaire s'il ne s'était pas marié si jeune.

— Ça devait être un type bien, dit doucement Peter en voyant l'expression attendrie de Pax.

— C'est vrai. – Sa gorge se noua. – Je l'adorais. Après sa mort, ma vie a changé…

— Raconte-moi…

Sa voix était tendre et attentive dans l'obscurité ; il aimait déjà tellement de choses en elle qu'il craignait, tout comme elle, de s'attacher.

— Maman et moi, nous sommes assez différentes…

Elle ne voulait pas en dire davantage pour l'instant, il n'y avait pas de raison. Avouer que sa mère ne l'avait jamais aimée, c'était trop dur.

— C'est pour ça que tu veux rejoindre les Volontaires de la paix ? Pour la fuir ?

— Non. – Paxton sourit. – Mais c'est pour ça que je suis venue à Berkeley.

— J'en suis très heureux, dit-il, et ses lèvres frôlèrent les siennes.

Ils étaient tous deux par terre, allongés côte à côte, appuyés sur les coudes.

— Moi aussi, murmura-t-elle.

Il la prit dans ses bras et ils échangèrent un long baiser, couchés à même le sol, jusqu'à ce que Gabby fasse irruption dans la pièce, les considérant avec un intérêt non dissimulé.

— Hé, les copains, vous allez rester là à vous bécoter toute la nuit ? Personnellement, ça m'est égal, je voulais juste savoir si j'attendais Paxton pour dormir.

Peter émit un grognement et Paxton rit en roulant sur elle-même, les cheveux emmêlés et les joues roses d'émotion.

— On ne t'a jamais dit quelle foutue emmerdeuse tu fais, Gabrielle ? – Il savait qu'elle ne supportait pas d'être traitée d'emmerdeuse et il en rajoutait pour la faire enrager. – C'est bien ma veine de craquer pour la copine de ma sœur ! – Il se releva et tendit la main à Paxton. – Tu devrais dormir un peu, mon chou, si cette fichue bavarde ferme son clapet de temps en temps ! Je ne sais pas comment tu fais pour résister !

— Quand je n'en peux plus, je m'endors, c'est tout.

— Elle doit continuer à parler toute seule !

Tous trois pouffèrent de rire, car c'était vrai. Peter embrassa Pax et partit en leur souhaitant bonne nuit.

Dès qu'il fut dehors, Gabby la pressa de questions.

— Alors, Pax, c'est sérieux ?

— Ne sois pas ridicule, Gabby. On ne se connaît que depuis un mois et demi, et nous avons la vie devant nous. Il est en troisième année de droit, et moi j'ai quatre ans d'études à faire. Comment veux-tu que ce soit « sérieux » ?

Au fond de son cœur, elle sentait bien que ça l'était, mais pour rien au monde elle ne l'eût reconnu, et a fortiori devant Gabby.

— Tu ne connais pas mon frère. Je ne l'ai jamais

vu dans cet état. Je crois qu'il est tombé amoureux de toi. – Elle lui lança un regard grave. – Il t'a dit qu'il t'aimait ?

— Pour l'amour du ciel, bien sûr que non !

Mais les mots étaient superflus, Paxton le savait bien. Gabby avait raison. D'ailleurs Paxton non plus n'avait jamais rien ressenti de semblable. C'était vraiment une déveine que ça soit arrivé si vite, et si tôt. Rencontrer l'âme sœur était bien le cadet de ses soucis pour le moment.

— Flûte. C'est bien ma chance, maugréa Gabby en se mettant au lit. C'est moi qui cherche un mari et c'est mon frère qui tombe en extase devant toi et avec tous les symptômes du type amoureux, tandis que moi je me récolte un nullard avec des cheveux frisés jusqu'à la taille qui veut m'emmener au Tibet l'été prochain à condition que je lui paie son billet d'avion. Y en a qui ont de la chance !

» C'est le karma, qu'est-ce que tu veux !

Paxton souriait dans l'obscurité en écoutant le bavardage de Gabby.

— Qui est-ce ? C'est celui qui tient un stand sur la libre expression à Bancroft ?

— Non, le karma, c'est le destin… Aurore en a plein la bouche toute la journée.

— Alors ça doit être des marques de somnifères ! Tu as vu hier comme elle était mal en point ? J'ai cru qu'elle allait se trouver mal.

» Elle est peut-être enceinte ? hasarda Paxton.

— Je me demande où elle trouverait le temps de se faire engrosser, elle dort sans arrêt !

Elles éclatèrent de rire puis se souhaitèrent bonne nuit. Une fois n'est pas coutume, Gabby n'avait plus rien à dire ce soir-là, et le lendemain elle devait se lever tôt pour son cours de musique contemporaine. Et elle avait du pain sur la planche : c'était la veille de Halloween et elle devait fabriquer son costume, un potiron en lamé or.

Ce 1er novembre 1964, c'était aussi le jour de l'attaque vietcong contre la base aérienne de Biên Hoa, à une vingtaine de kilomètres au nord de Saigon, la première fois qu'une installation militaire américaine de cette importance était touchée.

Cinq Américains avaient été tués, et soixante-seize, blessés. Johnson interdit les représailles, bien décidé à ne pas céder à la provocation, surtout à quatre jours des élections présidentielles. Barry Goldwater, son rival républicain, proclamait qu'il fallait au contraire lancer un tapis de bombes et en finir avec la guerre en écrasant le Nord. Johnson, lui, promettait de ne pas entraîner davantage le pays dans le conflit, ce qui correspondait à l'attente des citoyens. Il remporta une victoire écrasante le 3 novembre. Le pays avait sanctionné Goldwater et son programme belliciste.

La semaine suivante, Peter demanda à Paxton si elle avait des projets pour Thanksgiving.

— Pas vraiment. Je ne vais pas rentrer chez moi pour si peu de temps.

C'était un peu trop loin – et un peu trop cher aussi, quoique Thanksgiving sans la dinde de Queenie ne fût pas une vraie fête. Paxton essayait de ne pas trop y penser et prévoyait de passer la journée à réviser son examen de physique.

— Je me demandais… Est-ce que tu voudrais venir à la maison ? J'en ai touché un mot à maman la semaine dernière et elle serait ravie. Au moins, dans la chambre d'amis, tu n'aurais pas à subir le bavardage de Gabby !

— Ça me manquera peut-être, dit-elle timidement. Je ne voudrais pas m'imposer.

— Pas du tout. C'est Thanksgiving. On se réunit pour s'empiffrer et regarder des matchs de foot. Mon père et moi allons voir un match samedi, j'aimerais bien que tu viennes avec nous. Et vendredi on pourrait faire une balade à Stinson Beach.

— J'adorerais, dit-elle en souriant.

Gabby lui en avait vaguement parlé quelques jours auparavant, mais sans donner suite. Paxton ne pouvait rien imaginer de plus gai que de fêter Thanksgiving avec eux. Sans connaître leurs parents, elle les aimait déjà. En même temps, ça l'effrayait un peu d'être reçue chez eux, car cela augmentait son intimité avec Peter. Mais comment lutter contre le penchant qu'elle éprouvait pour lui : ils sortaient la plupart du temps avec des amis, et même au milieu d'une foule, leur attirance l'un pour l'autre était irrésistible.

Gabby, qui venait d'apprendre la nouvelle, fit irruption dans le petit salon, où Paxton était en train d'étudier. Elle sursauta.

— Qu'est-ce que je viens d'apprendre ? Tu viens à la maison pour Thanksgiving ? C'est formidable ! – Un sourire enthousiaste illuminait son visage : elle venait de parler avec sa mère, et Marjorie Wilson, qui s'était un peu étonnée que l'invitation eût été lancée par Peter et non par Gabby, brûlait de connaître cette camarade de chambre qui, semblait-il, intéressait sérieusement Peter. – Tu vas adorer maman.

— Je n'en doute pas.

Gabby lui en avait déjà tellement parlé ! Elle était

étonnamment proche de sa mère et, de toute évidence, l'adorait littéralement. Marjorie avait l'air de s'intéresser à toutes sortes de causes, et faisait partie de clubs de bridge, tout comme la mère de Paxton, mais, à l'inverse de celle-ci, elle semblait chérir tendrement ses enfants. Ce qui en revanche n'était peut-être pas le cas de leur père, sans cesse surchargé de travail.

Peter passa les prendre le mercredi en fin d'après-midi et, comme à l'accoutumée, Gabby était encombrée de sacs, alors que Paxton n'avait qu'un seul bagage. Elle portait une stricte robe bleu marine sous son manteau gris, avec la seule paire de chaussures habillées qu'elle eût apportée, noires, sans fioritures. Elle était très jolie, avec sa queue de cheval nouée d'un ruban de satin également bleu marine, et les boucles d'oreilles de sa grand-mère, des petites perles anciennes.

— Tu ressembles à Alice au pays des merveilles, lui dit Peter en la faisant monter dans sa Ford cabossée.

Il parlait d'acheter une Mustang dernier modèle, mais d'ici à l'été il n'aurait pas suffisamment d'économies. Son père lui avait donné le choix, comme cadeau de fin d'études, entre une voiture et un voyage, et il avait opté pour deux mois en Europe. Il avait déjà visité l'Ecosse, l'Angleterre et la France, et continuait à se balader dans son vieux tacot.

— J'aurais peut-être dû mettre quelque chose de plus chic ? demanda nerveusement Paxton à Gabby.

Elle avait une robe de velours noir plus élégante, qu'elle gardait pour la soirée de Thanksgiving.

— Tu es très bien. Ne l'écoute pas.

Gabby portait une minijupe rouge avec des hauts talons assortis, un sweater noir, et sa tignasse flamboyante n'était pas sans évoquer celle de Shirley Temple.

— Ma mère portera une robe noire toute simple avec un collier de perles, et mon père un pantalon écossais et une veste en velours. Ce sont leurs uniformes !

Paxton eut un petit rire embarrassé – elle voulait faire honneur aux Wilson, et à Peter en particulier. Cette visite lui tenait à cœur, tout en l'effrayant un peu, car c'était la première fois qu'un jeune homme la présentait à sa famille ; elle se sentait gênée de penser que Peter avait fait allusion à elle comme à une fiancée possible.

Ils traversèrent Bay Bridge à toute allure et prirent à l'ouest, longeant les bars à strip-tease, mais dès qu'ils eurent franchi le tunnel de Broadway et dépassé Van Ness, ils atteignirent le quartier cossu de Broadway avec ses majestueuses demeures. Paxton se sentait de plus en plus fébrile. Soudain Peter s'arrêta en faisant crisser ses pneus, Gabby jaillit hors de la voiture pour aller sonner et bientôt ils se retrouvèrent dans le hall gigantesque d'une vaste maison de brique rouge. Les parents, en tout point conformes à la description de Gabby, leur souhaitèrent la bienvenue. Leur mère était petite, avec une chevelure rousse sagement coiffée en un chignon lisse, et de grands yeux verts qui n'étaient pas sans rappeler ceux de Paxton ; leur père était longiligne, dégingandé comme son fils, et ses cheveux autrefois blonds, aujourd'hui blancs comme neige, lui conféraient une allure aristocratique assortie d'une bonne humeur décontractée. Sa femme était chaleureuse, quand elle serra Paxton dans ses bras ce fut d'un élan sincère.

Elle avait chargé Gabby de lui montrer sa chambre ;

quelques instants plus tard, ils se retrouvèrent tous au rez-de-chaussée, dans une bibliothèque tapissée de vieux livres aux reliures de cuir, surchargée de meubles anciens, autour d'un feu dansant dans l'âtre. C'était le genre de pièce que l'on voit dans les magazines de luxe : Paxton n'avait pas imaginé qu'ils étaient si riches. Elle se sentit à nouveau mal à l'aise dans sa petite robe bleu marine, mais personne ne prêtait attention à ces détails vestimentaires. La mère de Paxton aurait pu faire des réflexions sur la minijupe de Gabby, mais Marjorie Wilson semblait la trouver amusante. La mère et la fille discutaient avec animation, Gabby décrivant avec enthousiasme le garçon qu'elle avait rencontré dans une soirée la semaine précédente, qualifié de « sérieux espoir », selon ses propres termes. De l'autre côté de la pièce, Peter s'enquérait des affaires du journal auprès de son père.

— Il se passe des choses intéressantes, depuis les récents événements au Vietnam. L'attaque de Biên Hoa va sûrement influer sur les options de Johnson. On ne pourra pas rester les bras croisés indéfiniment.

Peter ne voulait pas se lancer dans la polémique : il savait que son père était un fervent partisan de Goldwater ; d'ailleurs celui-ci ne souhaitait pas non plus aborder le sujet avec Peter.

— Je ne suis même pas certain que notre présence là-bas soit une réponse. Nous devrions nous en aller avant d'être évincés de toute décision, comme cela s'est passé pour les Français, dit gravement Peter.

— Nous sommes plus malins qu'eux, fiston. – Son père sourit. – Et nous ne pouvons pas laisser les communistes dominer le monde, n'est-ce pas ?

Ils poursuivaient le même débat depuis des années, et

leurs points de vue divergeaient toujours autant. Peter pensait que les troupes américaines devaient se retirer du Viêtnam alors que son père, comme beaucoup de gens de son âge, estimait au contraire qu'on aurait dû leur botter les fesses une bonne fois pour toutes et se retirer sans subir trop de dégâts après cette bonne leçon.

Paxton s'amusait de la ressemblance de Peter avec son père : même verve, même enthousiasme, même regard bleu empreint de vivacité, même chaleur dans le comportement. Et pendant le dîner, elle se sentit plus en confiance qu'elle ne l'avait jamais été au sein de sa propre famille, à Savannah. A travers la conversation, qui tournait sans arrêt autour du journal, elle comprit que le père de Peter y collaborait et, lorsque Peter dit qu'il envisageait de travailler pour divers correspondants du journal pendant l'été, elle réalisa pourquoi le père de Peter avait dû garder secret son soutien à Goldwater : le *Morning Sun*, farouche partisan des démocrates, avait publiquement pris parti pour Johnson. Ce qui n'était pas le cas de son propriétaire. Or ce propriétaire n'était autre que le père de Gabby et de Peter. Lorsque Paxton comprit que la famille Wilson possédait le *Morning Sun* depuis plus d'un siècle, elle éclata de rire et Peter la dévisagea, décontenancé. Il venait juste de dire qu'il hésitait à travailler pour le journal l'été prochain et qu'il songeait plutôt à collaborer bénévolement à l'élaboration d'un projet de loi dans le Mississippi, ou à s'engager aux côtés de Martin Luther King, surtout depuis qu'il avait remporté le prix Nobel de la paix, en octobre. Et ça la faisait rire.

— Qu'est-ce que j'ai dit de si drôle ? s'étonna-t-il.

D'habitude, elle prenait tellement tout au sérieux, et il savait qu'elle partageait son point de vue sur le sujet.

— Ce n'est rien, excuse-moi. Je viens simplement de comprendre quelque chose qu'aucun d'entre vous n'a jugé nécessaire de me dire. Je croyais que vous parliez toujours du *Morning Sun* parce que ton père y travaillait. Je n'avais pas imaginé que..., enfin, qu'il...

Devant sa mine embarrassée, ils se mirent à rire eux aussi. Ed la mit à l'aise :

— Ne sois pas gênée, Paxton. Quand il était petit, il racontait à ses camarades que je vendais des journaux dans Mission Street. Sa modestie ne va plus jusque-là ! J'espère qu'il ne t'a pas raconté de telles sornettes ?

— Non, répondit-elle en riant à son tour.

Gabby souriait. Elle ne lui avait jamais rien dit non plus. Ils n'avaient pas pour habitude de se vanter devant leurs amis. Ils menaient une vie aisée, mais la discrétion était de mise chez eux. Ce genre de fortune eût impressionné la mère de Paxton.

— Ni l'un ni l'autre ne m'ont dit quoi que ce soit et j'étais loin de me douter...

— Ça ne me semble pas très important, fit calmement Peter, sachant qu'elle l'appréciait pour lui-même et non pour ce que son père possédait.

— Non, mais c'est intéressant : au moins, vous avez des sujets de discussion passionnants à la maison. Chez nous, les conversations ne sont que des ragots sur qui va épouser qui, qui va acheter une maison, ou lequel des patients de mon frère est à l'agonie.

— Ton père est également médecin ?

— Mon père était avocat. Il est mort il y a sept ans, dans un accident d'avion.

Paxton fut étreinte par une soudaine tristesse, en voyant le père de Peter et de Gabby.

Avec eux, tout paraissait si évident. Ils étaient si

heureux, si gais ! Pendant la soirée, ils jouèrent aux dominos, rirent et plaisantèrent. Peter eut avec son père une longue discussion au coin du feu, à laquelle Paxton se joignit. Ils parlèrent à nouveau du Vietnam, de Diêm, des positions de Johnson vis-à-vis de l'Union soviétique depuis l'éviction de Khrouchtchev, en septembre. Paxton ressentit une profonde admiration pour Edward Wilson. C'était un homme intelligent, pondéré, clairvoyant, et elle respectait ses conceptions, bien que leurs opinions sur le Viêtnam fussent aux antipodes l'une de l'autre.

Ils parlèrent des réalités de l'intégration dans le Sud, de l'action de Martin Luther King, qui avait organisé une grande journée de contestation, et de l'évolution du malaise estudiantin à Berkeley. Le Mouvement pour la liberté de parole avait récemment échappé à tout contrôle, et les membres des conseils d'université avaient adopté une attitude très dure, refusant de négocier avec les étudiants, position qu'approuvaient le père de Peter et Paxton. Le président Kerr était l'un de ses amis et ils avaient eu une longue conversation à ce sujet le matin même.

— Il n'a pas l'intention de lâcher du lest. L'enjeu est trop important. Il risque de perdre totalement le contrôle de la situation sur le campus.

Peter n'était absolument pas d'accord, et ils argumentèrent longtemps, mais Paxton trouva cette discussion très vivifiante. A Savannah elle avait l'impression d'être coupée des réalités, écrasée sous la chape de plomb des conventions, dans un monde frileusement cramponné au passé. Elle s'en ouvrit à Ed Wilson.

— Pourtant, vous avez un fameux journal, là-bas.

— J'espère y travailler l'été prochain, si j'ai mon diplôme. Je me suis spécialisée dans le journalisme.

Peter lui sourit avec fierté et lui prit la main, ce qui n'échappa pas à son père. Ed Wilson ne fit aucune remarque sur le moment, mais il en parla à Marjorie, ce soir-là, dans l'intimité.

— Ma chérie, je crois que ton fils est tombé amoureux.

Il enveloppa sa femme d'un regard tendre. Elle adorait tellement ses enfants qu'il redoutait pour elle le moment où ceux-ci quitteraient la maison pour faire leur propre vie.

— J'ai l'impression que c'est sérieux.

— Moi aussi, dit-elle en s'asseyant, pensive, devant sa coiffeuse pour brosser ses cheveux roux parsemés de mèches argentées. Tu sais, elle me plaît vraiment. Sous son air calme, elle a une vraie personnalité. Elle est droite, franche, et elle aime vraiment Peter.

— Mais elle est bien trop jeune. A dix-huit ans, il ne peut être question de mariage. Ce serait de la folie.

— Je ne crois pas qu'elle y pense déjà. Quelque chose me dit qu'elle a de grandes ambitions. Sans doute est-elle plus équilibrée que Peter.

— Je l'espère, dit-il avec un soupir. Je ne me sens pas mûr pour être grand-père.

Il embrassa sa femme dans le cou avec un doux sourire.

— Ni moi pour faire une grand-mère, rétorqua-t-elle en riant. Mais dans ce cas, c'est à Gabby qu'il faut en parler.

— Oh non ! Ne me dis pas qu'elle a encore rencontré le grand amour cette semaine ! Dois-je m'inquiéter ou aura-t-elle tout oublié d'ici à trois jours ?

— Je pense qu'elle aura oublié bien avant ! Heureusement que personne ne l'a encore prise au mot, avec son obsession du mariage. Cette enfant me tuera !

— Allons !

Il avait revêtu un de ses pyjamas coupés sur mesure à Londres et, s'approchant de Marjorie, il lui ôta doucement la brosse des mains.

— Je t'aime, tu sais.

Sans un mot, elle se leva et, passant ses bras autour de son cou, l'embrassa. Puis elle éteignit tranquillement la lumière et se mit au lit. Il l'enlaça tendrement. C'étaient des gens heureux et comblés, qui adoraient leurs enfants.

Au déjeuner, le lendemain, ils étaient tous radieux. Paxton avait revêtu pour l'occasion sa robe de velours noir et Gabby un tailleur Chanel blanc que sa mère lui avait acheté l'année précédente, à Paris. Elle faisait plus femme subitement, et Paxton ne put s'empêcher de penser à Jackie Kennedy, du temps où elle dictait la mode. Ed Wilson récita l'action de grâce, d'un air sérieux et distingué, et Paxton surprit entre lui et sa femme un petit sourire malicieux.

Le repas fut somptueux, digne de rivaliser avec celui de Queenie. Elle leur raconta les fêtes de Thanksgiving chez elle, et leur parla avec amour de la femme qui l'avait élevée. Dans l'après-midi, ils reçurent la visite de quelques amis, parmi lesquels le gouverneur de Californie, ce qui impressionna fortement Paxton. La conversation tournait autour de la manifestation organisée par Mario Savio et les membres du Mouvement pour la liberté de parole, qui devait avoir lieu en ce moment même, à Berkeley.

Joan Baez devait chanter, un millier d'étudiants avait prévu un sit-in de protestation contre la position de l'université (qui voulait interdire la Liberté de parole), des souscriptions et la diffusion de tracts dans son enceinte.

Les responsables invoquaient la paralysie de la circulation occasionnée par ces diverses manifestations et l'accumulation de papiers sur le campus. En fin de compte, l'université avait consenti à un compromis, en autorisant l'utilisation du campus, mais sans manifestations. Paxton estimait que c'était une tempête dans un verre d'eau, mais des passions s'étaient allumées, des libertés avaient été remises en question, et il flottait dans l'air une contestation véritable. Ce soir-là, huit cents étudiants furent arrêtés. Paxton était éblouie de se trouver chez les Wilson, si près de ces gens de pouvoir et de décision qui avaient une conscience aiguë du monde.

Le jour suivant, ils regardèrent les manifestations à la télévision, et Peter et Paxton renoncèrent à leur virée à Stinson. Le samedi, elle accompagna les deux hommes au match de foot, tandis que Gabby sortait faire du lèche-vitrines avec sa mère. Paxton avait téléphoné chez elle le jour de Thanksgiving, et bavardé avec Georges et Queenie. Apparemment tout allait bien, et elle leur avait assuré qu'elle passait d'excellentes vacances, bien que seule Queenie eût l'air de s'en soucier ; elle lui avait chuchoté au téléphone qu'elle s'était moins appliquée pour faire sa tarte aux fruits, puisqu'elle n'était pas là pour la déguster.

Paxton avait apprécié le match de foot et, à la fin du week-end, caressait l'illusion de faire partie de la famille. En prenant congé, elle les remercia chaleureusement pour ces quelques jours merveilleux. C'était la Thanksgiving la plus heureuse qu'elle eût connue depuis la mort de son père, et son regard brillait de joie sur le chemin du retour avec Peter et Gabby.

Il restait encore des traces de l'agitation récente

lorsqu'ils arrivèrent à Berkeley. Des brigades anti-émeutes sillonnaient le campus à titre préventif, et Paxton eut la désagréable surprise d'apprendre l'arrestation d'Yvonne et de Deke, qui avaient pris une part active à la manifestation. Ils venaient d'être relâchés et Yvonne avait les bras couverts de vilains bleus, résultats du peu d'égards avec lesquels elle avait été traînée dans le fourgon.

— C'était plutôt sinistre, reconnut-elle avec un regard abattu. Et vous, où étiez-vous tout le week-end ?

Elle observait Paxton et Gabby d'un air accusateur tandis que Peter apportait leurs bagages.

— A San Francisco, fit laconiquement Gabby, peu prédisposée à la culpabilité. Ce n'est pas nécessaire d'aller en prison pour prouver qu'on est concerné, Yvonne. A quoi ça t'avance d'avoir des bleus plein les bras ? Et pour te dire la vérité, je me fiche qu'on distribue ces satanés tracts ici ou ailleurs.

C'était la première fois qu'elle répliquait ainsi à Yvonne, mais elle était lasse de ses remarques insidieuses et de ses allusions venimeuses.

— Et de quoi tu ne te fiches pas, au juste ?

— Peut-être des mêmes choses que toi. Je ne me fiche pas des Noirs, ni du Vietnam, j'ai envie que chacun ait ses chances et reste en vie pour en profiter, je n'ai pas besoin de défiler dans les rues ni de me faire tabasser pour prouver quoi que ce soit.

— Personne ne t'écoutera. Autant rester chez toi à te faire les ongles. Dans le Sud, il a fallu que les gens descendent dans la rue, se fassent arrêter et tuer pour être entendus.

— Alors qu'est-ce que tu fais ici ? rétorqua vivement Gabby.

— J'en ai marre, figure-toi, marre d'être la cinquième roue du carrosse. Et j'ai bien l'intention de me faire entendre.

— Formidable. En tout cas, ne viens pas me chercher des noises tant que tu es ici. Je ne m'occupe pas des affaires des autres, moi.

— De toute façon, je déménage le mois prochain, lâcha maladroitement Yvonne, ébranlée par ce que venait de lui dire Gabby.

Peut-être aurait-elle mieux fait de choisir le Sud ? D'aller à Birmingham se battre contre les partisans racistes de Wallace ? Mais elle s'était assez bagarrée comme ça et elle avait été tellement heureuse d'obtenir une bourse pour Berkeley !

— Tu vas habiter avec Deke ? demanda Gabby, presque sans curiosité.

Elle en avait soupé d'Yvonne et de son agressivité perpétuelle. Mais Paxton, qui connaissait bien le Sud, ne pouvait pas réellement lui en tenir rigueur.

— Non, répondit Yvonne avec un hochement de tête.

Elle avait l'air gêné soudain, comme si elle réalisait qu'elle y avait été un peu fort, les prenant comme boucs émissaires.

— Je ne vais pas vivre avec Deke, je prends un appartement avec des amis.

Paxton savait qu'elle choisirait délibérément de cohabiter avec des gens qui, comme elle, étaient trop révoltés pour jouir de l'intégration qu'ils venaient finalement de gagner et dont ils ne savaient encore que faire.

— C'est bien, dit calmement Paxton, j'espère que tu seras heureuse.

— Et ta chambre ? fit prosaïquement Gabby, peu émue par l'annonce du départ d'Yvonne.

— Vous trouverez bien quelqu'un pour prendre ma place.

Sur ces entrefaites, Aurore apparut, en chemise de nuit.

— Je déménage aussi. C'est-à-dire… je rentre chez moi.

Elle s'excusait en souriant, elle avait l'air heureuse.

— Tu nous lâches ? s'exclama Gabby, incrédule.

Elle qui s'amusait tellement ici ! Il faut dire qu'Aurore dormait sans arrêt.

— Je vais me marier… vers Noël, je pense. Je suis…

Elle rougit en les regardant, c'étaient ses seules amies.

— J'attends un bébé pour le mois d'avril.

Les trois filles la dévisagèrent, stupéfaites. Il est vrai qu'avec le recul Paxton se dit qu'elles avaient été bien naïves : en effet, Aurore présentait tous les symptômes de la femme enceinte, mais elles n'avaient jamais fait qu'en plaisanter entre elles.

— Dave et moi, nous partirons au Népal voir notre gourou après la naissance du bébé.

— Epatant ! fit Gabby, encore sous l'effet de la surprise.

Peter se retourna pour que les filles ne le voient pas sourire.

— Zut, rouspéta Gabby dès qu'elles furent sorties. Qu'est-ce qu'on va faire de leur chambre ? L'université risque d'y mettre n'importe qui !

— Si on faisait un échange ? Je connais des filles qui meurent d'envie d'être à quatre. Nous pourrions prendre une chambre à deux.

— Ou vous pourriez transformer l'autre chambre en rangement. Ou emménager avec moi dans la maison, fit Peter, plein d'espoir, en regardant Paxton.

Ils étaient si bien ensemble, le week-end passé, chez ses parents ! Il avait résisté à la tentation d'aller la retrouver dans sa chambre, sachant qu'elle aurait été traumatisée de faire l'amour chez ses parents, et d'autre part, il savait par Gabby qu'elle était toujours vierge. Il songeait depuis un moment à lui demander de venir s'installer avec lui, mais l'occasion ne s'était pas encore présentée et il ne voulait pas la brusquer. Paxton n'était pas une passade. Il désirait vivre avec elle.

— L'année prochaine il faudrait que nous trouvions quelque chose à louer en dehors du campus, proposa-t-il aux deux filles avant de les quitter.

Cette perspective les séduisait tous trois, mais une année c'était bien long, et Paxton se demandait si d'ici là il l'aimerait encore. En trois mois, il s'était déjà passé tant de choses : Gabby était devenue sa meilleure amie, elle-même était tombée amoureuse de Peter, leurs deux camarades déménageaient, et l'une d'elles attendait un bébé ! Elles bavardèrent longtemps au lit ce soir-là.

Les semaines qui précédaient les vacances de Noël s'écoulèrent à une vitesse stupéfiante. Peter partait faire du ski avec des amis après Noël et Gabby accompagnait ses parents à Puerto Vallarta, au Mexique. Peter avait proposé à Paxton de venir skier avec eux, mais sa mère n'aurait pas compris qu'elle ne vînt pas pour Noël.

Le 21 décembre, Peter l'accompagna à l'aéroport. Ils discutaient tranquillement des vacances lorsqu'il s'interrompit tout à coup, avec un air grave qui le fit ressembler à son père. Le cœur de Paxton s'arrêta de battre.

— Ça ne peut pas continuer ainsi, tu le sais.

On était à la veille de Noël et il était en train de lui dire qu'il fallait mettre un terme à leur histoire.

— Comment dire… je…

Elle ne pouvait pas le regarder en face, ça lui faisait trop mal. Elle résista lorsqu'il lui prit le menton pour la forcer à lever la tête. Elle était aveuglée par les larmes. Il avait lui aussi le regard noyé.

— Tu comprends, n'est-ce pas, Pax ? On ne va pas continuer ce jeu-là longtemps, comme si ce n'était qu'un flirt entre étudiants de première année. Je t'aime, Paxton, comme jamais je n'ai aimé. Je veux t'épouser un jour. Il ne tient qu'à toi de dire quand. Demain, la semaine prochaine, ou dans dix ans. Fais tout ce que tu as envie de faire : engage-toi dans les Volontaires de la paix, va en Afrique, ou dans la lune, je t'attendrai. Je t'aime.

Sa voix tremblait et il la serra si fort contre lui qu'elle en eut le souffle coupé, et quand elle l'embrassa, elle y mit toute son âme. Elle non plus n'avait pas envie de jouer. Elle savait maintenant à quel point elle l'aimait.

— Qu'allons-nous faire, Peter ?

Elle souriait à travers ses larmes et il lui rendit son sourire.

— J'ai encore trois ans et demi d'études, ajouta-t-elle. Il faut que j'aille jusqu'au bout.

— Nous attendrons, ce n'est pas grave. Nous pourrions peut-être nous fiancer ? Tout ce qui m'importe, c'est de savoir que tu m'aimes.

Il plongea intensément son regard dans les grands yeux verts de Paxton et elle hocha gravement la tête.

— Je t'aime… oh… je t'aime tellement ! murmura-t-elle dans un souffle.

Il l'embrassa en redoublant de tendresse.

— Ça ne me plaît pas du tout de ne pas passer Noël avec toi Si je prenais l'avion pour Savannah ?

Elle en mourait d'envie, mais elle n'osa pas lui dire oui. Si sa mère apprenait qu'elle était tombée amoureuse à dix-huit ans, d'un Californien qui plus est, elle en ferait une maladie.

— C'est un peu prématuré. Ils ne comprendraient pas.

— Alors reviens-moi vite.

Son avion était annoncé depuis un moment et tous les passagers étaient déjà à bord.

— Il faut que j'y aille. Je t'appellerai de chez moi.

« Chez moi… » où était-ce au juste maintenant ? Et s'il l'oubliait pendant ses vacances ? S'il en rencontrait une autre au ski ? Ses pensées se lisaient sur son visage, et il rit en la laissant se détacher de lui.

— Petite sotte ! Je t'aime. Tâche de ne pas l'oublier ! Un jour tu t'appelleras Paxton Wilson.

Il l'embrassa furtivement une dernière fois et elle courut pour attraper son avion, lui exprimant tout son amour dans un ultime regard par-dessus son épaule.

5

Elle atterrit à Savannah par une drôle de nuit noire et glaciale. L'avion avait du retard et, avec le décalage horaire, il était plus de minuit lorsqu'elle arriva dans la ville endormie. Son frère était venu la chercher à l'aéroport, sa mère étant au lit avec un mauvais rhume de cerveau. Seule Queenie était restée éveillée pour l'accueillir, avec un chocolat chaud et ses biscuits favoris tout juste sortis du four.

Elles s'étreignirent sans un mot. Paxton n'avait cessé de penser à Peter durant tout le vol et brûlait d'envie de faire part de sa joie à sa vieille amie. Mais Georges n'avait pas l'air pressé de partir, se faisant un devoir d'attendre qu'elle ait fini son chocolat. Il lui donna des nouvelles de tout le monde, lui apprit que leur mère s'était vu décerner un prix par les Filles de la Guerre civile et Paxton fit semblant d'être ravie, tout en couvant Queenie d'un regard débordant d'affection.

Georges se décida enfin à rentrer chez lui et lorsque Paxton se mit au lit, toutes ses pensées étaient occupées par Peter. Elle essayait de se sentir chez elle à nouveau, mais rien n'était plus pareil, tout lui semblait si peu accueillant ici : elle était incapable de penser à autre chose qu'à Peter et à la Californie, et lorsqu'elle s'endormit enfin après plusieurs heures d'insomnie, elle se sentit bien seule sans le bavardage amical de Gabby.

Le lendemain matin, au petit déjeuner, l'atmosphère fut glaciale. Face à sa mère, elle se sentait en terre étrangère. Elle la félicita pour son prix et, après des remerciements polis, celle-ci sombra dans un mutisme embarrassé. Elles avaient toujours aussi peu de choses à se dire, et Paxton fit des efforts désespérés pour alimenter la conversation. Sa mère ne lui posa aucune question. Et il fut impensable d'évoquer ne serait-ce que le nom de Peter. Cependant, Béatrice fit allusion à la nouvelle petite amie de Georges, qu'elle avait invitée à dîner le soir même. Georges ne lui en avait soufflé mot sur le chemin de l'aéroport. Paxton ne put s'empêcher de faire la comparaison avec les Wilson, et se dit que si son père avait encore été de ce monde, ces deux êtres auraient peut-être encore un peu de chaleur humaine, par contagion.

Elle ne put se trouver en tête à tête avec Queenie dans la cuisine qu'en fin d'après-midi, et lui raconta tout sur Gabby, Peter et leurs parents.

— Tu n'as pas fait de bêtises, n'est-ce pas, ma petite fille ? demanda Queenie d'un air sévère.

Paxton fit non de la tête. Honnêtement, elle ne pouvait pas dire que l'idée ne l'avait pas effleurée, et, étant donné le sérieux de leurs intentions à tous deux, il faudrait bien qu'un jour ou l'autre, elle « fasse des bêtises », mais il est des pensées intimes que l'on ne dévoile pas, même à une Queenie.

— Non, Queenie, rassure-toi. Mais il est tellement merveilleux ! Tu l'adoreras.

Elle ne tarissait pas d'éloges sur Peter, et la vieille femme l'écoutait avec attention, attendrie par son regard pétillant.

— Tu te plais là-bas ? Tu es heureuse ?

— Oui, vraiment, c'est formidable !

Elle lui décrivit tout par le menu : les cours qu'elle suivait, les endroits qu'elle avait découverts, les faisant revivre pour Queenie. Puis, avec des airs de conspirateur, elle lui demanda des précisions sur la nouvelle petite amie de Georges.

— Tu te feras une idée par toi-même, fit la vieille femme en riant. Je crois que cette fois-ci, c'est la bonne.

Mais quelque chose dans son intonation fit supposer à Paxton qu'elle ne l'aimait pas.

— Qu'est-ce qui te fait dire ça ?

La curiosité de Paxton était piquée, mais Queenie se contenta de rire. Deux heures plus tard, Paxton comprit pourquoi Queenie ne portait pas la nouvelle venue dans son cœur. Elle était la réplique exacte de sa mère. Cette Allison arborait la même coiffure, le même air distant, les mêmes manières guindées des ladies du Sud, si ce n'est qu'elle était encore plus collet monté qu'elles ! Tout en elle était si raide qu'on eût dit qu'elle allait se briser au moindre geste. Georges avait l'air parfaitement à l'aise avec elle. Il était accoutumé à ce genre de femmes, même si, dans sa jeunesse, il les avait aimées un peu plus décontractées. Paxton eut le loisir de l'observer toute la soirée : si elle parlait du bout des lèvres, d'une manière affectée, elle n'hésitait pas à exprimer ses opinions. Après le dîner, dans la cuisine avec Queenie, Paxton put donner libre cours à ses sentiments.

— Mon Dieu, comment peut-il supporter une femme aussi compassée et péremptoire ?

En fait, elle correspondait exactement à ses désirs : c'était une véritable lady du Sud. Il faut dire qu'il avait été bien conditionné par sa mère.

— Et maman, qu'est-ce qu'elle en pense ?

Queenie se contenta de hausser les épaules.

— Je ne sais pas. Elle ne me dit jamais rien.

— C'est comme si elle se regardait dans la glace. A moins qu'elle ne s'en rende même pas compte.

La soirée fut d'un ennui mortel, tout comme le reste du séjour, d'ailleurs. Ils allèrent à l'église le soir de Noël, et y retournèrent le lendemain. Elle revit quelques-unes de ses amies et fut étonnée d'apprendre que deux d'entre elles avaient choisi d'arrêter leur scolarité pour se marier, et qu'une autre, qui devait convoler en juin, après les examens, était déjà enceinte. Elle se sentait beaucoup trop jeune pour endosser de telles responsabilités, alors que ses amies s'engageaient déjà dans des vies toutes tracées, avec mari et enfants. Cela lui fit penser à Peter. Elle pensait sans arrêt à lui, en fait. Il l'appelait très souvent ; elle s'arrangeait pour décrocher elle-même le téléphone pour ne pas éveiller la curiosité autour d'elle. Sa mère y fit cependant allusion une fois, notant qu'elle trouvait étrange qu'un garçon lui téléphone de si loin, et qu'elle espérait que cela n'était pas de mauvais augure. En l'occurrence, toute aventure avec un garçon qui n'était pas originaire de Savannah eût été de « mauvais augure ».

Paxton profita de son temps libre pour se rendre au service du personnel du journal, et, bien que M. Wilson lui eût proposé une lettre de recommandation, elle avait tenu à se débrouiller par elle-même. Elle obtint un travail temporaire pour les vacances d'été.

Elle désirait ardemment ce job, mais dorénavant tout ce qui l'éloignait de Peter la déprimait. Ça la tracassait de réagir ainsi, car elle ne voulait pas être dépendante de lui. Elle avait tellement de projets, elle mettait un tel point d'honneur à tenir les promesses qu'elle s'était faites ! Mais il avait juré qu'il l'attendrait et n'avait cessé de le lui répéter au téléphone, et elle savait qu'il disait vrai.

Elle avait prévu de partir la veille du Jour de l'an ; sa mère était tellement préoccupée par ses préparatifs avec Georges, Allison, et ses amies, que Paxton eut l'impression que son départ allait passer presque inaperçu. Paxton avait affirmé qu'elle passerait le réveillon avec ses amies à l'université, et malgré une remarque du genre « ça n'est pas très gentil de ta part », sa mère avait semblé l'accepter. Elle avait passé une matinée paisible dans la cuisine avec Queenie, qui toussait, comme tous les hivers, et elle lui avait fait promettre d'aller voir le docteur toutes affaires cessantes.

Sa mère lui avait fait ses adieux tôt le matin avant d'aller chez le coiffeur. Georges l'accompagna à l'aéroport et, au moment de lui dire au revoir, elle lui lança :

— Dis bien des choses à Allison de ma part.

La familiarité du ton le fit tressaillir, et Paxton, profitant de l'intimité de cet instant – intimité était un mot qui hérissait Georges –, ne put résister à l'envie de lui demander si Allison et lui, c'était sérieux.

— Je ne vois pas ce que tu veux dire, rétorqua-t-il sur un ton d'ennui glacé.

Elle ne put s'empêcher de rire sous cape. Il avait trente-trois ans passés, et s'il ne voyait vraiment pas de quoi elle parlait, c'était grave !

— Une jeune fille bien élevée ne pose pas ce genre de questions, Paxton, ajouta-t-il.

Elle compara la relation libre et enjouée de Peter et Gabby aux rapports guindés qu'elle entretenait avec son frère.

— Je crois qu'elle t'aime vraiment, Georges, et maman l'aime beaucoup.

Elle s'arrêta là, ne pouvant aller jusqu'à prétendre sans mentir qu'elle l'aimait aussi.

— J'en suis persuadé, fit Georges d'un ton pitoyable.

— Prends bien soin de toi.

Elle l'embrassa sur la joue, puis, sans un mot, lui prit son sac des mains et se dirigea vers son avion avec un petit signe amical. Elle comprit à quel point sa rencontre avec Peter l'avait transformée. Dorénavant, elle n'accepterait plus leur règle du jeu, cette froideur de sentiments, cette retenue constante et ces dîners interminables dans un silence glacé. En la regardant partir, Georges eut la désagréable sensation que la Californie lui avait volé sa petite sœur.

Peter l'attendait à San Francisco, et dès qu'elle l'aperçut, elle vola à sa rencontre. Il la souleva de terre, la serra dans ses bras et pressa ses lèvres contre les siennes ; ils s'étreignaient en riant et les passants souriaient de cette ardeur qui réchauffait le cœur et ravivait les souvenirs.

— Ce que tu m'as manqué ! dit-il en la reposant enfin, il était temps que tu reviennes !

— Je n'en pouvais plus, fit-elle, rayonnante, et ils se dirigèrent bras dessus, bras dessous vers le tapis roulant pour récupérer ses bagages.

— C'était comment, à Savannah ?

— Horrible !

Elle lui raconta son séjour avec force détails, parlant d'Allison et de Georges, du travail qu'elle avait obtenu pour l'été prochain, de Queenie et de son bon sens populaire, de sa mère dont la froideur l'affectait toujours.

— Elle se sent probablement trahie parce que j'ai choisi Berkeley. Je ne crois pas qu'elle soit différente de ce qu'elle a toujours été, mais j'y suis davantage sensible parce que j'ai côtoyé d'autres milieux.

Elle pensait aux Wilson, bien évidemment.

— Cela n'a plus d'importance, tu m'as maintenant.

Elle fut profondément touchée par sa générosité, mais, tout au fond d'elle-même, elle craignait toujours un peu de ne dépendre que de lui sur le plan affectif. Et s'il changeait d'avis, s'il partait, s'il tombait amoureux d'une autre ? Elle savait depuis l'enfance combien il est douloureux d'aimer une personne au point de négliger d'autres horizons ; elle avait tellement souffert autrefois, quand l'homme qu'elle aimait si profondément, qui représentait sa vie, s'était tué en avion ; c'était son univers tout entier qui avait basculé dans le néant avec lui.

— Qu'est-ce qu'on fait ce soir ? lança-t-elle gaiement lorsqu'ils allèrent récupérer le vieux tacot de Peter au garage.

En réalité, elle se moquait éperdument de ce qu'ils allaient faire, pourvu qu'elle soit avec lui ! Elle n'avait jamais été aussi heureuse de sa vie. Peut-être que ses amies de Savannah, qui se mariaient et allaient avoir des bébés, étaient sur la bonne voie, après tout. Elle en avait parlé à Peter sans lui cacher comme ça la mettait mal à l'aise. Il comprenait tout, et elle l'aimait plus que jamais. Assis dans la vieille guimbarde, ils s'embrassèrent à perdre haleine…

— Alors, où allons-nous ? fit-il en essayant de reprendre ses esprits. – Elle riait, ivre de bonheur. – Je voulais t'emmener à Tahoe pour le week-end, mais il y a eu une tempête et Donner Pass est fermé. Il faut attendre jusqu'à demain, ça réouvrira peut-être. Si nous allions dîner ? Ensuite on pourrait se faire une toile ?

— D'accord.

Ils se dirigèrent vers le centre ville ; elle se demandait si elle allait dormir à l'université ce soir, ou chez Peter, dans la chambre d'amis comme il le lui suggérait, surtout que Gabby et ses parents étaient encore en voyage et le personnel en congé.

— Tu crois que nous allons bien nous tenir ? lui demanda-t-il en la pressant tendrement contre lui.

— Je ne suis plus sûre d'en avoir tellement envie, Peter… Je persiste à penser que c'est trop tôt. Mais quand je vois mes amies, je me dis que je suis stupide.

— Ne t'occupe pas d'elles, Paxxie, mais de toi, et de moi. Je ferai ce que tu voudras.

Elle lui adressa un sourire plein de gratitude.

— Je dormirai dans la chambre d'amis.

Elle n'avait pas envie de se retrouver toute seule à l'université. En réalité elle n'avait qu'une envie, c'est de se pelotonner contre lui toute la nuit, et bien plus encore, mais elle ne se l'autoriserait pas. Elle avait presque dix-neuf ans et lui vingt-trois ; ils étaient en âge de se marier, d'avoir des enfants, et ils ne pouvaient pas encore faire l'amour, simplement parce qu'ils n'étaient pas mariés.

Quand ils arrivèrent chez les Wilson, Peter porta sa valise à l'étage, puis redescendit au salon consulter les programmes des cinémas dans le journal. Elle se sentait merveilleusement bien dans cette maison somptueuse, qui avait été construite par le père d'Ed Wilson.

Elle s'assit pour contempler la chambre d'amis, élégamment décorée de chintz à fleurs roses. Le tapis était d'un jaune lumineux, et la salle de bains, toute carrelée de marbre rose et blanc. Le rêve pour une jeune fille !

— *Goldfinger*, le dernier James Bond, ça te dirait ? suggéra Peter en la rejoignant, avec deux bières et un sachet de chips. Tu as mangé dans l'avion ?

— Deux fois ! Je n'en peux plus !

Après avoir ôté ses chaussures et enfilé un jean, elle eut l'impression d'être revenue à la maison après un long voyage. Il s'assit sur le lit et se pelotonna contre elle.

— Tu ne peux pas imaginer à quel point tu m'as manqué.

— Toi non plus.

Elle l'enlaça et ils échangèrent un long baiser, roulant sur le lit où ils restèrent longtemps, s'étreignant et se caressant. Levant la tête, il regarda autour de lui comme s'il voyait cette pièce pour la première fois.

— Je ne m'étais pas rendu compte à quel point cette pièce me plaisait ! C'est sûrement parce que c'est la tienne à présent !

Il sourit, l'embrassa à nouveau, se grisant de la subtile fragrance qui émanait d'elle. Elle portait « Femme », et il adorait ce parfum. « Femme », c'était elle.

— Nous devrions peut-être nous lever, dit-il d'un air contraint.

— Oui, fit-elle calmement, il faudrait.

Elle enfila un sweater chaud et mit ses chaussures, et ils allèrent au cinéma. En sortant, ils avalèrent un hamburger au drugstore et furent de retour bien avant minuit. Il l'embrassa et lui souhaita bonne nuit dans le couloir, devant sa chambre, avant de rejoindre la sienne. Ce soir-là, à leur habitude, ils avaient longuement parlé de tous les sujets qui leur tenaient à cœur, de leurs familles, de leurs amis, de leur conception du monde, et de leur avenir. Elle était déjà en chemise de nuit, l'esprit tout occupé de lui, lorsqu'un léger coup fut frappé à sa porte.

— Oui ?

— C'est moi.

Il passa la tête dans l'entrebâillement, comme un gamin timide.

— Quelle surprise ! J'ai cru que c'était un cambrioleur, figure-toi !

— Tu me manquais déjà.

Elle éclata de rire en voyant son pyjama de flanelle rouge.

— Il m'a fallu dix minutes pour le trouver, sinon je serais venu plus tôt.

Ils rirent tous deux, et elle s'approcha de lui, heureuse et confiante.

— Et moi je commençais à m'ennuyer de toi, dit-elle dans un murmure.

Puis, sans un mot, elle éteignit la lumière, et ils restèrent ainsi, inondés par le clair de lune.

— Pax, je ne sais pas quoi faire. Je ne veux pas te faire souffrir… ni maintenant, ni jamais. Je t'aime tellement ! Je ne peux pas garder mes distances, c'est trop difficile…

— Je ne suis pas si sûre d'avoir envie que tu les gardes.

Ils s'assirent sur le lit pour parler, mais bientôt ils s'embrassaient et se caressaient fiévreusement ; il lui ôta doucement sa chemise.

— J'ai envie de te voir, dit-il, si doucement, si tendrement.

Tout son corps n'était que désir lorsque la clarté luminaire lui révéla une beauté parfaite, fine et galbée comme une statue de marbre rose.

— Je t'aime…

Sans trembler elle déboutonna la veste du pyjama rouge et ils restèrent enlacés un long moment, grisés par le contact de leurs peaux, sans oser bouger. Il caressa sa longue chevelure blonde, puis laissa courir ses mains sur ses seins, le long de ses hanches, sans aller plus loin.

Ce fut Paxton qui décida pour lui. Elle le désirait

tellement qu'elle ne pouvait supporter plus longtemps cette frustration. Elle fit lentement glisser le pantalon du pyjama, mettant à nu le désir impérieux dont il n'était déjà plus maître.

— Paxxie, murmura-t-il d'une voix rauque, tu es sûre…

Pour toute réponse elle l'embrassa passionnément, il la fit délicatement rouler sur le dos, écarta doucement ses jambes avec son genou pour cueillir le fruit qu'elle avait gardé pour lui.

Il fut infiniment caressant avec elle, et elle ne souffrit presque pas : ils firent l'amour avec tout l'élan passionné de la jeunesse, un désir partagé tout neuf et des trésors de tendresse à échanger. Ils passèrent la nuit entière dans les bras l'un de l'autre, faisant l'amour sans épuiser leur ardeur.

Lorsqu'il s'éveilla, au matin, elle dormait nue contre lui, sa longue chevelure étalée comme un soleil, le visage lisse comme celui d'un enfant, ses doigts mêlés aux siens. En la contemplant ainsi, il sentit les larmes monter : elle incarnait ce dont il avait toujours rêvé, il venait de trouver l'amour de sa vie, il était fou de bonheur.

6

Le reste de l'année passa comme un rêve, ponctué par quelques événements majeurs. A Noël, il y eut un attentat vietcong à Saigon, contre l'hôtel *Brinks* où résidaient nombre d'officiers américains. C'était le soir de Noël, et tout ce que Saigon comptait d'officiers s'y était réuni pour célébrer cette fête qui se termina dans un bain de sang et d'horreur. Il y eut deux morts et on ne déplora pas moins de cinquante-huit blessés. Une fois encore, Lyndon Johnson refusa d'exercer des représailles contre le Nord. Mais un nouvel attentat souleva l'indignation du peuple américain, le Président fut accusé de mollesse. De plus, l'armée sud-vietnamienne subit un cuisant échec à Binh Gia. Le 7 février 1965, le Président, acculé, décida de riposter. Et le 13 février débuta la fameuse opération Tonnerre qui lâcha un tapis de bombes sur le Nord-Vietnam. Quinze jours plus tard, les troupes terrestres entrèrent en action. Le 8 mars, les premiers Marines débarquèrent à Da Nang. Quand l'ambassade américaine à Saigon fut elle-même l'objet d'une attaque, quelque temps plus tard, la population réalisa à quel point le Viêtnam risquait de devenir une plaie pour les Etats-Unis.

Simultanément, à l'intérieur du pays cette fois, se creusa une autre plaie. A Selma, un pasteur noir avait été assassiné. Le 21 mars, Martin Luther King rassembla 3 200 participants à la « Grande marche pour les droits civiques ». Ce n'était qu'un début. Encadrés par la Garde nationale, ils marchèrent cinq jours, de Selma à Montgomery, unis dans la même ferveur. A l'arrivée, ils étaient plus de 25 000. Puis à son tour l'Université du Michigan organisa le premier colloque pacifiste, qui, hélas, ne mit pas fin à la guerre. De même que les bombardements n'arrêtèrent pas les Vietcongs, hommes et matériel étant acheminés vers le Sud par la piste Hô Chi Minh. En mai, le jour de la fête de l'Armée fut le prétexte à de nombreuses manifestations pacifistes. Peter et Paxton participèrent à celle de Berkeley.

Ils avaient pratiquement terminé leur année universitaire, et Paxton appréhendait le retour à Savannah. L'idée de vivre un seul jour sans Peter lui paraissait tout à fait odieuse.

Il s'était porté volontaire pour l'élaboration du projet de loi dont il avait parlé, et devait passer la plus grande partie de l'été dans l'Etat du Mississippi. Il avait promis à Paxton de la rejoindre dès que possible. De toute façon, elle avait son travail, au journal. Gabby retournait en Europe avec ses parents, ayant pris très à la légère la suggestion de son père de trouver du travail pour l'été. Elle avait juré que l'an prochain elle y songerait sérieusement mais, pour cette année encore, elle voulait faire la fête avec ses amis sur la Riviera, et se promener un peu avec sa mère à Paris. Ed Wilson avait morigéné sa femme pour cette indulgence excessive, mais elle avait plaidé la cause de Gabby en assurant que c'était la dernière fois.

Tous trois quittèrent Berkeley le 1er juin. Peter et Paxton passèrent un week-end tranquille dans une petite cabane de location, au bord du lac Tahoe, savourant leurs derniers instants d'intimité avant la séparation.

— Je vais devenir fou sans toi, soupira-t-il en plongeant son visage dans sa longue chevelure blonde. Le Mississippi est un coin perdu.

— Savannah est bien pire, dit-elle d'un air maussade.

L'instant d'après, ils avaient tout oublié dans les bras l'un de l'autre et ils connurent deux jours de bonheur. Les parents de Peter, ainsi que Gabby, se doutaient de quelque chose, mais n'en avaient soufflé mot. Peter et Paxton étaient constamment ensemble, mais décrochaient d'excellentes notes : il n'y avait rien à redire. Les trois jeunes gens étaient tombés d'accord pour prendre une maison ensemble à l'extérieur du campus. Paxton savait qu'à ce moment-là il faudrait bien avouer la nature de leur relation à son amie, mais il serait grand temps à l'automne. Quel luxe de pouvoir vivre ensemble en ville !

Gabby partit la première, avec Marjorie. Elles allaient voir des amis à Londres – elles descendaient au *Claridge* – avant de s'envoler pour Paris. Puis ce fut au tour de Paxton, la mort dans l'âme, de prendre congé de Peter à l'aéroport.

Peter, enfin, prit l'avion pour Jackson, dans le Mississippi, le jour même, afin de participer à une manifestation. Mille personnes, parmi lesquelles Peter, furent jetées en prison à l'issue de ce rassemblement. Il fut rapidement libéré sous caution, avec l'impression d'avoir subi une véritable initiation.

Le premier contact de Paxton avec son job fut moins brutal, mais elle fut amèrement déçue de constater qu'on l'avait affectée à la rubrique mondaine ; elle était donc censée rendre compte de tous les potins, des réceptions, de la façon dont Un tel ou Une telle était habillé, des faits et gestes du Club de jeunes ou des Filles de la Guerre civile.

Finalement, sa mère avait admis ce travail et en concevait même un certain respect pour elle, alors que Paxton se sentait profondément inutile. Au journal, elle assistait, impuissante, au défilé des dépêches qui s'égrenaient au fil des jours : sit-in en Alabama, renforcement des effectifs des forces terrestres au Vietnam, jusqu'au nombre ahurissant de cent quatre-vingt mille hommes. Johnson avait doublé les contingents cet été[1]. Paxton savait que parmi les soldats se trouvaient des garçons avec qui elle était allée à l'école, ainsi que leurs jeunes frères. L'un d'entre eux avait déjà été tué, et c'était intolérable. Elle eut soudain très peur. Et si par malheur Peter était mobilisé ?

Ils se téléphonaient presque chaque jour, et, vers la fin juillet, il s'arrangea pour passer un week-end à Savannah. Il avait prévu de venir plus tôt, mais deux incarcérations successives et un travail contraignant avaient retardé ses projets. Paxton rayonnait de joie dans le taxi qui l'emmenait à l'aéroport.

Ils se précipitèrent dans les bras l'un de l'autre. Peter avait le teint hâlé, et ses cheveux avaient pris le même reflet doré que ceux de Paxton. Ils échangèrent un long baiser passionné.

— Comme c'est bon de te voir ! dit-il en souriant. Je passe mon temps à me porter caution pour tirer des gens de prison, je suis épuisé.

— Si tu savais à quel point j'en ai par-dessus la tête des articles sur les réceptions et les concerts. Moi qui croyais faire quelque chose d'important, je passe mon temps à rapporter les potins mondains !

Il l'embrassa à nouveau, vibrant de désir. Comme il aurait voulu pouvoir l'entraîner au lit sans attendre !

— Comment va ta mère, à propos ?

— Elle est égale à elle-même. Elle brûle d'impatience de te connaître.

— Oh, là là ! ça ne me dit rien de bon !

1. Devant le fait que, livrées à elles-mêmes, les troupes du Sud se faisaient massacrer.

Il l'embrassa encore, incapable de s'arrêter. Ils ne s'étaient pas vus depuis bientôt deux mois, et elle aussi se consumait de désir. Elle lui avait loué une chambre agréable dans un hôtel tranquille à l'écart de la ville, pour éviter toute rencontre malencontreuse avec l'une ou l'autre des amies de sa mère.

— Oserais-je te faire une suggestion ?

— Tout ce que tu voudras.

— Si on passait voir cet hôtel avant d'aller chez toi ?

Il lui adressa un sourire complice. Elle éclata de rire, ivre de joie.

— Voilà qui me paraît une excellente idée !

Elle était toute à lui, en dépit d'un mariage huppé que le journal voulait lui faire couvrir : elle avait pris deux jours de congé.

Ils arrivèrent bientôt à l'hôtel, et Peter prit un air très grave, dans son costume cravate, pour signer le registre aux noms de M. et Mme Wilson, puis il monta son unique valise dans la petite chambre modeste, mais pimpante, qui leur parut la plus somptueuse des chambres nuptiales.

La nuit tombait presque lorsqu'il regarda sa montre. Elle sursauta.

— Mon Dieu, ma mère t'attend pour le cocktail !

— Je ne sais pas si je tiens encore debout, et pourtant je n'ai rien bu, plaisanta-t-il en la renversant sur le lit pour un dernier baiser.

Puis ils se douchèrent ensemble et s'habillèrent. L'espace d'un instant, ils eurent l'impression d'être mariés pour de bon.

— Ta mère sait-elle que nous allons partager une maison à la rentrée ?

Il avait peur de commettre un impair, et avait été bien inspiré de lui poser la question, car Paxton, rien qu'à l'idée, se mit à crier :

— Tu es fou ! Elle croit que je vais habiter avec Gabby et une autre fille, et ça ne lui plaît déjà qu'à moitié.

Béatrice avait cependant fini par se laisser fléchir.

— Formidable ! Je suppose qu'il faudra que j'évite de répondre au téléphone.

Ça lui était bien égal, la situation l'amusait plutôt. Son désir le plus cher était de vivre avec Paxton, même s'il lui fallait supporter sa sœur. Il savait par sa mère, qui l'avait appelé à Jackson, que Gabby avait traqué tous les hommes de plus de trente ans qui fréquentaient la Riviera.

— Je crois qu'elle est désespérée, dit Peter dans la voiture. Elle est folle, elle est beaucoup trop jeune pour se marier. – Ce qui fit sourire Paxton. Il se pencha pour l'embrasser. – Ce n'est pas comparable. C'est une gamine, pas toi. Mais je pense que tu es trop jeune aussi. Mais gare à toi, d'ici à trois ans…

Ils rirent à l'unisson.

Elle savait qu'il serait patient, qu'il la laisserait faire tout ce qu'elle voulait, comme ce job, cet été à Savannah, mais elle se sentait bien obligée de reconnaître que sans lui elle était malheureuse comme les pierres.

Lorsque la petite voiture de location de Peter se gara devant la maison, Georges et sa mère les attendaient ; celle-ci lui reprocha d'arriver tard. Allison était là et Béatrice aurait voulu que Paxton se change en l'honneur de leur « invitée », mais Pax fit comme si de rien n'était.

— J'ai fait faire le tour de la ville à Peter. Peter,

dit-elle d'un ton formel, ma mère, Béatrice Andrews, mon frère, Georges, et son amie, Allison Lee.

Béatrice ne laissait jamais passer une occasion de préciser qu'Allison était une parente de l'illustre général. Depuis le début de l'été, Paxton attendait que Georges fît l'annonce de ses fiançailles, mais il n'avait pas l'air pressé de s'engager, malgré ses trente-trois ans. Alors qu'Allison, qui venait d'avoir trente et un ans, rongeait manifestement son frein.

— Voici Peter Wilson, annonça-t-elle comme s'ils n'avaient jamais entendu parler de lui. Je partage ma chambre à l'université avec sa sœur, Gabby.

Ils échangèrent des politesses et des poignées de main, puis Georges proposa un verre à Peter, et celui-ci opta pour un gin tonic. Il faisait une chaleur étouffante malgré le ventilateur qui ronronnait au-dessus de leurs têtes. Queenie s'était surpassée pour les hors-d'œuvre. Allison, toujours aussi collet monté, faisait passer les plats.

Décidément Paxton ne la supportait pas.

Peter se montra aimable avec tous, mais Béatrice faisait visiblement des efforts pour être polie, Georges affichait un ennui distingué et Allison n'avait même pas l'air consciente de l'entourage. Elle n'adressa jamais directement la parole à Paxton. Elle avait dit à plusieurs reprises à Georges qu'elle ne la comprenait pas. Au fond, elle la trouvait impertinente et têtue. Elle parlait à Georges des nouveaux rideaux qu'elle venait de commander pour sa chambre. Peter essayait de leur exposer en quoi consistait sa tâche dans le Mississippi, mais ça n'intéressait manifestement personne, et Béatrice faisait tout pour détourner la conversation. Lorsque Peter réalisa que c'était parce qu'elle désapprouvait son engagement, il en fut choqué.

Ils étaient encore pires que dans les descriptions de Paxton : distants, froids, avec une vision du monde totalement obscurantiste.

Il orienta donc la conversation sur le voyage de ses parents en Europe, sujet anodin s'il en fût. En apprenant qu'ils séjournaient dans le sud de la France, la mère de Paxton eut l'air impressionnée, et elle lui demanda de son ton le plus « comme-il-faut » ce que faisait son père. Peter, surpris que Paxton ne lui ait rien dit, hésita :

— Eh bien, euh… il travaille dans un journal de San Francisco.

Il lui sembla peu judicieux de préciser qu'il en était propriétaire.

— Comme c'est intéressant, laissa tomber Béatrice, trahissant sa réprobation par un regard éloquent. Vous vous destinez à la carrière d'avocat ?

Peter approuva de la tête, pétrifié par le ton glacial de son interlocutrice. Elle correspondait bien à tout ce que Paxton lui avait dit : cette femme était un bloc de glace.

— Le père de Paxton était avocat, dit-elle, et Georges est médecin.

Elle désigna du regard son bonnet de nuit de fils. C'était à l'évidence une profession qui méritait toute son estime.

— C'est merveilleux, fit Peter, crispé. – Il se demandait comment Paxton pouvait les supporter au quotidien. Pas étonnant qu'elle fût si malheureuse parmi eux ! Elle était tellement différente ! – Et vous, Allison, que faites-vous ?

Elle fut tellement prise au dépourvu qu'elle en bredouilla :

— Euh, je… je m'occupe de mon jardin et…

Elle cherchait un mari depuis qu'elle avait quitté l'école, c'est-à-dire à treize ans.

Béatrice vint à son secours.

— Elle fait un travail extraordinaire pour le Club de jeunes. N'est-ce pas, ma chère ? Son arrière-grand-oncle n'était autre que le général Lee, ajouta-t-elle à l'intention de Peter. Le célèbre général Lee.

— Oh oui, bien sûr.

Peter eut envie de se précipiter hors de la pièce en hurlant. C'était le dîner le plus long et le plus ennuyeux de sa vie, ponctué de silences interminables, de maladroites tentatives pour relancer la conversation. Parfois, Queenie lui adressait un clin d'œil amical ou le poussait du coude en passant, et Paxton l'encourageait du regard. Il eut l'impression que ce repas avait duré un siècle, et lorsqu'ils arrivèrent enfin à son hôtel, il ôta sa cravate et se laissa choir sur le lit avec un grognement. Ils s'étaient esquivés en prétextant aller danser quelque part.

— Ma chérie, comment fais-tu pour les supporter ? Je n'ai jamais rencontré de gens aussi guindés, aussi peu aimables. Je ne devrais pas parler ainsi de ta famille, excuse-moi, mais ce repas n'en finissait pas !

Un large sourire éclaira le visage de Paxton.

— Je ne t'en veux pas. Ils sont vraiment épouvantables. Je n'ai rien à leur dire et je me sens réellement comme une étrangère avec eux.

— Mais tu n'as rien de commun avec eux. Ton frère est le type le plus ennuyeux que j'aie jamais vu, quant à sa petite amie… on dirait qu'elle a avalé un parapluie, et ta mère… oh, là là ! c'est un véritable iceberg.

Paxton eut un sourire heureux, comme si d'un seul coup elle prenait sa revanche : maintenant elle avait dans sa vie quelqu'un d'autre que Queenie pour la dorloter. Elle aimait Peter plus que tout au monde.

— Elle est comme ça.

Peter avait du mal à croire qu'il y eût des gens de cet acabit sur la planète. Ils étaient aux antipodes de sa propre famille, et tellement différents de Paxxie !

— J'aurais aimé connaître ton père.

— Il t'aurait adoré.

— Je suis sûr que je l'aurais aimé énormément moi aussi. Mais d'après tout ce que tu m'as raconté, j'ai du mal à l'imaginer avec ta mère.

— Je ne pense pas qu'il ait été très heureux avec elle. Je n'avais que onze ans quand il est mort, j'étais trop jeune pour saisir toutes les subtilités de leur relation.

— C'est peut-être aussi bien comme ça. Dieu merci, tu es venue à Berkeley !

Il avait peine à l'imaginer parmi eux, si elle était restée à Savannah. Ça l'aurait démolie, moralement en tout cas. Il avait bu trois gin tonic pour surmonter l'épreuve du dîner, au risque d'être pris pour un alcoolique.

Paxton resta avec lui le plus longtemps possible, puis il la raccompagna avec la voiture de location. Quelle ne fut pas sa surprise de trouver sa mère qui l'attendait, contrairement à son habitude ! Cela ne présageait rien de bon.

— Qu'est-ce que ce garçon représente pour toi ? demanda-t-elle brusquement à Paxton, à peine celle-ci eut-elle franchi le seuil.

— C'est un ami. Je l'aime beaucoup.

— Tu es amoureuse de lui ! hurla-t-elle, comme si les mots étaient des balles de revolver.

— Peut-être bien.

Elle ne voulait pas lui mentir, mais se refusait en même temps à lui révéler quoi que ce fût. Béatrice Andrews était en robe de chambre, assise sur le canapé, un petit verre de sherry à côté d'elle.

— J'aime beaucoup sa famille aussi. Sa sœur est mon amie, et ses parents ont été très gentils avec moi.

— Pourquoi ?

La question était tellement saugrenue que Paxton resta sans voix un moment.

— Qu'est-ce que tu veux dire ? Parce qu'ils m'aiment bien, c'est tout.

— Peut-être pensent-ils que tu es un tremplin pour la réussite sociale de leur fils. As-tu seulement pensé à ça ?

Paxton faillit éclater de rire, mais elle se contint par politesse pour sa mère.

— Ça me paraît invraisemblable.

— Et pourquoi, s'il te plaît ?

— Maman… Ils sont propriétaires du deuxième journal de San Francisco, le *Morning Sun*. Je ne vois pas à quoi je pourrais leur servir. Ils m'aiment bien, c'est tout.

— Ils ont l'air vulgaires, lança-t-elle durement.

Dans son esprit tous les gens de l'Ouest l'étaient, et particulièrement Peter Wilson. Pour elle, les habitants de l'Ouest étaient encore pires que les Yankees.

— Ils ne sont pas du tout vulgaires ! Ce sont des gens charmants, je t'assure, maman.

Paxton se sentit blessée du peu de considération que sa mère témoignait au garçon qu'elle aimait. Tout cela était si loin de la chaleur avec laquelle elle avait été accueillie chez les Wilson.

— Je t'interdis de retourner à Berkeley.

Les mots avaient claqué comme des coups de fusil, et Paxton s'assit lourdement sur le canapé. Elle aurait tellement voulu éviter d'en arriver là !

— Je me plais beaucoup là-bas. C'est une excellente université, et je travaille bien. Je ne veux pas rester ici.

— Tu resteras si je le veux. Tu as dix-neuf ans et ce n'est pas parce que ton père t'a laissé un petit capital que tu peux être indépendante à ton âge, ne te fais pas d'illusions.

Paxton luttait pour garder son calme.

— Je suis désolée que tu le prennes comme ça, mais je ne resterai pas à Savannah.

— Et peut-on savoir pourquoi ?

— Parce que je ne suis pas heureuse ici. J'ai besoin d'élargir mon horizon. Quand j'aurai fini l'université, je veux aller à l'étranger un certain temps.

Peter comprenait bien ça, lui.

— Tu couches avec lui ?

C'était un coup bas, auquel elle ne s'attendait pas.

— Mais non, voyons.

— Bien sûr que si, tu le portes sur toi, comme une prostituée à deux sous. Depuis que tu vis en Californie, tu te conduis comme une traînée. Même ton frère et Allison ont remarqué ta métamorphose.

C'était vraiment de la méchanceté et elle fut profondément blessée par leur complicité à tous trois. Elle se leva, décidée à ne pas en entendre davantage.

— Je vais me coucher, maman.

— Pense à ce que je t'ai dit.

— Sur les prostituées à deux sous ? fit Paxton sur un ton glacial.

Mais sa mère poursuivit, comme si elle n'avait rien entendu :

— Je veux que tu restes ici. Réfléchis bien avant de prendre ta décision.

— C'est tout réfléchi, dit-elle tristement, en montant dans sa chambre.

Elle alla rejoindre Peter à l'hôtel le lendemain ; elle ne lui dit rien, mais il comprit tout de suite à son air qu'il s'était passé quelque chose.

— Elle t'a fait des réflexions ? Elle était en colère ?

Paxton eut un petit rire amer.

— Ma mère n'est jamais émue par quoi que ce soit. Déçue, tout au plus. Elle veut que je reste à Savannah.

Peter prit un air perdu, mais elle l'embrassa tout de suite pour le rassurer.

— Elle dit que je me suis comportée comme une prostituée en Californie, il paraît que même mon frère et Allison s'en sont aperçus. Et ça leur fait beaucoup de peine.

— Les salauds ! Ils ont osé !

Il en bafouillait de colère, et elle le fit taire d'un baiser.

— Ne t'en fais pas. Je serai à Berkeley dans un mois. Et je crois que je ne reviendrai jamais ici : c'est trop déprimant. Ils ne cherchent qu'à me faire souffrir.

— Elle peut te couper les vivres ? demanda Peter.

Cela étant, il se serait fait un plaisir de subvenir à ses besoins sur-le-champ. Paxton arborait toujours son air triste qui la faisait paraître plus mûre.

— Non. Mon père m'a laissé suffisamment d'argent pour subvenir à mes besoins pendant la durée de mes études. Après, il faudra que je travaille de toute façon. Elle m'entretiendrait probablement si je revenais à la maison et si je passais mon temps au Club de jeunes. Je ne pourrai plus jamais vivre ici.

— Et Queenie ?

Peter savait à quel point elle était attachée à la vieille femme.

— Je viendrai la voir.

Paxton sourit. Sa vie était en Californie désormais, avec lui. Et avant tout, sa vie lui appartenait, elle le savait. Sa mère le savait aussi, et c'était bien ce qui l'effrayait. Elle n'avait plus guère d'emprise sur sa fille maintenant.

Peter partit le lendemain et Paxton en eut le cœur brisé. Il était déchiré de la laisser parmi ces gens qui ne l'aimaient pas. Il lui promit de l'appeler une fois par jour et même plus souvent si possible, si toutefois il n'était pas en prison. Il avait ri et l'avait embrassée longuement, passionnément, il lui avait dit combien il l'aimait et qu'elle ne devait pas se laisser miner par leurs attaques.

Après le départ de Peter, ils ne la ménagèrent pas. Sa mère était délibérément hostile, et son frère lui rabâcha, chaque fois que l'occasion se présentait, qu'il était de son devoir envers leur mère de ne pas retourner en Californie.

— Et mon devoir envers moi-même me dicte de faire quelque chose de ma vie, Georges, lui dit-elle brutalement.

Il avait beau être son aîné, il ne l'impressionnait plus. Elle lui trouvait l'allure pathétique d'un petit docteur de province encore fourré dans les jupes de sa mère. Elle était persuadée que sa relation avec Peter était plus épanouie et plus riche que la sienne avec Allison.

Le soir précédant son départ, leur mère était à son club de bridge et elle se retrouva en tête à tête avec Georges.

— Tu pourrais très bien réussir ta vie ici, avait-il insisté.

— Quelle connerie ! avait-elle explosé. Tu t'es seulement regardé ! Tu as vu nos amis ? Et Allison ? Et les filles qui étaient au lycée avec moi ?

Il était indigné, mais elle l'était aussi : elle se contenait depuis trop longtemps.

— Tu t'es bourré le crâne d'idées barbares et tu profères de bien vilains mots, Paxton, ça ne te va pas du tout.

— Pas plus que tout ça. Rien ne me convient ici. Depuis toujours. Papa non plus ne s'était pas habitué ; il avait fait des compromis parce que c'était un type bien et qu'il avait le sens du devoir.

— Qu'est-ce que tu sais de lui ? Tu n'étais qu'une enfant quand il est mort.

— Je sais qu'il avait un cœur gros comme ça, et je l'adorais.

— Tu ne sais pas ce qu'il a fait à maman.

Il avait dit cela sur un ton de conspirateur, et elle avait du mal à croire que son père eut été capable de faire souffrir sa mère.

— Qu'est-ce qu'il a bien pu lui faire ?

Georges ne put résister à la tentation de la blesser un peu plus. Probablement était-ce le prix dont il voulait lui faire payer son indépendance, lui qui ne serait jamais autonome parce qu'il n'avait jamais pu se détacher de sa mère.

— Il était avec une femme lors de l'accident.

— Vraiment ?

Paxton eut l'air d'abord étonné, puis pensif. Voilà qui expliquait bon nombre de choses : l'attitude de sa mère, par exemple. Mais elle comprenait aisément qu'il ait eu besoin d'un autre amour dans sa vie. Elle n'était pas à proprement parler étonnée ; d'une certaine façon, elle était même heureuse qu'il eût trouvé quelqu'un à aimer et qui l'aimait ; il le méritait. Mais il ne méritait pas de mourir pour autant. Il n'était pas mort pour ça. C'était sa destinée. C'était écrit quelque part.

— Ça ne me surprend pas outre mesure, dit-elle calmement. – Georges semblait déçu par sa réaction. – Maman était toujours si distante avec lui ! Il avait probablement besoin d'autre chose.

— Qu'est-ce que tu en sais ?

— Je sais quel père il était, et quel frère tu es ; nous sommes si différents.

— Ça sûrement, fit-il avec un air de dignité offensée. Et tu ferais bien de réfléchir à deux fois à l'avenir qui t'attend en Californie. Avec toutes les manifestations qu'il y a là-bas, sans parler de la drogue et des hippies, ces gugusses qui s'habillent avec leurs draps de lit, se mettent des fleurs dans les cheveux, et prennent parti pour les Noirs alors qu'ils n'en ont jamais vu un de leur vie !

— Ils en savent sans doute plus que toi, Georges. Ou alors ils sont plus généreux. C'est peut-être ça qui compte.

— Tu es folle.

— Non, mais je le deviendrais si je restais ici. Au revoir, Georges.

Elle lui tendit la main mais il ne la prit pas. Il ne put

que la dévisager. Quelques minutes plus tard, il sortit de la maison et elle ne le revit pas avant son départ.

Les adieux à Queenie furent plus déchirants cette fois, car elle avait d'ores et déjà décidé de ne pas revenir à Noël cette année, bien qu'elle n'en eût rien dit. Mais Queenie sentait qu'elle serait longtemps absente et elle la serra fort contre sa poitrine.

— Je t'aime, ma petite fille, dit-elle en la regardant tristement. Prends bien soin de toi.

— Toi aussi. Et va voir le docteur si tu tousses encore.

Mais même quand elle ne toussait pas, Queenie avait l'air plus vieille à présent, et ses mouvements étaient plus lents.

Paxton embrassa les deux bonnes joues tièdes, et murmura « je t'adore » à son oreille avant de la quitter.

Cette fois-ci, pas plus Georges que sa mère ne l'accompagna à l'aéroport. Béatrice lui dit au revoir dans le vestibule, lui signifiant clairement par son ton glacé qu'elle considérait ce départ comme un manquement à tous ses devoirs.

— Tu perds ton temps là-bas.

— Je regrette que tu le penses, maman, mais j'essaie au contraire de l'employer le mieux possible.

— On m'a dit que tu avais fait du bon travail au journal. – C'était bien la première fois que sa mère lui faisait un compliment. – En travaillant dur, tu pourrais t'intégrer à l'équipe de rédaction.

Paxton n'osa pas lui dire qu'elle préférerait mourir plutôt que de faire les chroniques mondaines de Savannah le restant de ses jours.

— Je verrai… Prends bien soin de toi, dit-elle doucement, le cœur serré de partir en laissant tous ces malentendus entre elles, et cependant délivrée d'un grand poids.

— Méfie-toi de ce garçon. Il ne vaut rien.

— Peter ?

Comment pouvait-elle être aussi catégorique ? Il était si tendre et si chaleureux !

— Ça se voit sur sa figure. Si tu le laisses faire, il se servira de toi et te jettera comme un vêtement usagé. Ils sont tous pareils.

Ces paroles s'adressaient plus à elle-même qu'à Paxton, qui en fut désolée pour elle. Ça avait dû être un choc de découvrir que son mari se trouvait en compagnie d'une autre femme dans l'avion. Et il n'avait jamais repris connaissance… Georges n'avait pas dit qui était cette femme, si elle avait survécu ou non, mais c'était peut-être mieux ainsi.

— J'appellerai pour te donner mon nouveau numéro.

Il fallait qu'ils trouvent une maison ou un appartement à louer à Berkeley. Sa mère hocha la tête et la regarda partir. Elle ne fit aucun geste pour se rapprocher d'elle ni pour l'embrasser. Dans le taxi qui la conduisait à l'aéroport, tout son esprit était occupé par Peter et par la joie du retour à Berkeley. Et une fois dans l'avion, elle n'eut plus une seule pensée pour Savannah.

7

Par chance, ils trouvèrent une belle maison à Piedmont, après seulement deux semaines d'investigation. Il y avait un salon immense, deux chambres, une grande cuisine inondée de soleil, et un jardin ravissant. Il fut convenu que Peter et Paxton partageraient la plus grande des deux chambres, et que Gabby occuperait l'autre, ce que finalement elle accepta sans difficulté. Elle avait perdu sa virginité avec un jeune et beau Français pendant son séjour sur la Riviera et se considérait dorénavant comme une femme à part entière. Elle était excitée comme une puce à l'idée que son frère et sa meilleure amie aient mené leur idylle depuis des mois à son insu. Peter, quant à lui, ne trouvait pas la situation si drôle, et il lui avait juré que si jamais elle vendait la mèche, il lui en cuirait.

Mais leur complicité fonctionna à merveille. Lorsque les Wilson leur rendirent visite, les deux filles improvisèrent un dîner. Tous trois s'entendaient parfaitement. Les deux tourtereaux s'adoraient, et l'amitié de Paxton et Gabby était plus forte que jamais. La seule ombre au tableau était que Gabby changeait d'amoureux chaque semaine et Peter avait du mal à faire abstraction de son rôle de frère aîné. Paxton lui rappelait sans arrêt que tout cela ne le regardait pas, mais il devait se faire violence pour ne pas intervenir.

Il était submergé de travail en deuxième année de droit, et, pour obtenir les meilleures notes, il devait s'assujettir à un rythme soutenu. Paxton travaillait aussi énormément et ils passaient le plus clair de leur temps à étudier à la bibliothèque ou dans leur lit avec leurs bouquins. Ils sortaient fort peu, d'autant que Paxton faisait du bénévolat pendant ses heures libres ; elle écrivait de temps à autre un papier pour le journal de l'université, et elle était folle de joie en voyant son nom au bas de l'article. Ils menaient une vie idyllique et rayonnaient de bonheur.

Vers la mi-octobre, Peter brûla ses papiers militaires avec l'approbation totale de Paxton.

Pendant ce temps-là, au Vietnam, les bombardiers B-52 arrivaient en renfort des troupes terrestres, et la force aérienne devint un atout décisif dans le combat grâce aux hélicoptères qui atterrissaient au cœur de la bataille, en pleine jungle. La guerre avait atteint une violence incroyable et Paxton était effrayée à l'idée de ce qui se tramait là-bas. Lorsqu'ils en parlaient avec le père de Peter, celui-ci soutenait toujours le même point de vue, affirmant qu'il fallait intensifier l'effort de guerre contre le Nord. Peter et Paxton défendaient la position inverse, mais Ed Wilson demeurait hermétique à la sagesse de leurs arguments.

Cette année-là encore, ils fêtèrent Thanksgiving chez Peter, et cette fois elle eut vraiment la sensation de faire partie de la famille, tant elle se sentait en harmonie avec eux. Difficile d'imaginer qu'elle ne connaissait Peter que depuis un an. Elle avait l'impression de vivre avec lui depuis toujours.

Les parents se doutaient bien de quelque chose, mais ils ne s'en mêlaient pas, bien qu'à plusieurs reprises, Marjorie ait consulté Ed sur l'opportunité de leur parler.

— Mais pourquoi ? avait rétorqué celui-ci. Ce sont des jeunes gens responsables.

— Peut-être devraient-ils se fiancer ?

— Et alors ? S'ils veulent se marier, ils se marieront. Sinon, ça n'y changera rien. De toute façon, ils sont trop jeunes. Peter va avoir vingt-quatre ans le mois prochain, et elle n'a même pas vingt ans. Ne t'inquiète pas. Ils savent ce qu'ils font, crois-moi.

Paxton passa également Noël avec eux. A ce

moment-là, fin 1965, les effectifs des troupes envoyées au Viêtnam atteignaient deux cent mille hommes, et Paxton eut un sursaut de dégoût en lisant l'information dans le *Morning Sun* un matin au petit déjeuner.

— Mais c'est de la folie !

— Je sais, fit Peter, aussi malheureux qu'elle.

Il priait pour ne pas se faire coller à ses examens de deuxième année, tant le niveau était élevé. Son renvoi suspendrait le sursis auquel il avait droit en tant qu'étudiant. Et l'idée d'être mobilisé l'effrayait plus encore.

— Les gens ne se rendent donc pas compte de ce qui se passe là-bas ? Tous les jours, des jeunes sont tués, et pas seulement des Vietnamiens, les nôtres aussi ! On envoie des garçons de dix-huit ans à la boucherie !

— Je suis trop vieux pour faire cette guerre, grogna-t-il en se versant une tasse de café.

— En tout cas, si jamais tu es appelé, je te prête mes dessous en dentelle noire et je t'achète un billet pour Toronto.

— Je te prendrais volontiers au mot, surtout si tu te mets dedans !

— J'y songerai !

Ils s'embrassèrent par-dessus la table, et Gabby apparut, en chemise de nuit, en grommelant :

— Encore en train de vous bécoter, vous deux, c'est écœurant !

En réalité, elle les adorait tous les deux, mais il lui manquait toujours un fiancé. Qu'elle finit d'ailleurs par trouver après Noël, d'une drôle de manière. Ils étaient ensemble partis faire du ski, et Gabby dévalait une pente à toute allure lorsqu'elle entra en collision avec un skieur qui fit un vol plané avant de s'écraser sur elle. Ils restèrent une seconde le souffle coupé avant de démêler bras et jambes, s'assurant qu'ils n'avaient rien de brisé.

— Sacrée bûche ! Vous n'avez rien de cassé ? demanda-t-il avec sollicitude en se relevant, la main tendue pour l'aider à se redresser.

Elle leva la tête et le considéra avec étonnement. Il s'appelait Matthew Stanton, et portait une combinaison de ski noire. Il avait un physique de vedette de cinéma, avec ses cheveux bruns, ses yeux bleus, et sa barbe soigneusement taillée. Il l'observa avec intérêt secouer la neige de ses vêtements tout en s'excusant de ne pas avoir regardé devant elle. Ils rentrèrent ensemble au chalet, et il l'invita à dîner tous les soirs. Peter et Paxton ne l'aperçurent plus que rarement pendant le reste du séjour après cette rencontre « percutante », si ce n'est de temps en temps, au remonte-pente, ou lorsqu'elle rentrait en coup de vent pour se changer avant d'aller rejoindre Matthew. Il avait trente-deux ans, travaillait dans la publicité, et semblait s'amuser follement des continuelles pitreries de Gabby. Si bien qu'on le vit fréquemment à Berkeley au retour des vacances, et lorsqu'il venait chercher Gabby pour sortir, on savait qu'elle ne réapparaîtrait sans doute pas avant le lendemain matin.

Un mois après Noël, alors qu'ils étaient en train de réviser leurs examens, Paxton finit par demander à Peter s'il pensait que Matthew était un type bien pour Gabby.

— Difficile de savoir, avec ces deux-là. Je ne comprends pas comment il fait pour la supporter.

Mais chaque fois que Paxton les voyait ensemble,

elle trouvait qu'ils avaient l'air très heureux. Matthew avait confié à Gabby qu'il était divorcé, sans enfants, et il ne regardait pas à la dépense en ce qui la concernait. Il lui offrait sans arrêt des fleurs, des livres de poésie, des bijoux, des poupées, et toutes sortes de babioles dont elle raffolait. Il était drôle et inventif.

— Et trop vieux pour être mobilisé, ajoutait Paxton à la liste de ses qualités. Par les temps qui courent, c'est un avantage considérable.

— C'est répugnant, fit Peter.

Tous les jours, on envoyait des jeunes gens mourir pour la Patrie. Le 11 janvier, on déclara mobilisables les étudiants qui avaient participé aux manifestations, ce qui souleva une profonde indignation en Californie. Et trois semaines plus tard, après la trêve de Noël (qui avait duré exactement trente-huit jours), les bombardements sur le Nord-Viêtnam reprirent de plus belle, sur ordre du président Johnson. Paxton avait du mal à détacher son esprit de cette guerre, dont l'extension risquait de menacer Peter.

Paxton avait téléphoné chez elle au moment de Noël, et sa mère lui avait laissé entendre à mots couverts que Georges pourrait bien lui réserver une surprise pour le printemps. Effectivement, le fait qu'il se fût enfin décidé à se fiancer à trente-quatre ans était fort surprenant pour un célibataire aussi endurci que lui. Queenie était encore malade, et elle ne lui avait pas parue en forme au téléphone. Paxton se faisait du souci pour elle et, lorsqu'elle la rappela, assez longtemps après, celle-ci lui soutint qu'elle se sentait beaucoup mieux.

— Tu ne me racontes pas d'histoires, au moins ?

— Est-ce que tu me crois capable de mentir à ma petite fille chérie ?

Paxton l'en savait tout à fait capable, et Queenie ne l'ignorait pas.

En mars 1966, l'armée américaine reprit Da Nang aux communistes, et Peter et Paxton prirent part à une manifestation pacifiste qui dura trois jours.

Paxton avait déjà trouvé un travail pour l'été : le père de Peter lui avait proposé une place d'apprentie reporter au journal. Bien qu'enthousiasmée par cette offre, elle avait tout d'abord hésité, ne voulant pas tirer profit de sa relation avec Peter, mais le travail était passionnant et Ed Wilson lui ayant promis qu'elle n'aurait aucun événement mondain à couvrir, elle avait finalement accepté. Maintenant, il ne lui restait plus qu'à annoncer à sa mère qu'elle ne passerait pas l'été à Savannah.

Dès les vacances de Pâques, elle rentra pour leur expliquer. Georges était donc fiancé et le mariage prévu pour l'été. Allison n'avait pas demandé à Paxton d'être une de ses demoiselles d'honneur, et il lui fut d'autant plus aisé de dire qu'elle ne ferait que l'aller et retour pour le mariage. Elle leur annonça qu'elle avait trouvé du travail à San Francisco pour l'été et sa mère, se rappelant en quels termes Paxton avait parlé de la famille de Peter, rendit immédiatement celui-ci responsable de la défection de Paxton.

— Ça n'a aucun rapport. On m'a proposé un boulot très intéressant dans un journal important. Je ne pouvais pas décliner cette offre.

— Il s'agit de choisir ton camp. Ici ou là-bas ? fit sa mère d'un ton accusateur.

— Là n'est pas la question. Je dois être fidèle à moi-même et penser à mon avenir.

— Tu n'as que ce mot-là à la bouche, siffla-t-elle entre ses dents.

Paxton essaya de ramener la conversation à Georges et Allison et aux préparatifs du mariage. La réception aurait lieu à l'Oglethorpe Club, et ils n'avaient invité « que » cent personnes environ. Paxton trouvait ridicule ce mariage en grande pompe, à leur âge.

Elle rendit visite à quelques-unes de ses vieilles amies et fut surprise de constater que certaines s'étaient mariées, que la plupart étaient fiancées, et que celles qui s'étaient mariées les premières attendaient déjà un deuxième enfant. Elle se sentit vieillie d'un seul coup, et pourtant elle avait tout juste vingt ans.

— Tu crois que Peter va t'épouser ? lui avait demandé Queenie un soir dans la cuisine.

Paxton avait souri et haussé négligemment les épaules. Le mariage ne faisait pas partie de leurs projets immédiats, mais Paxton pensait qu'ils en viendraient là un jour, si toutefois Peter ne se lassait pas d'attendre qu'elle ait réalisé toutes ses aspirations. Mais elle lui était terriblement attachée et n'envisageait pas une seconde de vivre sans lui.

Elle s'inquiétait pour Queenie, à qui elle avait trouvé un air las et fragile, malgré son imposante corpulence, et demanda expressément à son frère de la surveiller. On ne connaissait pas exactement son âge, mais, de toute évidence, elle n'était plus aussi alerte qu'autrefois.

Les relations entre Paxton et sa mère étaient encore tendues quand vint le moment du départ, mais Paxton s'efforça de ne pas trop y penser et promit de venir en été, pour le mariage. Dans la maison de Berkeley, Peter attendait impatiemment son retour. A bien des égards, ils étaient comme mari et femme.

Gabby revint le lendemain d'Hawaii, où elle avait

passé les vacances de Pâques avec Matt ; de petites étoiles brillaient dans ses yeux, elle avait une expression que Paxton connaissait bien, sans se rappeler exactement d'où. Au mois de mai, Gabby eut tout le temps sommeil et resta au lit la majeure partie de la journée. Elle ne sortait pas, sauf le soir quand Matt venait la chercher, et elle arborait en permanence cette mine chiffonnée qui soudain agit comme un déclic pour Paxton. Un jour où elles étaient seules dans la maison, Paxton décida de la mettre au pied du mur. Il était deux heures, elle revenait d'un cours et Gabby venait tout juste de se lever. Paxton ne put s'empêcher de penser à Aurore, la fille de Des Moines qui était repartie chez elle à Noël pour accoucher.

— Tu es enceinte, n'est-ce pas ?

Paxton avait décidé de ne pas tourner autour du pot. Gabby la regarda d'un air ahuri.

— C'est ridicule. Pourquoi dis-tu une chose pareille ?

— Parce que c'est la vérité.

— Mais non voyons, c'est stupide !

Incapable de mentir plus longtemps, elle s'affala sur une chaise de cuisine et se mit à pleurer, la tête dans les mains. Paxton s'assit à côté d'elle et lui passa le bras autour des épaules.

— Qu'est-ce que tu vas faire ? demanda-t-elle doucement.

— Je ne sais pas. Je croyais simplement que j'avais du retard, mais…

— Tu en as parlé à Matt ?

Elle secoua sa chevelure rousse.

— Non.

— Tu es enceinte de combien ?

— Un mois et demi, peut-être. Je me suis renseignée sur l'avortement au Mexique ou à Oakland : on m'a raconté des choses horribles. Je ne veux pas mourir…

— Tu pourrais aller à Tokyo, ou à Londres.

— Ouais, et qu'est-ce que je dirai à mes parents ? Que je pars en voyage d'affaires, ou que je vais faire des recherches pour mon cours d'histoire de l'art ? Oh ! merde, Paxxie, qu'est-ce que je vais faire ?

— Tu veux garder le bébé ?

— Je ne sais pas.

Et, en toute franchise, elle ne savait réellement pas. Elle avait retourné la question dans tous les sens, mais elle était terriblement désemparée. C'était un profond soulagement de pouvoir parler à Paxton.

— Et Matt ? Tu l'aimes ?

— Je crois que oui. Il est si gentil avec moi, si délicat.

Aux yeux de Paxton, ça ne suffisait pas, mais Gabby n'avait pas les mêmes exigences.

— Il faut que tu sois sûre de l'aimer, d'autant plus que tu attends un bébé de lui.

— Comment peut-on être vraiment sûre de ces choses-là ? Ça fait deux ans que tu es avec Peter, et tu es sûre qu'il t'aime ?

— Oui, répondit honnêtement Paxton. C'est en moi que j'ai le moins confiance. Je ne me sens pas encore adulte. Mais je suis sûre de l'aimer.

— Tu as de la chance. Moi je ne suis pas comme toi.

Elle ne sortait avec Matthew que depuis Noël et il était si lisse, si prévoyant et si parfaitement structuré qu'il était difficile de savoir quel personnage se dissimulait exactement sous le vernis. L'hésitation de Gabby était bien compréhensible. Paxton le soupçonnait de vouloir tirer profit de sa relation avec Gabby Wilson. Il savait parfaitement qui était son père, et ce n'était apparemment pas fait pour lui déplaire.

— Qu'est-ce que tu vas faire ? insista Paxton. Si tu ne prends pas rapidement une décision, bientôt tu n'auras plus le choix.

C'était la vérité. Passé trois mois, il ne fallait plus songer à avorter.

— Oh mon Dieu ! Paxxie, ne dis pas ça.

— Pourquoi n'en parles-tu pas à Matthew ?

— Et s'il me laisse tomber ?

— Au moins tu sauras à qui tu as affaire. Tu aurais peut-être la réponse à ton problème.

— S'il reste avec moi quand même ?

— Il faut que tu envisages cette éventualité aussi. Mais avant tout, réfléchis à ce que tu veux, toi, Gabby. Un bébé, c'est pour la vie.

Elle avait trop d'amies qui s'étaient jetées tête baissée dans le mariage à vingt ans et qui maintenant se sentaient coincées avec leurs bébés.

Elles discutèrent tard dans l'après-midi, ce jour-là, et lorsque Peter fit irruption dans la cuisine, elles se turent subitement.

— Oh, là là ! qu'est-ce que vous complotez toutes les deux ? J'ai dit quelque chose de mal ?

— Mais rien du tout ! Ne sois pas paranoïaque ! Et tes examens, comment ça s'est passé ?

Paxton l'embrassa avec fougue. Il finissait sa deuxième année, la plus ardue.

— J'ai l'impression d'avoir tout raté. Je devrais être dans un avion pour le Viêtnam dès demain matin !

— Ne plaisante pas avec ça.

Paxton avait l'air bouleversée.

— Ne sois pas si émotive, dit-il en l'embrassant. – Il observait du coin de l'œil sa sœur qui sortait de la cuisine. Elle avait l'air d'avoir pleuré. – Qu'est-ce qu'elle a ? chuchota-t-il. Elle a rompu avec son petit ami ? – Peter ne se rappelait jamais son prénom, ce qui était mauvais signe. – Il est trop vieux pour elle, de toute façon. Et il s'intéresse trop à mon père.

Paxton était de son avis, mais elle se garda bien de le lui dire, étant donné les circonstances.

— Ce n'est rien, c'est juste une petite querelle d'amoureux, dit-elle d'un ton anodin qui ne trompa guère Peter.

Il sut instantanément qu'elle mentait, mais il n'insista pas.

Quand, ce soir-là, Matthew vint chercher sa sœur, c'est une Gabby en minijupe orange vif et boucles d'oreilles en plastique assorties qui fit son apparition. Mais sa mine ne s'accordait guère à son accoutrement : elle affichait un air lugubre. Et elle revint à peine une heure plus tard, au bord de la crise de nerfs. Elle apostropha Paxxie, sans prêter la moindre attention à la présence de son frère.

— Non mais tu te rends compte ! Il m'a dit qu'il allait y réfléchir !

Sur quoi elle éclata en sanglots et alla se réfugier dans sa chambre en claquant la porte, sous le regard ahuri de Peter. Soudain, il comprit :

— Merde, ne me dis pas qu'elle est… oh non ! C'est pas vrai ! Je vais la tuer ! Et lui aussi.

Il était blanc de rage et Paxton lui saisit le bras énergiquement et le secoua.

— Ecoute. Tu ne vas tuer personne. Tu vas les laisser se débrouiller. C'est leur histoire.

— Oh, Paxxie… Mais elle ne voit donc pas que ce type est un moins que rien ?

Les larmes aux yeux, il dévisageait Paxton avec une expression incrédule.

— Pas forcément. C'est peut-être quelqu'un de bien. Il va sûrement s'occuper d'elle.

Paxton le souhaitait de toutes ses forces, sinon Gabby était capable de se laisser couler.

— Elle est enceinte, c'est ça ? Il faudrait qu'elle se fasse avorter. Comment a-t-elle fait son compte ?

— C'est un accident.

— C'est le genre d'accident qu'on peut éviter, non ? Ça ne t'es pas arrivé, à toi ! Elle prend la pilule, au moins ?

Paxton hocha tristement la tête.

— Mon Dieu, qu'est-ce que les parents vont dire ?

— Pour l'instant, ce n'est pas la peine de les mettre au courant. Elle n'a encore rien décidé. Il faut la laisser prendre ses responsabilités.

— Mon Dieu, elle qui tenait tellement à se marier, voilà qu'elle se fait mettre en cloque par un fêlé du ski !

Paxton ne put s'empêcher de rire.

— Arrête ! Ils se sont rencontrés sur une piste de ski, d'accord, mais il ferait un excellent mari pour Gabby, autant que nous puissions en juger.

A ces mots, la sonnette de la porte d'entrée retentit : c'était Matthew, l'air abattu et les traits tirés, qui demandait à voir Gabby.

— Elle est dans sa chambre, dit calmement Paxton, surveillant Peter du coin de l'œil pour éviter qu'il ne se jette sur le père de l'enfant.

— Si on sortait grignoter une pizza ?

— Je n'ai pas faim, grogna Peter, jetant un regard assassin à Matthew.

Il se laissa entraîner bon gré mal gré hors de la maison. A peine sorti, il explosa :

— Pourquoi m'empêches-tu de lui parler ?

— Ce n'est pas à toi qu'il veut parler. Il veut voir Gabby. Par pitié, laissons-les tranquilles !

— Tu as vu ce qui se passe quand on les laisse seuls ?

— De toute façon, le mal est fait. Occupe-toi de tes oignons.

— Mais c'est ma sœur !

— Je pense que pour l'instant cela regarde plutôt Matthew. Et puis moi, j'ai une faim de loup.

— Ne me dis pas que tu es enceinte, toi aussi, parce qu'alors là, je laisse tout tomber !

— Tu ferais vraiment ça ?

Elle l'observait attentivement en marchant vers la voiture, et il lui répondit, avec un air étonnamment sérieux :

— Bien sûr que non. C'était histoire de me rendre intéressant ! Si jamais cela nous arrivait, Pax, je ne voudrais pas que tu fasses de bêtises. Bon sang, on est pratiquement mariés, on n'aurait qu'à régulariser notre situation et je garderais le bébé pendant que tu partirais avec les Volontaires de la paix.

— Je serais capable de me laisser tenter !

Il la taquinait un peu, il voulait qu'elle sache qu'il était prêt à l'épouser sur-le-champ. Il contourna la voiture pour s'approcher d'elle et la prendre dans ses bras.

— Je t'adore, ma chérie, et un jour j'espère bien que tu me donneras un enfant.

— Moi aussi je l'espère de tout mon cœur, murmura-t-elle dans son cou.

Mais pour l'instant elle ne se voyait pas avec un bébé. Pas plus que Gabby, d'ailleurs.

A leur retour ils trouvèrent Gabby et Matt assis sur les marches du perron. Gabby ne pleurait pas, ce qui pouvait déjà paraître comme un heureux présage. Matt se leva fébrilement et regarda Peter droit dans les yeux.

— J'ai à te parler.

— De quoi ?

Peter n'avait nullement l'intention de lui faciliter les choses, mais Gabby n'avait pas écouté tellement elle était énervée et elle se leva d'un bond.

— Nous allons nous marier.

Elle regarda alternativement Peter et Paxton d'un air désemparé, puis fondit en larmes. Paxton la prit dans ses bras et l'embrassa, lui disant combien elle était heureuse pour elle.

— Avez-vous prévenu papa et maman ? demanda Peter avec circonspection, sachant parfaitement qu'ils n'avaient rien dit.

— Matt déjeune avec papa demain.

Peter, manifestement encore sous le choc, les dévisagea tous les deux.

— Il va lui dire que tu es enceinte ?

— Non, fit Gabby d'une voix tremblante. Et toi ?

— Je ne sais pas encore, répondit Peter.

Mais Matthew s'interposa soudain et prit Gabby par les épaules.

— Ça suffit. Personne n'a besoin de le savoir. Que tout ceci reste entre nous quatre. Ce n'est pas la peine de traumatiser tes parents, Gabby. Moi aussi, j'ai été bouleversé, en l'apprenant. Mais nous allons assumer la situation. Je l'adore, elle m'aime, et nous allons avoir le plus beau bébé du monde.

Il l'attira plus près de lui, lui embrassant les cheveux tandis qu'elle lui lançait un regard plein de gratitude, tout en refoulant ses larmes. Il aurait aussi bien pu l'envoyer promener. Mais Peter se disait qu'il avait dû mesurer les avantages qu'il trouverait à être marié à Gabby Wilson. Il avait beaucoup moins à y perdre qu'elle.

Peter regarda durement sa sœur :

— Tu es sûre que c'est ce que tu désires ?

— Oui, acquiesça-t-elle. Simplement, au début, j'étais décontenancée.

Elle jeta un regard inquiet à Paxton. Elle allait franchir une étape importante de sa vie : passer sans transition de la vie d'étudiante à celle de femme mariée, et de mère.

— Qu'est-ce que vous allez dire aux parents ?

— Que nous voulons nous marier… bientôt, dans quelques semaines, peut-être un mois.

— Tu crois qu'ils ne s'apercevront de rien ? Maman va être très déçue si tu ne fais pas une grande réception.

Elle écarta l'objection d'un haussement d'épaules.

— Je lui dirai que Matthew n'y tient pas trop parce qu'il est divorcé… et le bébé naîtra prématuré. Ce n'est pas rare.

Elle adressa un sourire heureux à Matthew. Paxton observait sa métamorphose avec étonnement : en l'espace de quelques heures, la vie de sa meilleure amie était chamboulée, et subitement elle eut l'impression qu'elle lui échappait. Ce soir-là Gabby alla dormir chez Matthew, et lorsqu'elle revint quelques jours plus tard, la transformation était encore plus visible. Il lui avait offert une bague, et elle ne parlait que de son mariage.

Finalement, l'université avait répondu à son attente.

Elle avait trouvé un mari, mais Paxton doutait que Matt Stanton fût la réponse idéale.

Ed Wilson eut la même sensation, car il les supplia, en vain, d'attendre un peu. Devant leur résolution, il finit par céder. Sa fille était tellement têtue qu'il la savait capable d'aller au Mexique pour épouser Matt s'il s'y opposait.

Le mariage fut fixé au mois de juin ; ils avaient insisté pour que la cérémonie soit intime, avec peu d'invités et un lunch à la maison. Marjorie fut amèrement déçue, comme Peter l'avait prédit.

Le jour de leur mariage, le 4 juin, Paxton, debout derrière la mariée, ne put retenir ses larmes, car elle savait que Gabby s'engageait dans une voie qu'elle n'avait pas réellement choisie. En janvier, le bébé serait né. Ed Wilson avait deviné la vérité, et Marjorie elle-même semblait ne pas être dupe. Mais si tous s'accommodaient de ce mariage, c'était pour le bonheur de Gabby, et ils priaient pour que Matt se révélât un époux convenable.

Après la cérémonie, Peter et Paxton rentrèrent dans la maison de Berkeley, qu'ils devaient quitter la semaine suivante et ils avaient encore des paquets à faire. Ils allaient emménager dans un plus petit appartement : inutile de continuer à jouer aux copains – sauf peut-être devant la mère de Paxton, bien qu'elle soupçonnât la vraie nature de leurs relations. Elle vivait suffisamment loin pour croire encore quelque temps à la fable que Paxton lui avait racontée, mais une fois Gabby partie, il faudrait peut-être reconsidérer la question.

— Bon, fit Paxton d'un air sérieux en ôtant son chapeau.

Elle promena un regard circonspect sur la foule de cartons qui s'amoncelait autour d'elle. Gabby et Matt étaient déjà partis en voyage de noces : ils avaient pris l'avion l'après-midi même pour New York, où ils devaient faire une halte de deux jours chez des amis, après quoi ils s'envoleraient pour l'Europe.

— Qu'est-ce que tu en penses ? Tu crois qu'il sera à la hauteur ?

— Difficile à dire, Pax.

— Il est gentil avec elle, en tout cas.

— Il a intérêt, grommela Peter.

Elle se pencha vers lui pour l'embrasser.

— Qu'est-ce qu'on va faire de toutes ces affaires ?

— Je ne sais pas. Si on les donnait ?

C'étaient en majorité des livres, qui appartenaient à Paxton pour la plupart.

— Je n'aurai jamais le temps d'emballer tout ça avant de partir pour Savannah !

— Ne t'inquiète pas. Je le ferai.

— Tu es un ange, dit-elle en souriant.

Elle devait partir la semaine suivante pour le mariage de son frère, qui avait choisi lui aussi le mois de juin pour convoler. Elle avait l'impression d'être sur un manège qui tournait trop vite : faire et défaire ses bagages, déménager, prendre l'avion pour Savannah…

Lorsqu'elle arriva, il lui sembla que Queenie n'allait guère mieux ; sa mère en revanche avait l'air un peu plus détendue. Elle s'entendait à merveille avec Allison, ce qui la distrayait un peu de sa colère contre Paxton.

Paxton revint à San Francisco tout de suite après le mariage pour prendre son emploi au journal. Peter, lui, travaillerait tout l'été dans un cabinet juridique. Depuis leur déménagement, ils vivaient tout à fait comme mari et femme : ils avaient trouvé une jolie petite maison avec un vaste salon et une salle à manger, une cuisine, une grande chambre à l'étage et un petit cagibi où Peter avait entassé tous ses livres de droit. Paxton préparait le dîner en rentrant du journal, ou ils se donnaient rendez-vous en ville pour aller au restaurant. Elle adorait son nouveau job : on lui demandait des articles sur des sujets passionnants et parfois, elle restait là, fascinée, à regarder se dérouler les télex, comme si elle voyait battre le cœur du monde. Elle n'avait jamais été aussi heureuse.

Gabby semblait rayonner de bonheur elle aussi lorsqu'elle revint avec son mari, vers le mois de septembre. Paxton eut la sensation qu'elle était bien dans sa peau : elle avait mis ses parents au courant de son état, Matt était prévenant avec elle, bref, tout allait bien.

Cette année s'était écoulée à une vitesse inimaginable. Paxton accomplissait sa troisième année déjà.

Lorsqu'elle rentra à Savannah pour les vacances de Noël, elle trouva Queenie affaiblie. Elle était pâle, autant que cela fût possible, et elle toussait sans arrêt. Malgré l'insistance de ses filles, elle refusait de prendre sa retraite et s'entêtait à travailler, surtout quand elle apprit que Paxxie devait venir pour Noël. Paxton s'inquiéta en constatant son état, mais Georges lui affirma qu'il ne pouvait rien pour elle. De toute façon, il était bien plus préoccupé par Allison, qui attendait un bébé pour l'été prochain.

Gabby accoucha trois semaines après le retour de Paxton d'une petite fille aux cheveux roux. Paxton avait du mal à réaliser que Gabby était mère. Matt était fou de joie et les Wilson exultaient. Paxxie avait du vague à l'âme, en rentrant à Berkeley avec Peter.

— Ça va ?

Peter avait remarqué sa tristesse ; elle n'avait presque rien dit durant le trajet.

Elle le regarda, avec un sourire mi-figue, mi-raisin.

— Mm. Ça fait drôle de la voir avec un bébé, tu ne trouves pas ? Nous sommes ensemble depuis plus de deux ans, et les voilà déjà mariés, heureux, avec un bébé. Cela tient du conte de fées, non ?

— Peut-être… Mais si tu veux, on peut en faire autant, dit-il en souriant.

— Non… pas maintenant en tout cas.

Elle eut un petit sourire mélancolique. Elle commençait à en avoir assez d'être étudiante. Elle regrettait son travail au journal, il lui fallait cependant se replonger dans les examens, les interrogations écrites et les livres. A côté de cette guerre qui mobilisait quelque quatre cent mille jeunes gens au Vietnam, tout lui paraissait dérisoire. Il eût été plus facile d'être indifférent. Mais elle en était incapable, d'autant plus que Peter aurait fini ses études de droit d'ici à cinq mois.

Cette nostalgie ne la quitta pas jusqu'au soir, et, lorsque Peter la prit dans ses bras, elle comprit qu'elle était jalouse de Gabby et de son bébé.

— A quoi penses-tu ? lui chuchota Peter dans l'obscurité, en la serrant contre lui.

— Je pense que je suis idiote.

— En voilà une idée !

— Je me sens dépassée par mes propres désirs parfois.

— Tu penses encore au bébé ?

Le bébé était mignon, mais ce qui l'avait le plus

frappée, c'était leur épanouissement à tous trois ; elle ne se voyait pas avec des bébés avant plusieurs années, pourtant quelque chose en elle lui disait qu'elle adorerait en avoir.

— Ecoute. Si tu veux, on peut se marier en juin, quand je serai diplômé. J'aurai un travail à ce moment-là, et un bébé… Ce serait formidable !

Peter était fou de joie à cette évocation. D'autre part, il risquait moins d'être mobilisé en tant que soutien de famille.

— Je crois que c'est trop tôt. Regarde Gabby, elle ne retournera jamais à l'université. Je tiens à terminer ce que j'ai entrepris.

— Et les Volontaires de la paix ?

— Je crois que je pourrai sacrifier ça, sans grand mérite, d'ailleurs. Avec tous les cafards et les sangsues qu'il doit y avoir là-bas !

— On fixe une date alors ? En juin 1968, quand tu auras fini tes études ? – C'était dans dix-sept mois et cela parut tout à fait raisonnable à Paxton. – Qu'est-ce que tu en dis, chérie ?

— Je dis d'accord… Je t'aime.

— Moi aussi je t'adore. Pouvons-nous nous considérer comme fiancés ?

Il rayonnait.

— Ça m'en a tout l'air, dit-elle avec un petit rire.

— Alors, je peux t'acheter une bague ?

— On ne devrait peut-être pas se précipiter.

C'était une étape importante de sa vie, et elle savait qu'elle devrait affronter les foudres de sa mère.

— Si on attendait Noël pour annoncer nos fiançailles ? Comme ça, il ne resterait plus trop de temps avant le mariage.

— Je commence tout de suite à faire des économies, dit-il en enfouissant son visage dans son cou, et ils s'endormirent, bien au chaud dans la jolie petite maison de Berkeley.

8

Peter obtint son diplôme en juin 1967, et ses parents donnèrent une immense réception en son honneur, au Bohemian Club de San Francisco. On notait parmi l'assistance la présence de nombreuses personnalités, dont le directeur d'un important cabinet juridique, futur patron de Peter. Les Wilson présentaient Paxton comme leur future belle-fille, ce dont elle ne semblait pas se formaliser outre mesure. Matt et Gabby étaient là, eux aussi. Gabby, resplendissante, parlait sans arrêt de son bébé.

— J'aimerais bien en avoir un deuxième, confia-t-elle à Paxton.

Jamais Gabby ne lui avait parue si épanouie.

— Et l'université ?

— Je n'ai pas envie d'y retourner de toute façon. Je ne suis pas comme toi. Tu as quelque chose à prouver, tu veux faire une carrière dans le journalisme. Moi, tout ce que je souhaite, c'est fonder une famille.

Paxton sourit tristement.

— Tu corresponds parfaitement à l'idéal de ma mère ! Au moins Allison l'empêche de penser trop à moi : elle doit accoucher en août. Je ferai sûrement un saut là-bas pour voir le bébé.

Elle avait prévu de travailler à nouveau au *Morning Sun* pendant l'été. Après sa dernière année d'études, elle aurait un emploi stable au journal.

— Alors, à quand le prochain bébé ? Ce sera un garçon, j'espère !

— Matthew voudrait bien !

Ils avaient baptisé la petite fille Marjorie Gabrielle, et la surnommaient Marjie.

Gabby rayonnait littéralement. A vingt et un ans, elle était déjà mariée et mère de famille. Paxton vivait depuis trois ans avec Peter, qui était désormais avocat, et elle n'était encore qu'étudiante. Elle avait hâte d'en finir à présent, et souhaitait ardemment avoir un vrai travail et se marier.

— Matt est gentil avec toi ? demanda Paxton, tout en sachant qu'elle se mêlait de ce qui ne la regardait pas.

— Oui, vraiment, fit Gabby en regardant gravement sa meilleure amie et future belle-sœur. J'ai eu de la chance. Il aurait pu se comporter comme un salaud, mais il n'en a rien fait. Et il est formidable avec la petite.

— Je suis très heureuse pour toi, dit sincèrement Paxton.

Les deux amies regagnèrent enfin leur table.

— Où étiez-vous passées toutes les deux ? Je t'ai cherchée partout, se plaignit Peter en les apercevant. Je veux te présenter à la femme de mon futur patron. Elle est anglaise et je crois qu'elle te plaira.

Mais ils n'arrivèrent pas à la retrouver dans la foule. La journée avait été joyeuse mais longue et ils étaient épuisés en regagnant leur petite maison. Ils avaient décidé de la louer pour un an encore : tant que Paxton étudierait à Berkeley, ce serait plus pratique pour elle. Quand elle aurait son diplôme et travaillerait au journal, ils envisageraient d'emménager en ville.

— Quelle belle journée ! Je suis fière de toi !...

Il avait l'air satisfait lui aussi, ses parents étaient comblés et ils aimaient beaucoup Paxton. Toute la soirée, ils parlèrent du succès de Peter et de la réception.

Le reste de l'été fila à toute allure. Peter était très pris par son travail, et Paxton accaparée par le journal jusque tard le soir.

Elle s'envola pour Savannah avant la reprise des cours, pour voir le bébé de son frère. C'était un petit garçon et Georges débordait d'autosatisfaction. Ils l'avaient appelé James Carlton Andrews, il était adorable et Allison se portait bien. Même la mère de Paxton semblait presque attendrie.

Queenie avait beaucoup vieilli, et se déplaçait difficilement à cause d'une arthrite déformante.

— Tu ne peux vraiment rien faire pour elle ? avait demandé Paxton à son frère d'un ton accusateur, mais celui-ci l'avait rabrouée.

Il avait bien d'autres préoccupations que l'état de santé de la vieille servante de sa mère !

— Elle n'ira voir personne d'autre, Georges. Elle n'a confiance qu'en toi.

— Mais je n'y peux rien, Pax. Elle est vieille, c'est tout. Bon sang, elle va avoir quatre-vingts ans.

— Et alors ? Elle pourrait vivre centenaire si elle était bien soignée !

Georges ne le pensait pas, mais il s'abstint de tout commentaire. Queenie s'était beaucoup affaiblie depuis deux ans, et, que Paxton le veuille ou non, elle n'était pas éternelle. Mais avant de partir, Pax lui réitéra sa demande, et passa la plus grande partie de l'après-midi avec Queenie.

— Alors, est-ce que tu vas te décider à l'épouser ? lui demanda-t-elle d'un ton renfrogné.

— Nous pensons nous marier en juin, quand j'aurai mon diplôme, ou au cours de l'été.

Elle avait toujours une idée bien arrêtée sur son indépendance et voulait d'abord commencer à travailler.

— Qu'est-ce que tu attends, ma chérie ? D'avoir des cheveux blancs ? De voir la lune en plein jour ? Ça fait trois ans que tu le fréquentes maintenant.

— Je sais. Mais je veux mener à bien ce que j'ai entrepris.

— Ça ne t'empêche pas de te marier. Tu peux mener de front des études et une vie à deux. Où est le problème ?

— J'ai peut-être tort, mais je pense qu'il y a un temps pour chaque chose.

— N'attends pas trop, en tout cas.

Elle observait intensément Paxton, qu'elle considérait comme sa propre fille et qu'elle trouvait plus jolie que jamais : ses traits empreints de gravité semblaient plus finement dessinés et son corps élancé s'était harmonieusement étoffé.

— Qu'est-ce que tu veux dire par là ? fit Paxton, soudain inquiète.

— Il peut se lasser d'attendre, ou tomber sous le charme d'une autre, plus disponible, qui lui mettra le grappin dessus, je ne sais pas moi… La vie vous joue de ces tours, des fois… Il ne faut pas laisser passer le coche. Ma chérie, je crois que tu devrais te marier sans plus attendre.

Paxton se dit que la vieille femme voulait pouvoir assister à son mariage tant qu'elle était encore valide. Elle savait que Peter l'attendrait. Ce n'était pas le genre à la laisser tomber pour une autre. Ça, elle en avait l'intime conviction. Ils avaient déjà attendu si longtemps, ils pouvaient bien patienter une petite année encore.

Le jour où Paxton rentra à Berkeley, le général Nguyên Van Thiêu venait d'être élu président du Sud-Vietnam. Un mois plus tard, on dénombrait treize mille morts américains et sept cent cinquante-six disparus au Vietnam.

Gabby était de nouveau enceinte, le bébé devait naître en juin, ce qui parut à Paxton à peu près aussi lointain que son mariage.

La quatrième année de Paxton à Berkeley ressembla presque à une formalité. Le temps filait à une vitesse folle, et les deux amoureux ne cessaient de parler de leurs projets.

Cette année-là, ils passèrent tous Noël chez les Wilson, puis Peter et Paxton montèrent skier à Squaw Valley. Ils s'amusèrent beaucoup, évoquant la rencontre cocasse de Gabby et Matthew deux ans auparavant et s'étonnant de tous les événements qui s'étaient produits depuis leur rencontre à tous trois.

L'échéance des examens paraissait toute proche, et Paxton était déterminée à trouver un emploi stable, et à se marier. Dans moins d'un an maintenant. Ça ne serait plus si long.

Mais à leur retour, un courrier de la Commission de recrutement attendait Peter. Il était appelé. A la lecture de la lettre, Paxton crut que son cœur allait cesser de battre.

— Mon Dieu ! Qu'est-ce qu'on va faire ? dit-elle avec un regard empli de frayeur.

— Prier, je suppose.

Dans la soirée, il appela son père, qui s'avoua impuissant à influencer la Commission de recrutement, mais lui demanda à brûle-pourpoint si Paxton consentirait à se marier.

— Sans le moindre doute, avait rétorqué Peter d'un ton assuré – et Paxton avait immédiatement deviné la question de son père – mais nous préférons attendre les vacances.

Il savait à quel point Paxton tenait à honorer ses engagements.

— Je pense que vous ne devriez pas tarder. Si cela doit vous tirer de ce mauvais pas, mariez-vous.

Ils savaient tous que cela pouvait éviter à Peter de partir au Vietnam, mais rien n'était moins sûr. Un mariage de dernière minute ne constituait pas forcément un motif suffisant pour surseoir à l'incorporation, cela dépendait du bon vouloir de chaque Commission de recrutement. Dans leur cas, il était probablement trop tard, et Peter ne voulait pas bousculer Paxton.

— Nous verrons, papa. Peut-être changeront-ils d'avis à l'examen médical. Dans un mois et demi, j'aurai vingt-six ans, si ça se trouve ils ne voudront pas de moi. Ils prennent les jeunes.

Mais quand il raccrocha le téléphone, les yeux de Paxton étaient emplis de larmes. Elle était terrifiée à l'idée qu'on lui arrache l'homme qu'elle aimait.

— Ne t'en fais pas, chérie. Je suis trop vieux, ils ne me prendront pas.

Il la serra très fort contre lui.

— Et s'ils te prennent quand même ?

— Ils ne me prendront pas.

— Marions-nous.

C'était vraiment son plus cher désir mais il pensait que cela ne servirait plus à rien maintenant.

— Non, pas comme cela. Nous n'avons pas attendu trois ans et demi pour nous marier dans l'affolement.

— Mais pourquoi pas ? Peter, je ne veux plus attendre.

Les paroles de Queenie lui revinrent subitement en mémoire : « La vie vous joue de ces tours… »

— Je veux me marier.

— Voyons, ne t'affole pas. Je vais en parler à mon patron demain.

Peter prenait sur lui pour paraître calme ; c'était la première fois qu'il la voyait si bouleversée. Au fond, elle était d'accord avec lui, ils n'allaient sûrement pas le mobiliser, à un mois de la limite d'âge, c'était absurde. Et si jamais il était enrôlé, il pourrait sûrement gagner du temps. Il ne s'agissait que d'un mois et demi, après tout.

Mais, à l'issue de la visite médicale au Centre d'incorporation d'Oakland, il fut déclaré apte. Le piège s'était refermé sur lui. Ni l'un ni l'autre n'acceptaient d'y croire. Pour Paxton, c'était la fin du monde. Elle lui suggéra de se cacher, mais il refusa. Il ne croyait pas à la guerre. Elle lui rappela qu'il avait été jusqu'à brûler ses papiers militaires. Ce à quoi il opposa que maintenant il était adulte et responsable, et que son père possédait le *Morning Sun*.

Il ne se déroberait pas à son devoir, voilà comment il voyait les choses, même si ce n'était pas une perspective agréable. Même s'il se mariait maintenant, c'était trop tard. Il n'y avait pas d'issue.

Paxton avait l'impression de vivre un mauvais rêve, le mot Viêtnam suffisait à lui donner des cauchemars. Les troupes communistes, fortes de plus de vingt mille hommes, avaient lancé des attaques-surprises sur les capitales des quarante-quatre provinces du Sud, pendant les fêtes du Têt, le nouvel an vietnamien. Le 23 janvier 1968, les Nord-Coréens s'étaient rendus maîtres du *Pueblo*, un navire de la flotte américaine, obligeant le Président à rappeler 14 000 réservistes de la marine et de l'aviation. Ce même jour Peter devait se rendre au fort d'Ord pour y suivre l'entraînement. Paxton ne le verrait pas pendant un mois et demi, et ensuite Dieu seul savait où il serait expédié. Elle se consolait à l'idée que, en tant qu'avocat, on lui attribuerait probablement un travail administratif et qu'il n'irait pas au cœur de la bataille. Peter faisait tout son possible pour rassurer ses parents et Paxton, mais il avait peur. Ce n'était pas tout à fait ce qu'il avait prévu sept mois après avoir fini ses études.

— Peter, je t'en prie… partons au Canada. Je pourrai travailler… implora-t-elle avant qu'il ne s'en aille, mais il ne se laissa pas fléchir.

— Ne sois pas puérile. Il faut que tu termines tes études.

Il savait à quel point cela lui tenait à cœur, c'était une étudiante brillante, et il ne voulait pas déserter maintenant. Il allait faire face du mieux qu'il pourrait. Sans doute cela freinerait-il quelque peu son plan de carrière, mais deux ans, ce n'était pas le bout du monde. Il aurait pu faire son instruction comme officier mais il aurait été mobilisé plus longtemps ; il avait donc préféré faire son temps comme simple soldat et être plus vite de retour.

Les dés étaient jetés à présent. Paxton le supplia jusqu'au dernier instant de ne pas partir. Elle le conduisit au fort d'Ord, et se mit à sangloter au moment de le quitter.

— Ne pleure pas, mon petit cœur. Je serai de retour dans quelques semaines. Je t'en prie, ne pleure pas comme ça.

Il avait insisté pour qu'elle aille s'installer à San Francisco, chez ses parents. Ce qu'elle fit, mais elle rentra à Berkeley au bout de quelques jours. Elle voulait vivre dans la maison où ils avaient été si heureux ensemble. Tous les soirs elle attendait que le téléphone sonne. Quand il put enfin l'appeler, elle crut qu'elle allait s'évanouir. Elle n'avait pas entendu le son de sa voix depuis six semaines, et elle avait été incapable de se concentrer sur ses études. Elle ne pensait qu'à Peter. Il lui annonça qu'il rentrait ce week-end, mais hélas, les nouvelles n'étaient pas fameuses. En effet, il devait partir pour Saigon cinq jours plus tard.

9

Les derniers jours que Peter passa en ville mirent son entourage au supplice, et plus particulièrement Paxton. Tout le monde se l'arrachait, l'accaparant pour lui témoigner son affection. Son père tenta tout de même de faire jouer ses relations, mais en vain. Le seul ami susceptible d'intervenir à la Commission de recrutement ne pouvait rien faire. Tout le monde était dans la même situation, et les familles essayaient toutes sans succès de soustraire leurs fils à la conscription. Il fallait qu'il parte, et qu'il fasse tout son possible pour revenir. Il devait rester treize mois au Vietnam. Trois cent quatre-vingt-quinze jours, après quoi il finirait son temps quelque part aux Etats-Unis. Leurs projets seraient un peu retardés, c'était tout, avait-il affirmé à Paxton. Mais ils n'étaient dupes ni l'un ni l'autre de cet optimisme un peu trop affiché. Ils savaient bien que pendant treize mois, ils ne vivraient pas, priant pour qu'il revienne sain et sauf. Paxton se sentait doublement coupable de ne pas l'avoir épousé plus tôt.

— Partons au Canada, lui souffla-t-elle à l'oreille, une nuit où ils étaient couchés dans la chambre d'amis chez ses parents.

Les Wilson avaient insisté pour qu'il restât chez eux les derniers jours et avaient invité Paxton. Ils étaient censés faire chambre à part, alors Peter se glissait dans la chambre de Paxton le soir venu, et regagnait la sienne aux premières lueurs du jour. De toute façon, ils ne pouvaient trouver le sommeil. Elle était trop paniquée et lui trop tendu. Il s'était épuisé à rassurer tout le monde, mais le soir, il devait faire face à ses propres démons.

Il avait maigri durant son séjour au fort d'Ord et s'était musclé, mais il y avait dans son regard une indicible tristesse qui trahissait son combat intérieur et brisait le cœur de Paxton.

— Nous ne pouvons pas partir au Canada, Pax, dit-il doucement. – Il allumait cigarette sur cigarette, habitude qu'il avait contractée à l'armée, lui qui ne fumait pratiquement pas auparavant. – Qu'est-ce que je ficherais là-bas ?

— Tu es avocat maintenant, tu pourrais t'inscrire au barreau et démarrer ta carrière là-bas.

— Ça ferait trop de peine à mon père, Pax. Je ne pourrai plus revenir aux USA.

— Foutaises ! Un jour ou l'autre, tout le monde pourra rentrer. Trop de gens sont partis, ils seront bien obligés de les autoriser à se rapatrier.

— Et s'ils ne les autorisent pas ? Ce n'est même pas la peine d'y songer, chérie.

Et s'il ne revenait jamais ? Plus rien ne vaudrait la peine alors. Paxton sombrait à nouveau dans le désespoir : comment était-ce possible qu'un tel malheur s'abattît sur eux ? Il avait vingt-six ans, son diplôme d'avocat en poche, il était fiancé, et on l'envoyait au Vietnam. C'était un véritable cauchemar.

— Peter, je t'en prie…

Elle se blottit contre lui dans l'obscurité et ils pleurèrent dans les bras l'un de l'autre. Mais il savait qu'il serait inflexible. Il ne déserterait pas. Même s'il n'approuvait pas la guerre, même s'il avait brûlé ses papiers militaires quelques années auparavant. Maintenant qu'il se trouvait au pied du mur, il était décidé à servir sa patrie. Au camp d'entraînement, on leur avait rebattu les oreilles du Vietnam, en leur inculquant la haine des Vietcongs. On les avait abreuvés d'horribles récits relatant comment les enfants transportaient des mitraillettes, et comment les soldats, tapis dans des buissons ou des tunnels, tendaient des pièges mortels.

Mais ce qu'on leur avait caché, c'était les souffrances, l'agonie, la douleur de voir un ami mourir sous ses yeux, la hantise de sauter sur une mine, l'horreur de tuer une femme ou un enfant, simplement parce qu'on a la peur au ventre.

Il se sentait pourtant de taille à affronter tous ces dangers, et faisait son possible pour rassurer Paxton, en lui promettant de ne pas prendre de risques inconsidérés.

— Tu me le jures ? le supplia-t-elle une dernière fois avant qu'il ne rejoigne sa chambre.

— Je te le jure, répondit-il en l'embrassant, je te jure que je te reviendrai entier pour t'épouser et te faire quatorze bébés si tu veux… Tu as intérêt à te tenir prête, Pax. Je serai un vieil homme à ce moment-là…

Elle savait qu'à son retour elle aurait acquis son indépendance, et serait plus que prête.

— On pourrait se marier tout de suite, tu sais.

Il ne voulait pas d'un mariage précipité, célébré dans l'affolement du moment, mais surtout, il ne voulait pas prendre le risque de faire d'elle une veuve, si jeune. Il préférait attendre, et il savait qu'elle patienterait. Il avait une confiance totale en elle. D'ailleurs n'avaient-ils pas vécu ces dernières années comme des gens mariés ?

— Je t'aime, lui chuchota-t-elle à l'oreille.

Il l'embrassa et regagna sa chambre au lever du soleil.

C'était le dernier jour du mois de mars 1968, et Peter partait pour le Vietnam, le lendemain. Il avait une foule de détails à régler avant de partir.

C'était un dimanche, Matt et Gabby devaient venir déjeuner. Marjie avait quinze mois ; elle venait juste de faire ses premiers pas et se cognait un peu partout. Gabby était enceinte de sept mois. Peter bavarda longtemps avec elle et, après le repas, le frère et la sœur firent une promenade dans le jardin. Lorsqu'ils revinrent, il y avait des traces de larmes sur leur visage.

Ce jour-là, personne ne put s'empêcher de pleurer, même pas le père de Peter.

Le soir, après le départ de Gabby et de Matt, ils regardèrent l'intervention du président Johnson à la télévision, qui promettait de ralentir les bombardements, s'engageait à tout faire pour ramener la paix. Puis il stupéfia le pays tout entier en annonçant qu'il ne se représentait pas aux élections. Ils eurent au moins un sujet de conversation qui fit diversion pour la soirée…

Cette nuit-là, Peter n'attendit pas que ses parents fussent couchés pour aller rejoindre Paxton. Il refusait de perdre une minute des précieux instants qu'il leur restait.

Ils pleurèrent toute la nuit dans les bras l'un de l'autre. Peter ne voulait ni mourir, ni tuer quiconque, encore moins être séparé de son amour, mais n'envisageait pas une seconde d'échapper à son devoir.

Paxton se reprochait toujours de ne pas l'avoir épousé plus tôt. Mais maintenant, dans cette tourmente, qu'est-ce qui gardait encore un sens ? Une guerre absurde, qui s'enlisait et dont tout le monde se moquait, dans un pays où la crainte des représailles inhibait toute action violente. Plus rien n'avait de signification, ni pour les combattants, ni pour les civils, ni pour Paxton.

Debout devant la fenêtre, ils regardèrent le soleil se lever, puis se recouchèrent et firent l'amour pour la dernière fois.

Quand Peter quitta enfin la chambre de Paxton, il se trouva nez à nez avec son père.

— 'Jour, p'pa.

Il lui adressa un pauvre sourire ; les yeux d'Ed Wilson s'emplirent instantanément de larmes : il l'avait bercé dans ses bras tout bébé, maintenant c'était un homme, et il était désespéré à l'idée de ce qui pouvait lui arriver.

Ils prirent leur petit déjeuner tous ensemble, dans un silence effrayant. Tous parfaitement réveillés, bien habillés, l'air grave. Peter rompit le silence le premier, en repoussant sa chaise.

— Eh bien, mes amis, je ne suis pas près de reprendre un petit déjeuner comme celui-là !

Il est vrai qu'à l'armée il ne serait pas servi par une femme de chambre, dans une vraie salle à manger, avec de la vaisselle de Limoges, des couverts en argent et des nappes de Porthault. Il ne serait plus entouré de l'affection des siens, bien à l'abri dans le cocon familial, avant longtemps.

— Vous allez me manquer.

Chacun fut ému jusqu'aux larmes par la simplicité et la sincérité de ses paroles. Ils pleuraient tous, se promettant mutuellement d'être courageux, et patients. Ils lui dirent et redirent qu'ils l'aimaient, qu'il allait leur manquer cruellement. Paxton réalisait mieux que quiconque à quel point c'était bon de pouvoir parler, d'exprimer ses sentiments envers un être cher. Si son frère s'était trouvé dans la même situation, personne chez elle n'aurait été capable de lui dire son amour, et sa tristesse de le voir partir.

Une heure plus tard, ils se mirent tous les quatre en route pour la base aéronautique de Travis, à Fairfield. Peter avait revêtu son uniforme flambant neuf et portait un énorme sac marin. Il devait se présenter à midi, sans connaître exactement l'heure d'embarquement ; de toute façon, une fois qu'ils l'auraient quitté, cela n'aurait guère d'importance.

C'était une journée tiède et ensoleillée. Lorsqu'ils arrivèrent à destination, le chauffeur de M. Wilson, qui n'avait soufflé mot de tout le trajet, lui serra la main avec admiration.

— Bonne chance, mon fils. Fais-leur en voir de toutes les couleurs !

Il avait fait la Seconde Guerre mondiale, et pour lui la guerre avait encore un sens. Lorsqu'il était parti, il savait contre qui et pourquoi il se battait, il avait choisi son camp. En lui rendant son salut, Peter avait infiniment moins de certitudes.

— Merci, Tom. Prenez soin de vous.

Il répéta les mêmes mots à chacun et serra longuement sa mère dans ses bras.

— Prends bien soin de toi, maman… je t'aime…

Elle avait envie de se laisser glisser au sol et de pleurer, mais elle hocha bravement la tête, l'embrassa à travers ses larmes et serra la main de Ed à lui briser les os, tandis que Peter disait au revoir à Paxton. Sa voix était étranglée par l'émotion.

— Mon amour, murmura-t-il, fais bien attention…

Puis il se détourna et disparut dans le dédale de couloirs du bâtiment. Ils n'étaient pas autorisés à aller plus loin, et Ed se dit que c'était aussi bien ainsi. Les adieux étaient déjà assez déchirants, inutile que Marjorie voie décoller l'avion qui emportait son enfant dans la tourmente.

Il les entraîna vers la voiture, toutes deux pleurant, cramponnées l'une à l'autre.

— J'aurais dû l'épouser, sanglotait Paxton sans retenue.

— Tu ne pouvais pas deviner, se contenta de répondre Marjorie, submergée par le chagrin.

Personne n'aurait pu deviner. Aucun d'entre eux ne savait à quoi ressemblait cette guerre pour laquelle il allait peut-être payer le prix fort.

— Mon Dieu, j'espère qu'il sera prudent… dit doucement sa mère, alors que la voiture venait de traverser Bay Bridge vers San Francisco.

Paxton déjeuna avec eux, mais ils étaient tous bien trop épuisés par le chagrin pour parler, et l'après-midi, elle boucla son sac et regagna la maison de Berkeley. Elle avait un examen d'économie, qu'elle avait déjà décidé de sécher. Elle était incapable de retenir quoi que ce soit tant son esprit était accaparé par Peter. Tout ce qu'ils savaient, c'était qu'il passait par Hawaii et Guam, avant d'arriver à Saigon, d'où il pourrait peut-être téléphoner. Après, sa destination était moins sûre. Paxton espérait bien qu'il resterait là. Elle lui avait recommandé mille fois de jouer sur sa profession d'avocat, et, avec un peu de chance, on lui confierait un travail de bureau, mais il n'avait pas été affecté au corps des juristes où il aurait pu être à l'abri. Au Vietnam, ils n'avaient nul besoin de juristes, il leur fallait des soldats âpres au combat, capables de détecter les mines et de traquer les Vietcongs dans leurs trous à rats.

Les parents de Peter l'avaient instamment priée de les appeler, de venir dîner ou de séjourner chez eux quand elle voudrait. Mais, en ce premier jour de séparation, elle ne put que s'allonger sur leur lit, et respirer l'odeur de son after-shave sur les vêtements qu'il avait laissés dans l'armoire. Il n'avait pas eu le temps de faire le moindre paquet, et bien qu'ils dussent quitter la maison en juillet, Paxton avait tenu à ce qu'il n'en fît rien.

Elle voulait rester là avec ce qui appartenait à Peter, pour être plus près de lui. Pour avoir un peu moins l'impression de l'avoir perdu.

Gabby lui téléphona dans l'après-midi. Toutes deux pleurèrent et Gabby lui confia qu'elle était déprimée même en pensant à son bébé à venir.

— Je ne demande qu'une chose, c'est qu'il revienne, dit-elle d'un ton plaintif.

Les liens du frère et de la sœur s'étaient encore resserrés durant ces dernières années à Berkeley.

— Moi aussi, répondit Paxton en écho, en promenant un regard mélancolique sur la cuisine silencieuse.

— Tu sais quel jour on est ? demanda Gabby d'un ton amer.

Paxton ne s'était guère souciée de la date mais elle savait que ce jour resterait à jamais gravé dans sa mémoire.

— Le 1er avril 1968.

Paxton esquissa un pauvre sourire.

— Tu crois qu'ils vont le renvoyer ce soir en disant que c'était une blague ?

— C'est pourtant ce qu'ils devraient faire… Les salauds !

Paxton entendit le bébé pleurer et Gabby écourta la conversation, promettant de rappeler plus tard. Mais lorsque la sonnerie du téléphone retentit vers minuit, c'était Peter, qui appelait de Guam. Paxton était au lit mais ne dormait pas, elle pensait sans arrêt à lui. Le son de sa voix sur la ligne grésillante lui apparut comme un véritable miracle. Il ne disposait que de quelques minutes entre les deux vols et il voulait encore une fois lui dire son amour.

— Je t'aime… Fais bien attention à toi…

Elle se remit au lit, mais ne put fermer l'œil jusqu'au lendemain matin.

Ce jour-là, elle sécha ses cours. Elle avait besoin de récupérer un peu. Elle avait deux exposés à rendre mais, depuis qu'il était parti au fort d'Ord, elle n'arrivait plus à s'atteler à la tâche. C'était au-dessus de ses forces pour l'instant, et, dès le milieu du trimestre, ses notes avaient spectaculairement chuté dans presque toutes les matières. Un peu plus tard, elle alla à la bibliothèque chercher des livres qu'elle avait fait mettre de côté depuis le début mars. Elle se dit qu'il lui fallait maintenant se replonger dans l'étude, car l'approche des examens commençait à l'inquiéter vaguement.

Le lendemain matin elle reçut un coup de fil de Marjorie. Elle savait déjà par Gabby que Peter avait appelé de Guam et voulait prendre des nouvelles de Paxton. Elle lui assura qu'elle allait bien. A ceci près qu'elle retrouvait encore une fois la même sensation étrange qu'après la mort de son père, ou lors de l'assassinat de Kennedy, cette curieuse impression de se mouvoir sous l'eau. Tout avait l'air de se dérouler au ralenti et les sons lui parvenaient feutrés. Comme si les événements extérieurs se déroulaient derrière une immense vitre. Elle aurait voulu pouvoir hiberner jusqu'au retour de Peter. Il lui avait promis de lui donner rendez-vous à Hawaii pour sa première permission, bien qu'il ne fût certain ni de la date ni de la durée de celle-ci.

— Prends bien soin de toi, lui avait répété Marjorie.

Paxton le lui promit, tout comme l'avait fait Peter.

Elle eut envie d'appeler Queenie, à Savannah, mais n'osa pas, de peur de la tourmenter inutilement. Le lendemain soir, elle regarda le journal télévisé, et les images prirent subitement un relief tout particulier, chaque mot de chaque compte rendu résonnait différemment ; elle examinait chaque plan avec une attention redoublée, craignant que l'un des soldats qui défilaient sur l'écran ne fût Peter (il devait d'ores et déjà être arrivé à Saigon). Mais ce soir-là, la nouvelle la plus stupéfiante ne vint pas du Vietnam.

C'était la énième mouture d'une nouvelle qui s'était répandue tout au long de la journée de ce 4 avril, dans les couloirs de l'université, mais comme elle était restée chez elle, Paxton n'en avait rien su. Il était question du pasteur King, et, au milieu de la cohue et du brouhaha, les mots lui parvinrent, inexorables : Martin Luther King avait été tué à Memphis. Assassiné. Paxton resta pétrifiée devant son écran de télévision, les yeux écarquillés. On marchait sur la tête ! Peter était au Vietnam, et Martin Luther King venait d'être abattu. On avait voulu anéantir avec lui toutes les valeurs pour lesquelles il luttait. Elle se laissa glisser sur une chaise, les yeux rivés sur la télévision, tout lui paraissait absurde désormais. Elle vit les émeutes qui, cette nuit-là, embrasèrent les villes aux quatre coins du pays, le cri de désespoir de toute une génération qui avait essayé de se tenir debout après le meurtre de Kennedy, voici cinq ans. Une génération écœurée qui désormais n'avait plus la force de continuer à porter le flambeau.

Paxton était assise dans le jour déclinant, les épaules secouées de sanglots, et, lorsque le téléphone sonna, cette fois-ci elle ne décrocha pas, sachant qu'il ne pouvait s'agir d'un appel de Peter. C'étaient sans doute des amis qui voulaient partager leur désarroi et leur incrédulité avec elle. Mais ce soir-là, elle n'avait envie de parler à personne, elle voulait se tenir à l'écart de ce monde où les hommes purs étaient assassinés. Elle pleura longuement, en pensant aux enfants de Martin Luther King.

— Mais pourquoi ? se lamentait-elle à haute voix dans la maison silencieuse.

Puis elle parvint à sécher ses larmes, complètement désemparée.

Le lendemain matin, un vendredi, elle se réveilla terriblement dépressive. Peter devait être à Saigon maintenant…

Le week-end fut morne et, bien qu'elle s'astreignît à s'asseoir chaque jour à son bureau, elle ne parvenait guère à se concentrer sur son travail. La nuit du dimanche au lundi, elle fit un horrible cauchemar peuplé d'oiseaux qui fonçaient sur elle pour lui déchiqueter le visage ; elle fut délivrée par la sonnerie du téléphone qui la réveilla le lundi matin. Mais en décrochant le combiné, elle s'aperçut qu'il n'y avait personne au bout du fil : c'était la sonnette de la porte d'entrée qu'elle avait entendue. Elle se demanda qui pouvait bien lui rendre visite à pareille heure et elle enfila en toute hâte le peignoir de Peter pour se pencher à la fenêtre de la cuisine ; elle ne reconnut pas bien son visiteur, aussi finit-elle par ouvrir la porte d'entrée, encore tout ensommeillée et pieds nus. Quelle ne fut pas sa surprise de voir le père de Peter sur le seuil !

— Bonjour… comment allez-vous ? demanda-t-elle machinalement.

En l'embrassant sur la joue, elle vit l'infinie tristesse de son regard et fit instinctivement un pas en arrière avec un air effrayé comme s'il eût été contagieux.

— Qu'est-ce qui ne va pas ?

Elle était figée sur place, si jeune et si belle, statue

vivante de la terreur. Il secoua la tête en refoulant ses larmes. Il était venu le lui dire en personne, sachant que c'était ce que Peter eût souhaité.

— Ils nous ont appelés cette nuit…

Marjorie était restée au lit, sous calmants, quand il était parti pour voir Paxton.

— Paxxie… ce n'est pas facile à dire…

Il fit un pas vers elle et la prit contre lui. L'espace d'une seconde, elle se dit que c'était Peter qui était là.

— Il a… été tué… à Da Nang. – Il avait parlé de façon presque inaudible. – Ils l'ont envoyé au Nord, et novice comme il l'était, ils l'ont placé à l'avant-garde.

Elle mit ses mains sur ses oreilles pour ne pas en entendre davantage.

— Il était en première ligne. Il n'a même pas ouvert le feu, ni sauté sur une mine, ni pris un village. – Ed Wilson se mit à pleurer, doucement. – Il a été tué par accident, par le tir d'un camarade ; un des nôtres qui a cru que c'était un Vietcong dans un buisson, et qui a tiré. Une erreur, nous ont-ils dit, tu te rends compte, Pax, une erreur ! – Il n'arrivait pas à endiguer le flot de ses larmes, lui qui était venu pour la soutenir. – Il est mort, mon petit garçon est mort… Ils renvoient le corps vendredi.

Paxton se sentit mourir dans les bras d'Ed Wilson, qui avait comme un poids de cent kilos en travers de la gorge.

Alors elle se mit à le frapper, ses bras battant sauvagement l'air autour d'elle, elle le frappa à la poitrine, elle voulait l'obliger à retirer ses paroles.

— Non ! Non ça n'est pas vrai, ça n'est pas possible ! Je ne vous crois pas.

— Moi non plus, Paxton, je n'ai pas voulu y croire,

mais il fallait que tu le saches. – Il la regardait d'un air désespéré, lui qui avait tellement cru à cette guerre qui venait de lui prendre son fils. – Il est mort pour rien…

Les seules images qui lui revenaient en mémoire maintenant étaient celle du petit garçon blond, et celle du jeune homme qui s'était envolé le 1er avril, à peine une semaine auparavant. Peter n'avait passé qu'une semaine au Vietnam : arrivé le mercredi, il avait été tué le dimanche. Cinq jours. Cinq malheureux jours avant de mourir, pour rien, par « erreur », tragique erreur qui avait coûté la vie à un fils, à un fiancé.

— Les obsèques auront lieu dans une semaine… mais Marjorie a pensé que tu pourrais venir chez nous d'ici là. Je… je crois que ça pourrait être bien pour elle.

Paxton approuva d'un hochement de tête. Elle aussi ressentait le besoin d'être près d'eux. C'était sa seule vraie famille, et si elle allait chez eux, peut-être que Peter allait revenir leur dire que tout ça n'était qu'une mauvaise plaisanterie, que le type avait tiré avec des balles à blanc, et qu'ils iraient bientôt à Hawaii tous les deux…

Comme une somnambule, elle se dirigea vers la chambre qui avait été la leur, enfila un jean et des mocassins. Elle mit un sweater de Peter tout imprégné de son parfum, fourra machinalement quelques affaires dans un sac et se dirigea vers la voiture avec M. Wilson. Il se chargea de son sac, en lui rappelant de fermer la maison à clé. Elle prit place sur le siège avant, telle une automate.

Elle regardait fixement devant elle la ville enveloppée d'un linceul de brouillard, comme si le temps lui-même s'était mis au diapason de sa tristesse. La mort rôdait partout : le pasteur King, Peter…

— C'est de ma faute, n'est-ce pas ?

— Il ne faut pas dire une chose pareille, Paxton. Personne n'est responsable, excepté le soldat qui a pressé la détente. C'est un accident. C'est la fatalité.

— Si je l'avais épousé, il aurait obtenu un sursis.

— Pas forcément. Le sort en aurait peut-être décidé autrement. Il aurait pu aussi s'enfuir au Canada, ou ailleurs… Je crois qu'il a voulu remplir son devoir, à partir du moment où il a été appelé. J'aurais pu, moi aussi, l'obliger à aller à Toronto, mais je ne l'ai pas fait. Maintenant je pourrais me le reprocher, mais si nous commençons à nous culpabiliser, nous allons devenir fous.

Paxton le regarda ouvertement, voulant à tout prix l'obliger à lui livrer le fond de sa pensée.

— Vous m'en voulez de ne pas l'avoir épousé ?

— Mais non, Pax. Je n'en veux à personne. Je souhaiterais simplement qu'il soit encore là.

Ses yeux s'emplirent de larmes à nouveau, il tapota la main de Paxton, et détourna son regard.

Elle se tut, incapable de prononcer un mot de plus, reconnaissante à M. Wilson de sa clémence. Elle se tenait toute droite sur son siège, espérant que les larmes viendraient soulager un peu sa douleur, mais elle n'éprouvait que haine et rancune.

A la maison, ils trouvèrent Gabby, qui venait d'arriver, et Marjorie, chancelante sur ses jambes. Toutes deux étaient en pleurs, et la petite Marjie tournait en rond, en grignotant des biscuits. M. Wilson les laissa entre elles et s'éclipsa dans la bibliothèque. Là, avec ces deux femmes qui aimaient tant Peter, sa mère et sa sœur, Paxton put enfin donner libre cours à son chagrin. Toute la journée, elles se remémorèrent souvenirs et anecdotes à propos de Peter. Tantôt riant, tantôt pleurant, tantôt simplement silencieuses, elles se le rappelaient enfant, jeune homme, fils, frère ou amant, avec tout ce qu'il avait représenté pour chacune d'entre elles. Il leur paraissait impossible de croire qu'il n'était pas en vie quelque part. Il allait bientôt les appeler pour s'excuser de leur avoir fait si peur… mais hélas, le télégramme officiel arriva douze heures plus tard, confirmant la terrible nouvelle, et ils ne purent retenir leurs larmes cette fois encore. Ce soir-là, lorsque Gabby et le bébé furent partis, Paxton se sentit littéralement épuisée en regagnant la chambre d'amis.

Elle passa la semaine chez eux, aida Mme Wilson à trier quelques affaires, prête à l'écouter si elle avait envie de parler, et se confiant si elle en ressentait le besoin.

Elle pensa qu'elle aurait dû téléphoner chez elle, mais au fond, elle n'y tenait guère. Elle ne voulait même pas le dire à Queenie, comme si le fait d'en parler eût rendu la chose plus douloureuse encore. Mais il lui fallut bien se rendre à la sinistre évidence lorsque le samedi matin, le bureau d'Aide aux familles les prévint que la dépouille de Peter était là. M. Wilson, l'air grave, disparut dans la bibliothèque, et, une heure plus tard, Paxton et les Wilson se rendirent sur place. Il y avait là deux autres familles, des Noirs, dont les fils étaient cousins, tous deux âgés de dix-huit ans. Leur peine était aussi aiguë et leurs cœurs aussi débordants de tristesse devant leurs enfants à jamais disparus.

Peter avait été placé dans un simple cercueil de sapin recouvert du drapeau. Le fourgon que M. Wilson avait fait venir de Halsted les attendait déjà et les Wilson furent introduits dans une petite pièce à l'écart, avec Paxton. Là, dans ce cercueil, il y avait… ce qui avait été Peter. Paxton se mit à sangloter malgré elle, Mme Wilson s'agenouilla calmement, son mari resta debout derrière elle, faisant de son mieux pour la soutenir.

— Ne t'en fais pas, chérie…

Paxton croyait entendre sa voix : « Je t'aime, tout va bien. »

Les souvenirs étaient si vifs, sa voix encore tellement présente qu'elle ne pouvait croire qu'il l'avait quittée. C'était impossible. Et insupportable. Pourtant il était parti pour toujours.

Ils restèrent longtemps ainsi, et finalement Ed Wilson aida sa femme à se redresser, prit le bras de Paxton, et ils s'éloignèrent lentement, sous le soleil d'avril. Tout leur semblait dénué de sens à présent : les actes, les paroles, les allées et venues, les impressions de chacun paraissaient sans importance. A quoi bon vivre désormais, sans lui ?

Ils rentrèrent doucement à la maison ; le corbillard emmena Peter à Halsted, et ce soir-là, après qu'on l'eut transféré dans un autre cercueil, et installé dans une pièce tranquille, Paxton alla lui rendre une dernière visite. Elle ne voulait pas croire qu'il fût réellement dans ce catafalque en acajou, pourtant elle s'agenouilla, caressant du bout des doigts les poignées de cuivre.

— Salut… murmura-t-elle dans la pièce silencieuse, c'est moi…

Elle crut l'entendre répondre « Je sais… » tant sa voix si familière, ses yeux si bleus, ses cheveux blonds, ses lèvres qu'elle avait embrassées à peine une semaine auparavant étaient encore présents en elle. Là, dans ce cercueil, gisait l'homme qu'elle aimait, et qui venait de la quitter pour toujours. Dans son cœur elle entendait l'écho de la voix de Peter : « Ça va ? » ; elle ne put que hocher tristement la tête et les larmes lui montèrent aux yeux : Non, ça n'allait pas et ça n'irait sans doute jamais plus. Comme lorsqu'elle avait perdu son père. Comment surmonter une perte aussi irréparable ? Il ne reste que la peine, une blessure qui ne se referme jamais, une plaie toujours béante au plus profond de l'être.

Elle passa un long moment agenouillée, se sentant si proche de lui et cherchant en vain à trouver l'apaisement. Elle ne ressentait qu'une immense affliction et une haine irrépressible pour le garçon qui avait appuyé sur la détente. Les termes étaient odieux : « par erreur », comme si cela effaçait l'horreur de l'acte. Quelle importance, à présent, qu'il ait été tué par un Américain ou par un Nord-Vietnamien ?

Les obsèques eurent lieu le lundi et furent brèves et déchirantes. La mort de Peter avait été annoncée en première page du *Sun* et dans divers autres journaux. Tous ses camarades, relations, amis ou collègues étaient venus, ainsi que nombre de ses anciens professeurs. Les Wilson présentèrent Paxton à tout le monde, et ce fut un peu comme si elle avait été mariée avec Peter.

Elle enviait Gabby maintenant. Si elle avait eu un enfant de Peter, elle aurait l'impression de ne pas l'avoir perdu tout à fait. Elle venait d'avoir vingt-deux ans, Peter avait été son unique amour depuis cinq ans ; elle n'avait vécu avec lui que trois ans, mais elle savait que son image resterait à jamais gravée dans son cœur.

Elle passa encore une journée chez les Wilson, puis

il lui fallut bien rentrer à Berkeley. Elle se sentait dans un état second. Après les heures terribles qu'elle venait de vivre, il lui paraissait inutile de retourner là-bas, pourtant elle sentait confusément qu'il le fallait. Ça ne lui semblait guère réaliste de vouloir passer ses examens en juin, à dire vrai, elle s'en moquait.

On était en mai, et elle venait d'obtenir la permission de passer son diplôme après les vacances d'été, lorsqu'elle reçut un coup de téléphone de son frère. Elle ne l'avait pas entendu depuis si longtemps qu'elle ne le reconnut pas tout de suite, mais son accent le trahit rapidement.

— Salut, fit-elle, étonnée. Que se passe-t-il ?

Elle pensa tout de suite à un nouveau malheur. Depuis la mort de Peter, voici un mois, elle ne s'attendait qu'à de mauvaises nouvelles, et redoutait pardessus tout la sonnerie du téléphone.

— Rien… Je…

Son intention n'était pas de mentir, mais il ne trouvait pas ses mots. Ils n'avaient jamais été très proches, mais Georges savait que ce qu'il avait à dire allait lui faire mal.

— Maman m'a conseillé de t'appeler…

— Elle est malade ?

Ou bien était-ce Allison, ou le bébé…

Paxton ne voyait pas de quoi il pouvait s'agir.

— Non, non, elle est en pleine forme, poursuivit-il de sa voix traînante. – Il n'y avait pas d'échappatoire possible. Il se jeta à l'eau : – Paxton… c'est Queenie.

Son cœur cessa de battre. Elle aurait voulu jeter le téléphone pour ne pas avoir à entendre la suite – au lieu de quoi, elle se tut, serrant convulsivement le combiné.

— Elle est morte la nuit dernière, dans son sommeil. Elle n'a pas souffert. Son cœur s'est arrêté… c'est tout. Maman a pensé que tu devais être mise au courant et elle m'a demandé de t'appeler.

Elle aurait pu téléphoner elle-même pour présenter ses condoléances mais, naturellement, elle n'en avait rien fait.

— Je… oui…

Elle était incapable d'articuler un son. La dernière personne qu'elle aimait venait de disparaître à son tour.

— Merci, Georges. Tu sais quand ont lieu les obsèques ?

Sa voix était étranglée par l'émotion et il en fut touché.

— Une de ses filles est venue la chercher, et il me semble qu'elle a dit que l'enterrement était prévu pour demain. Maman va envoyer des fleurs en notre nom à tous. Il vaut mieux que tu n'y ailles pas, si c'est ce à quoi tu penses.

La cérémonie aurait lieu dans le quartier noir, et la plupart des gens n'auraient pas compris l'amour qui unissait la vieille femme et la jeune fille. Et sans aucun doute aurait-elle été la seule Blanche.

— Oui j'imagine, répondit-elle sur un ton vague. Merci de m'avoir appelée.

Paxton erra d'une pièce à l'autre, puis décida de sortir en ville. Elle poussa jusqu'à la plage et fit une longue promenade au bord de la mer, en songeant à ces êtres chers qui l'avaient quittée : Queenie… Peter… et onze ans auparavant, son père. Elle avait l'impression d'avoir rendez-vous de l'autre côté du miroir, avec des êtres qu'elle chérissait tendrement, et qui l'aimaient profondément. C'était tellement injuste de devoir vivre sans eux désormais, injuste et cruel. Quelques jeunes gens lui avaient fait des avances, depuis la mort de Peter, mais elle était horrifiée à la seule idée de sortir avec quelqu'un d'autre. Même Gabby lui avait présenté un ami de Matt, qu'elle avait vertement envoyé promener.

Sur le chemin du retour, elle fit une halte chez les Wilson, mais ils étaient sortis ; elle se demanda comment ils faisaient pour vivre, maintenant, avec le poids de cette mort inutile qui ressemblait presque à un meurtre. Parfois Paxton avait elle aussi envie de mourir, elle aurait voulu s'endormir et ne plus jamais se réveiller, pour ne pas avoir à vivre l'insupportable absence.

Les Wilson l'appelèrent le lendemain, sachant qu'elle était passée, et il lui sembla que Marjorie allait un peu mieux. Elle pensait au bébé maintenant, et elle parla de Peter, mais un peu plus sereinement.

Ce jour-là, elle reçut également un coup de fil de sa mère, qui lui dit qu'elle était désolée pour Queenie et s'enquit de ses examens. Elle envisageait de venir à San Francisco avec Allison et Georges pour la remise des diplômes. Ça faisait des semaines que Paxton avait l'intention de leur téléphoner, mais elle n'en avait rien fait.

— J'ai changé mes projets.

— Comment ça ?

Sa mère eut l'air stupéfaite.

— Je n'aurai mon diplôme qu'en septembre. Je ne serai pas avec ma promotion. Je vais finir mon travail, et on m'enverra le diplôme. Ça ne fait guère de différence, maman. Je suis désolée que tu ne voies pas la remise des diplômes.

En fait, plus rien n'avait d'importance maintenant. Elle passerait le reste de sa vie à essayer de comprendre pourquoi elle n'avait pas épousé Peter.

— C'est la façon de procéder là-bas ? On t'expédie ton diplôme ? C'est très décevant.

— Ça ne change rien, je t'assure, dit Paxton d'une voix atone.

— Pourquoi ne passes-tu pas ton examen en juin ?

Il y avait une légère intonation de reproche dans la question de sa mère.

— Oh... j'ai été préoccupée ces temps-ci. J'ai eu beaucoup à faire.

— Et quoi donc ?

Elle était trop fine pour s'obstiner à lui demander si elle sortait toujours avec Peter. Ce sujet demeurait une pomme de discorde entre elles, et Béatrice les soupçonnait même d'avoir vécu ensemble cette année. Après tout, ce qu'elle faisait en Californie, c'était son affaire, pourvu qu'elle ne se livrât pas à ce genre d'excentricités à Savannah. Elle avait vingt et un ans passés, et Béatrice était assez intelligente pour savoir qu'elle ne lui dicterait plus sa conduite désormais. Aussi enchaîna-t-elle sur le mode badin :

— Tu vas trop en boom ?

— Pas exactement.

— Eh bien, si tu ne passes pas ton diplôme en juin, quand comptes-tu venir à Savannah ?

— Je ne sais pas... je n'en sais rien, soupira-t-elle, refoulant péniblement ses larmes, mais Béatrice ne remarqua rien du tout. Si je dois aller aux cours, je ne pourrais pas travailler avant le mois de septembre.

Elle avait l'intention de travailler à nouveau au *Morning Sun*... Et cette année aurait dû être celle de son mariage. Maintenant tout son avenir était détruit. Plus rien de bien ne lui arriverait jamais. Et Savannah, dans tout cela, lui paraissait bien insignifiante…

— Je ne sais pas quand je pourrai rentrer, maman.

— Essaie de venir passer au moins quelques jours cet été. Tu verras le petit James Carl, c'est un amour !

Ça faisait tout drôle à Paxton de voir sa mère tellement emballée par son petit-fils, elle en fut heureuse pour elle, mais au fond, tout ça lui était égal. Il y avait longtemps qu'elle avait coupé le cordon ombilical.

— Je verrai comment ça se passe à l'université…

En réalité, elle disait cela plus pour apaiser sa mère que par réel désir d'aller là-bas. Elle voulait simplement finir ses études et travailler. Elle irait à Savannah pour Noël, peut-être, si elle n'avait pas le choix.

Elle pensait rarement à eux. Peter occupait tout son esprit, et elle avait un mal fou à se concentrer sur son travail. Elle avait des dizaines de comptes rendus en suspens, des tests à revoir. Au vu de son travail des quatre à cinq derniers mois, ça tenait du miracle qu'elle fût même admissible. Lorsque le doyen, inquiet de voir ses notes dégringoler en chute libre, lui avait téléphoné, elle lui avait appris la triste nouvelle de la mort de Peter à Da Nang, et c'était là sans doute la raison de sa clémence.

En juin 1968, elle commençait à peine de se ressaisir un peu, lorsqu'un soir tard, en revenant de la bibliothèque, elle entendit un cri perçant. Autour d'elle, des gens couraient en tous sens. Que se passait-il donc ? Un accident ? Une manifestation ? Des questions fusaient de toutes parts. On se serait cru à nouveau en 1963. Des gens pleuraient, couraient, affolés, cramponnés à un transistor, ou se précipitaient chez eux pour regarder la télévision, et ce spectacle lui fit froid dans le dos. A coup sûr un terrible événement venait encore de se produire.

— Que se passe-t-il ? demanda-t-elle à un passant, alors qu'un attroupement se formait autour d'une jeune fille assise sur les marches du perron, effondrée auprès de son transistor.

— C'est Robert Francis Kennedy. Il a été tué à Los Angeles.

— Kennedy ?

Quelqu'un hocha la tête, confirmant la nouvelle. Encore un meurtre ! Un autre Kennedy ! Après John Fitzgerald, Martin Luther King... Le Vietnam... Queenie... et Peter... c'en était trop !

Plus qu'elle n'en pouvait supporter. Tous ceux qui avaient compté pour elle, qui avaient foi en l'homme, qui étaient animés d'un idéal généreux, mouraient les uns après les autres. C'était une trop cruelle initiation à l'âge adulte, un passage trop douloureux à franchir, un désespoir immérité. De toute façon, qui se souciait de ces êtres frappés par une funeste malédiction, qui voulait encore de leurs cadeaux ? Finalement tous s'étaient brûlé les doigts à ce flambeau.

— Il est ?... Chut !

Quelqu'un monta le son de la radio et l'on entendit le speaker annoncer d'une voix brisée : « Robert Kennedy est mort. »

Il avait été assassiné pendant son discours, après sa victoire à l'élection primaire en Californie. Tué à l'instant même de son triomphe, laissant dans le désarroi sa femme, ses enfants, et tous ceux qui l'aimaient.

Paxton se détourna, abandonnant ses livres sur les marches de la bibliothèque, et marcha jusque chez elle ; plus rien n'avait d'importance désormais.

Cette nuit-là, elle resta assise dans sa cuisine, le regard perdu, se disant que plus rien ne la retenait dans cet endroit dont elle avait épuisé tous les enseignements. Et elle avait chèrement payé la leçon. Le chagrin, la colère, le désespoir s'étaient mués en tristesse. Robert Kennedy venait de disparaître, comme tant d'autres. A ce moment précis, ce 5 juin, vingt-deux mille neuf cent cinquante et un soldats avaient trouvé la mort au Vietnam.

Elle mit une partie de ses affaires dans une valise et rangea soigneusement le reste, ainsi que les effets de Peter dans le placard. Le lendemain matin, elle alla voir Ed Wilson au journal. Dès le premier regard, il mesura l'ampleur de sa souffrance. Tout le journal était en effervescence depuis l'annonce du meurtre de Robert Kennedy. Un autre Kennedy. Un nouvel assassinat. Paxton se sentait bizarrement étrangère à cet événement, comme si sa capacité de s'émouvoir s'était émoussée à force de souffrir. Son regard portait la trace des épreuves qu'elle avait subies, et sa façon d'être en disait plus long que des mots, que d'ailleurs elle se gardait bien de prononcer. Elle avait perdu trop d'illusions, elle qui avait une telle soif de confiance, de justice et de bonheur. Tout n'était que leurres et mensonges. La vie n'est pas un roman à l'eau de rose. On vit, on meurt. Parfois on meurt jeune, et elle en avait trop vu partir avant l'heure, dans sa courte vie ; Ed Wilson, avec tout le poids de son expérience et son immense chagrin, compatissait tendrement.

— Que puis-je faire pour toi, Paxton ? Tu as maigri, on dirait. Il faut que tu viennes plus souvent dîner à la maison.

Malgré son air grave, il lui sourit en l'embrassant.

— J'ai laissé les affaires de Peter chez nous, à Berkeley.

Elle avait parlé sur un ton qui l'intrigua.

— Tu t'en vas ? demanda-t-il en fronçant les sourcils.

Il y avait dans le regard de Paxton une insurmontable tristesse.

— Ça dépend de vous, répondit-elle calmement. J'ai décidé d'arrêter mes études.

— Je croyais que tu avais obtenu une dispense pour passer ton examen en septembre.

Elle lui en avait effectivement parlé et il avait été soulagé pour elle à ce moment-là. Il savait à quel point elle tenait à mener à bien ses études et il était d'autant plus surpris de sa décision :

— Que se passe-t-il, Paxton ?

Il lui parlait comme un père, et elle esquissa un petit sourire. Il est vrai que, ces dernières années, il avait été plus qu'un père pour elle, et elle se demanda s'il lui accorderait ce qu'elle désirait. Sinon, elle l'obtiendrait de quelqu'un d'autre, de toute façon.

— Je veux travailler.

— Tu peux travailler au journal quand tu veux, tu le sais bien. Mais pourquoi ne restes-tu pas à Berkeley cet été pour finir tes études ? Pourquoi une telle hâte ?

— Je ne veux pas finir mes études. Je veux travailler pour vous, monsieur Wilson.

Ce matin, en partant, elle savait qu'elle ne reviendrait jamais là-bas. Elle avait emporté avec elle les souvenirs de Peter auxquels elle tenait : les livres de poésie qu'il lui avait offerts, la montre qu'il portait depuis qu'il était gamin – un cadeau de ses parents – et ses plaques d'identité militaires.

— Tu veux travailler ici ?

Quelque chose lui disait qu'elle lui cachait le fond de sa pensée. Et il ne se trompait pas.

— Non, pas ici, fit-elle en secouant lentement la tête. Pas tout de suite en tout cas. Je veux aller à Saigon.

M. Wilson écarquilla les yeux, incrédule. Elle voulait partir pour les pires motifs : pour aller sur les traces de Peter, pour trouver la mort, ou pour le venger, qui sait. Ou peut-être simplement parce qu'elle avait perdu tout espoir en son propre pays. Il ne savait que trop combien l'assassinat de Robert Kennedy, survenant tout de suite après celui de Martin Luther King, allait profondément bouleverser la jeunesse de ce pays, à commencer par Paxton. Elle donnait l'impression d'avoir renoncé à tout, ou d'avoir tout perdu, cette jeune fille assise en face de lui, droite comme un *i*, avec un regard d'indicible détresse. Mais quoi qu'elle voulût faire à Saigon et quelles que fussent ses motivations, il n'était pas prêt à l'aider.

— Il n'en est pas question, Paxton.

— Et pourquoi ?

Ses yeux lançaient des éclairs : M. Wilson réalisa que, pour mauvaises que fussent ses résolutions, elles n'en étaient pas moins fortes.

— Parce que c'est la place de nos correspondants les plus aguerris. Pour l'amour du ciel, Paxton, c'est une zone dangereuse. Tu sais mieux que quiconque ce que tu risques là-bas. Même si on ne t'envoie jamais sur les points chauds, tu peux te faire tuer dans un attentat dans un bar ou être descendue par erreur, comme Peter.

La simple évocation de son nom leur fit de la peine

à tous deux, mais cela était nécessaire, dans son intérêt à elle ; aucun argument ne pourrait le faire changer d'avis – du moins le croyait-il. Elle insista avec l'énergie du désespoir.

— Il y en a de plus jeunes que moi qui sont tués là-bas.

— Alors c'est vraiment ce que tu désires ? – A ces mots, ses yeux s'emplirent de larmes. – Tu veux mourir au même endroit que lui ? C'est là tout ce que tu comptes faire de ta vie, Paxton ? C'est là le cadeau que tu lui destines ? Je sais ce que tu ressens ; toute votre génération pense que ce pays va à vau-l'eau et je ne suis pas loin de le penser moi-même. Mais aller se faire tuer à Saigon n'est en aucun cas une solution.

— Je veux que les gens connaissent le vrai visage de la réalité, quel qu'il soit. Je veux voir de mes propres yeux, savoir ce qui se passe sans attendre que ça me tombe tout cuit avec le journal télévisé. Je ne supporte plus de rester assise bien sagement dans une bibliothèque, à lire des articles sur les gens qui meurent là-bas.

— Tu veux te faire tuer, c'est ça ?

Il essayait de le lui faire avouer, mais en admettant que ce fût vrai, jamais elle ne l'eût admis.

— Non, tout ce que je veux, c'est savoir la vérité. Pas vous ? Vous n'avez pas envie de savoir réellement pourquoi il est mort ? Qu'est-ce qui se passe au juste là-bas ? Bon sang, je veux que nous nous retirions du Vietnam, et je veux savoir pourquoi ce n'est pas déjà fait. Si j'y vais, je ne ferai pas comme tous ces vieux correspondants de guerre, égocentriques et intéressés, avec leurs idées toutes faites et leurs opinions politiques à bout de souffle. Je ne veux pas aller mourir à Saigon, mais si ça m'arrive, au moins je mourrai pour une bonne cause, celle de la vérité. Peut-être cela en vaut-il la peine.

— Paxton, cela n'en vaudra jamais la peine. Nulle cause ne valait que Peter meure pour elle. Nulle cause ne mérite que tu ailles te faire tuer là-bas. C'est vous qui aviez raison. Pour vaincre il faut être né là-bas, et je pense que nous allons perdre cette guerre. Je souhaite aussi que nous quittions le pays. Si l'on m'avait dit qu'un jour je parlerais ainsi ! Mais j'ai eu une entrevue la semaine dernière à Washington avec le nouveau ministre de la Défense, Clark Clifford, et il m'a convaincu. Si tu veux faire un papier, demande-lui un entretien. Bien sûr, Paxton, je te donnerai du travail. Va n'importe où dans le pays, et écris-moi des papiers. Sois journaliste itinérante, ou tout ce que tu veux, mais je ne t'enverrai pas au Vietnam. Si jamais il t'arrivait quelque chose là-bas, je ne me le pardonnerais jamais. En souvenir de Peter, je me dois de prendre soin de toi, Paxton, et toi aussi, tu le lui dois.

Il la regarda sévèrement, mais elle ne fut pas convaincue.

— Je lui dois beaucoup plus que cela. – Son regard se durcit. – Et vous aussi, dit-elle en se levant d'un air déterminé. Monsieur Wilson, je n'ai pas l'intention de rester lâchement ici, à attendre que les autres trouvent les réponses. J'irai par mes propres moyens s'il le faut, et j'enverrai mes articles. Peut-être intéresseront-ils quelqu'un.

Il se leva, et se pencha pour lui toucher le bras.

— Paxton, je t'en prie…

— Il faut que je parte.

Il resta un long moment debout, à l'observer, constatant qu'elle n'était plus simplement la jeune fille qui devait épouser son fils. Elle avait grandi depuis, dans la douleur, avec au cœur une terrible déchirure.

— Tu ne veux pas attendre avant de prendre ta décision ? Tu pourrais y réfléchir pendant six mois. D'ici là, nous serons peut-être partis de là-bas.

— Je ne crois pas. On vous ment. Et c'est précisément pour ça que je veux y aller.

— Paxton, tu n'as travaillé qu'un été ici au journal, tu n'as pas la moindre idée de ce que représente un reportage aussi dangereux : il faut des années d'expérience avant de se lancer dans une telle aventure.

Elle sourit amèrement.

— C'est drôle, pour les soldats, il ne faut pas des années d'expérience. Préparés ou pas, on les expédie au casse-pipe. Je suis prête, monsieur Wilson, je le sais.

Au fond de lui-même, il se disait qu'elle n'avait pas tout à fait tort. Elle était intelligente, forte de tout le poids de sa tristesse et motivée… à cause de Peter. L'ancien journaliste en lui était convaincu, mais le père de Peter était prêt à tout pour l'empêcher de partir.

— Alors, vous m'engagez ? insista-t-elle en le regardant droit dans les yeux.

Il eut à nouveau envie de pleurer. Il était déterminé à s'opposer à son départ, mais il la savait inflexible et s'il ne l'envoyait pas lui-même là-bas, quelqu'un d'autre le ferait ; elle risquait alors de se retrouver au cœur des zones de combat, en réel danger de mort. Il se dit que s'il l'engageait, il pourrait au moins la protéger.

— A condition que tu ne fasses que ce que je te demanderai de faire, et que tu suives mes instructions à la lettre.

Une petite flamme s'alluma dans ses yeux et pour la première fois depuis des mois elle eut l'air heureux. Il lui parlait comme à une enfant capricieuse à qui l'on donne la permission de minuit.

— Tu m'entends, Paxton ? Pas de surprises-parties ni de défilés de mode, d'accord ?

Ils rirent tous deux. Ce n'était sûrement pas le pain quotidien à Saigon.

— Tu es absolument sûre de toi, Paxton ? Ce n'est vraiment pas la peine que j'essaie de te dissuader, n'est-ce pas ?

Il se laissa tomber lourdement dans son fauteuil, l'air accablé. Mais elle rayonnait. Elle avait gagné. Elle avait mûrement réfléchi toute la nuit passée et pour la première fois depuis bien longtemps elle se sentait, sinon heureuse, du moins apaisée.

— Je vous jure que je ferai du bon travail.

Elle retrouvait son enthousiasme, elle se sentait revivre. En un sens, il en fut soulagé pour elle, mais il avait peur. Il aurait préféré que ce regain d'ardeur fût provoqué par une rencontre amicale – pour ne pas dire amoureuse.

— Je ne me fais pas de souci pour ça. Je m'en fais pour toi. Et si tu n'es pas raisonnable, je viendrai en personne te botter les fesses, dit-il sans ménagements. Et crois-moi, je le ferai.

Tout en grommelant, il passa la main dans ses cheveux blancs. Il rappelait tellement Peter à Paxton : même allure, mêmes yeux, même chevelure, mais elle s'efforça de ne pas s'appesantir sur cette ressemblance.

— Marjorie va m'en vouloir à mort. Quant à Gabby… Oh ! Mon Dieu, j'ai failli oublier ! Elle a accouché cette nuit, c'est un garçon. Ils vont l'appeler Peter.

Rien de surprenant à cela, après tout, et Paxton fut heureuse pour elle. Un être disparaît, un autre voit le jour. Robert Kennedy venait de quitter ce monde à cause d'un déséquilibré, et avec le bébé de Gabby une vie nouvelle apparaissait, riche d'espoir. Peter veillait sur eux tous, et léguait son prénom au nouveau-né. Les âmes vagabondes changeaient d'apparence, des rêves s'achevaient, d'autres s'esquissaient.

— Je suis très heureuse pour eux. Elle va bien ?

— Parfaitement. D'après Matt, tout s'est passé très facilement. Elle nous a appelés tout de suite. Je suis sûr qu'ils seraient ravis de te voir.

Paxton acquiesça, bien que cela lui fît une drôle d'impression de voir ce bébé baptisé Peter. Elle se dit que, pour elle, désormais, il ne serait plus question ni de mari, ni d'enfants. Son seul but était d'aller au Viêtnam élucider la vérité. Sa vie avait pris un étrange tournant. Tous ses rêves de jadis s'étaient envolés : Harvard, Berkeley, ses projets avec Peter… Maintenant sa seule ambition était de révéler aux Américains ce qui se passait réellement au Vietnam, et pourquoi leurs fils mouraient dans ce pays hostile.

— Je pars quand ?

Tant qu'elle le tenait, elle ne le lâcherait pas et il le savait bien. Il jeta un coup d'œil sur le calendrier, prit quelques notes, puis la regarda :

— Ce ne sont pas des choses qui s'improvisent du jour au lendemain. Il faut que j'en parle au chef de bureau, que je voie ce dont nous avons besoin…

— Je n'ai pas l'intention d'attendre six mois.

— Je le sais, dit-il calmement. Je pensais à un délai d'une semaine ou deux, trois au maximum. Le temps nécessaire pour te mettre au courant, t'organiser, faire tes vaccins. Disons deux semaines. Est-ce que ça te convient ?

Elle hocha la tête, étonnée elle-même de sa victoire.

— Tout à fait. Je crois que je vais rentrer quelques jours chez moi pour dire au revoir à ma mère.

— Très bien. Je t'appellerai là-bas le moment venu. Commence à te faire faire les piqûres, je crois qu'il y en a pas mal. Peut-être ton frère pourra-t-il s'en occuper ?

Il se demandait si sa famille essaierait aussi de la dissuader de partir, mais il la connaissait suffisamment pour savoir que rien ne la ferait revenir sur sa décision. Elle avait du caractère et de l'humanité. Ed Wilson était hélas bien placé pour savoir qu'elle avait le cœur brisé. Il se leva, contourna son bureau et, l'attirant contre lui, l'embrassa sur le sommet du crâne.

— Nous venons tous de traverser une bien rude épreuve, Paxton. J'espère simplement que tu ne commets pas une lourde erreur. Nous ne voulons pas te perdre toi aussi.

— Il n'en est pas question, murmura-t-elle.

Et curieusement, là, devant son père, elle se dit qu'elle avait fait le bon choix, car elle avait la bénédiction de Peter.

10

Paxton arriva à Savannah un vendredi après-midi, deux jours après l'assassinat de Robert Kennedy, à temps pour voir au journal télévisé du samedi le transfert du corps en train. A chaque étape, des gens effrondrés pleuraient ce nouvel espoir perdu.

Cette fois-ci, personne n'attendait Paxton à l'aéroport.

Elle avait prévenu sa mère de son arrivée, mais celle-ci était invitée à un thé au club de bridge. Paxton n'y voyait pas d'inconvénient, elle pourrait ainsi rester un peu seule dans la cuisine et penser à Queenie.

Après la mort de Queenie, Béatrice s'était alloué les services d'une autre servante, noire également, mais beaucoup plus jeune bien sûr, et qui n'habitait pas là. Elle était sortie faire des courses quand Paxton arriva, ce qui ne fut pas pour lui déplaire. Elle put se retrouver seule dans la cuisine de Queenie. Ça lui fit tout drôle d'être là, sans sa vieille nounou ; la pièce avait perdu son âme et Paxton en fut chavirée. Les dernières paroles de Queenie lui revinrent en mémoire : « Si tu attends trop, la vie ne te donnera peut-être jamais une seconde chance… » Elle avait eu raison. S'il existait un paradis, Queenie devait sûrement s'y trouver, aux côtés de Peter.

Paxton fut tirée de ses pensées par le claquement de la porte d'entrée, et un bruit de pas précipités lui parvint du hall. C'était la nouvelle servante, et elle poussa un cri en voyant Paxton.

— Je suis désolée. Je suis Paxton Andrews. J'arrive tout juste de Californie. Je ne voulais pas vous faire peur.

La jeune fille resta un moment les yeux écarquillés, puis se remit peu à peu de sa frayeur. Elle avait approximativement le même âge que Paxton, un visage très doux, mais elle était petite, râblée et pas très jolie.

— Vous allez à l'université en Californie ?

— Oui.

— Vous avez eu votre diplôme ? demanda-t-elle prudemment, pressentant l'importance de la question.

— Non, je n'ai pas terminé mes études.

Elle ne lui dit pas qu'elle était venue dire au revoir à sa mère avant de partir au Vietnam. Elle tenait à en informer d'abord sa mère. Elle bavarda aimablement avec la jeune fille et l'aida à ranger les provisions dans la cuisine. Une demi-heure plus tard, sa mère était de retour.

Il sembla à Paxton qu'elle avait vieilli, mais elle n'aurait pas su dire en quoi. Elle avait l'air en forme, comme toujours bien apprêtée et bien coiffée, mais ses traits étaient un peu plus accusés que lors de son dernier séjour. Elle déclara à Paxton qu'elle se portait à merveille, fit une remarque sur sa minceur qu'elle jugeait excessive, et demanda à Emmalee de leur servir un thé avec des toasts à la cannelle au salon.

A peine eut-elle avalé une gorgée de thé que Béatrice scruta Paxton et lui demanda pourquoi elle était rentrée à la maison. Elle se doutait bien que Paxton n'était pas venue pour une simple visite de courtoisie.

— Tu vas te marier ? demanda-t-elle, avec un drôle de regard où se lisaient à la fois la déception – car elle s'était désormais résignée à ce que Paxton n'épousât pas un homme du Sud – et l'excitation à l'idée de marier sa fille unique, mais Paxton se contenta de hocher la tête, désolée de ne pas répondre à son attente une fois de plus.

— Non, maman. Je crains que ce ne soit pas dans mes intentions.

Paxton avait parlé très calmement, et sa mère l'observait, dans l'attente de quelques éclaircissements, mais Paxton ne voulait pas en dire plus.

— Tu ne vois plus ce garçon ?

Pour elle, Peter était toujours « ce garçon », et maintenant, cela faisait presque sourire Paxton. Voici plusieurs mois qu'il avait disparu, et le choc s'atténuait lentement. Elle ne ressentait plus que le poids douloureux de l'incrédulité, et un chagrin presque familier qui lui tiendrait toujours compagnie. Mais elle pouvait vivre avec, et personne ne soupçonnait l'acuité de sa douleur, sauf peut-être les Wilson. En l'occurrence, depuis qu'elle avait pris la décision de partir au Vietnam, elle se sentait un peu apaisée, même si le chagrin était toujours aussi vif.

— C'est-à-dire… je… C'est un peu difficile à expliquer… ce n'est pas grave, bafouilla-t-elle.

Que dire ? « Ce n'est pas grave, maman. Il est mort, tout simplement. » Elle ne se figurait pas un seul instant que sa mère pût compatir à son chagrin, et c'est pourquoi elle s'était tue jusqu'à présent. Un aveu lui eût été trop pénible.

— Qu'est-ce qui ne va pas ?

Béatrice Andrews ne lâcherait pas prise, et elle regardait Paxton d'un air inquisiteur. Celle-ci était au supplice. Mais il n'y avait plus d'échappatoire possible.

— Que s'est-il passé, Paxton ?

— Il… euh…

Le tic-tac de la pendule du grand-père résonna soudain plus fort dans la pièce, et elle regarda fixement les rideaux pour ne pas avoir à croiser le regard de sa mère.

— Il est allé au Vietnam… et il a été tué à Da Nang en avril.

Il y eut un silence interminable, et Paxton fulminait en sentant les larmes lui monter aux paupières, lorsque soudain elle sentit sa mère tout près d'elle. Quelle ne fut pas sa surprise de voir cette femme, qui avait toujours été une énigme pour elle, se mettre à pleurer.

— Je suis désolée… Je sais ce que tu dois ressentir, c'est terrible…

Elle prit Paxton dans ses bras et celle-ci se mit à sangloter, étreignant sa mère à son tour, et donnant enfin libre cours à son chagrin, pleurant tout à la fois Peter, les Kennedy et Queenie, et Martin Luther King… et son père. Pourquoi tant de morts ? Pourquoi l'avaient-ils tous abandonnée ? Elle essayait de parler, mais les mots se bousculaient dans sa gorge et sa mère la berça doucement dans ses bras, comme elle ne l'avait jamais fait, et cela lui rappela étrangement Queenie.

— Pourquoi ne m'as-tu rien dit ?

C'étaient des paroles de tendre reproche, et il y avait dans son regard infiniment plus d'amour et de sollicitude qu'elle n'en avait jamais montré à sa fille.

— Je ne sais pas. Peut-être que le fait d'en parler aurait rendu sa mort plus tangible. J'en étais tout simplement incapable.

— C'est une terrible épreuve pour sa famille.

— Sa sœur Gabby vient de mettre au monde un petit garçon qu'elle a appelé Peter.

A ces mots, Paxton se remit à pleurer, elle qui n'aurait jamais d'enfant de Peter désormais. Elles restèrent ainsi plusieurs heures à se raconter, à boire du thé, à pleurer. Comme si, par ses larmes, Paxton exorcisait tous les chagrins de sa vie passée, elle finit par se laisser aller contre sa mère, et la remercia. Pour la première fois de leur vie, elles étaient réellement proches l'une de l'autre.

— Je sais ce que tu ressens, dit Béatrice, au grand étonnement de Paxton, je me souviens qu'après la mort de ton père, j'ai été longtemps en plein désarroi, à la fois triste et en colère. Seul le temps adoucit un peu la douleur. Parfois la blessure ne se referme jamais. Même si par la suite tu n'y penses pas à chaque minute, tu auras toujours au fond du cœur une tristesse incurable – elle tapota gentiment la main de sa fille. Un jour tu auras un mari et des enfants, mais tu ne l'oublieras jamais.

Paxton ne s'imaginait pas une seconde avec un autre homme, et encore moins avec des enfants, mais elle se tut. Sa mère avait au moins raison sur un point : elle aimerait toujours Peter. Sa mère finit par lui poser la question qu'elle redoutait :

— Tu viendras à la maison en septembre, ma chérie ? Tu n'as plus tellement de raisons de rester en Californie.

Finalement ils avaient gagné. Son histoire d'amour avec « ce garçon » était terminée. Paxton hocha silencieusement la tête, cherchant les mots qui heurteraient le moins Béatrice. Sa mère venait de lui donner enfin l'affection qui lui avait si cruellement fait défaut jusqu'ici et elle lui en était reconnaissante. Mais elle n'avait plus le choix maintenant.

— J'ai quitté l'université hier. Et la maison où j'ai été tellement heureuse avec Peter. J'ai tout quitté parce que je ne suis plus capable de supporter la folie de ce pays, où un Robert Kennedy se fait assassiner, après tant d'autres… – Elle voulait le quitter pour un pays pire encore mais là-bas au moins cette folie était affichée. – Je n'en pouvais plus. A quoi bon rester, je suis devenue incapable d'écrire un exposé ou de passer un contrôle. Ça ne veut plus rien dire. J'en suis même à me demander pourquoi j'ai fait tout ça.

— Mais c'est ton dernier trimestre…

Béatrice avait l'air désemparé, se demandant subitement si Paxton n'avait pas perdu la tête.

— Tu pourrais passer ton diplôme à l'automne, Paxton, ne gâche pas tous les efforts que tu as faits jusqu'ici. Tu as pratiquement fini.

Paxton hocha misérablement la tête. Sa mère avait évidemment raison. Mais c'était au-dessus de ses forces.

— Je sais. Mais depuis la disparition de Peter, je n'arrive plus à penser correctement. Même lorsqu'il est parti à l'entraînement en janvier, je ne pouvais déjà plus écrire une phrase cohérente.

— C'est tout à fait compréhensible. Tu pourrais peut-être terminer ici, et trouver un emploi au journal. Tu sais qu'ils te réclament à cor et à cri.

Elle essayait de la réconforter et Paxton eut le cœur brisé à l'idée de la peine qu'elle allait devoir lui faire. Elle lui prit la main avec reconnaissance.

— Maman, j'ai pris un travail hier, dit-elle précautionneusement.

Les traits de Béatrice Andrews se décomposèrent.

— A San Francisco ?

Il y eut un long silence. Paxton cherchait les mots appropriés.

— Je vais travailler pour le *Morning Sun*, mais pas à San Francisco.

— Mais où donc ?

Elle était bien loin d'imaginer la vérité.

— Je vais partir à Saigon comme correspondante.

Un silence pesant s'installa, puis Béatrice se mit à sangloter, se cachant le visage dans les mains et cette fois-ci, ce fut Paxton qui la consola. Elle se dégagea pour observer cette enfant qu'elle connaissait si mal, qui avait toujours semblé tellement loin d'elle.

— Comment peux-tu envisager une chose pareille ?

Tu veux te faire tuer ? Tu veux te suicider, n'est-ce pas ? Moi aussi j'ai réagi comme ça, après la mort de ton père, dit-elle en se mouchant délicatement dans un mouchoir en dentelle. Mais il fallait que je m'occupe de Georges et de toi, je devais pourvoir à votre avenir. Je sais que tu broies du noir pour l'instant, Paxton, mais il faut t'armer de patience, cela s'atténuera.

— Tu sais, maman, j'ai besoin de faire quelque chose. Je ne peux pas attendre passivement que la vie reprenne ses droits. Je veux aller au Viêtnam pour savoir ce qui s'est passé. Je veux aider les gens à prendre conscience. Tous les soirs, à l'heure du dîner, on voit des gens se faire tuer. Et tout le monde s'en moque, personne ne bronche. Si j'arrive à faire écourter cette guerre, ne serait-ce que de dix minutes, ce sera déjà bien. Si je pouvais contribuer à épargner ne serait-ce que cinq vies humaines, je considérerais ça comme une réussite.

— Et si c'est toi qui es tuée ? Y as-tu pensé ? As-tu seulement pensé aux conséquences ? Tu es une femme. Dieu merci, nous n'avons pas à faire la guerre. Tu es encore bouleversée par la mort de ce garçon. Reste à la maison en attendant que la blessure se cicatrise un peu. Ne retourne pas là-bas.

Ses supplications étaient un véritable crève-cœur pour Paxton, mais son destin était scellé désormais.

— Je dois partir, maman. Je te promets d'être très prudente. Je ne cherche pas à me faire tuer.

Elle était étonnée que sa mère ait eu la même pensée qu'Ed Wilson. Il est vrai qu'elle avait été tentée, à plusieurs reprises, d'aller rejoindre Peter. En traversant le pont, elle aurait pu arrêter la voiture et se précipiter dans le vide. Mais elle n'était pas passée à l'acte. Et maintenant elle avait la conviction qu'une tâche importante l'attendait.

— Je t'en supplie… n'y va pas !

— Maman, je t'en prie…

Pour la seconde fois, les deux femmes s'étreignirent pendant de longues minutes. La glace était enfin rompue et un véritable lien d'affection venait de se nouer entre elles, mais pour Paxton, il était trop tard pour revenir en arrière. Elle était venue dire au revoir et sa mère dut bien l'admettre.

Elles passèrent deux semaines à discuter sereinement. Sa mère lui parla de la perte de son mari, du profond désarroi qui s'était emparé d'elle à cette époque. Elle lui parla même de l'autre femme. Béatrice était au courant de son aventure avec cette personne qui travaillait avec lui. Elle savait à quel point il se sentait seul, et, en un sens, elle était presque soulagée qu'il eût trouvé ailleurs ce qu'elle était incapable de lui donner. Sa mort lui avait causé un immense chagrin, et sa vie privée avait été étalée au grand jour. Béatrice avait toujours une drôle de façon de voir les choses, et malgré leur toute nouvelle communion, Paxton se disait qu'elles étaient vraiment aux antipodes l'une de l'autre. L'une si réservée, si distante, toujours sur ses gardes et ne sachant pas se laisser aller à un sentiment ni à une émotion, l'autre si enthousiaste, si chaleureuse et prompte à s'enflammer pour une cause, tellement passionnée par la vie et les êtres, même après avoir perdu son unique amour. Paxton tenait tous ces traits de caractère de son père.

Son frère Georges essaya à son tour de la dissuader de partir au Vietnam, mais il réalisa bien vite qu'aucun argument ne viendrait à bout de sa détermination et il lui fit ses piqûres. Finalement, elle reçut un coup de fil d'Ed Wilson, et lorsque sa mère, Georges et Allison l'accompagnèrent à l'aéroport, elle pleura beaucoup en leur disant au revoir. C'était comme si, cette fois, elle quittait la maison pour de bon. Même si elle revenait, elle le savait, rien ne serait jamais plus comme avant. Elle était encore enfant en partant, et elle reviendrait aguerrie, peut-être pleine de sagesse, ou d'amerturme. Mais la petite fille d'autrefois aurait disparu à tout jamais. Avec tous ceux qui étaient morts.

11

Les adieux à San Francisco ne furent pas moins douloureux qu'à Savannah. En réalité, bien que la mort de Peter l'eût rapprochée de sa mère, il lui fut bien plus pénible de prendre congé des Wilson.

Gabby pleurait sans cesse et Marjorie en avait gros sur le cœur que son mari eût cédé à Paxton ; elle lui avait dit sans ménagements qu'il était aussi cinglé qu'elle.

Le soir de son départ, ils l'accompagnèrent à l'aéroport. Elle avait une place dans un avion militaire à la base aérienne de Travis ; tous ses papiers étaient en règle : ses vaccinations, ses visas et les instructions du journal pour son reportage et son lieu de séjour.

Une chambre réservée l'attendait à l'hôtel *Caravelle* et le *Sun* lui avait même fourni un petit lexique de vietnamien. Les adieux furent déchirants. La base de

Travis leur faisait immanquablement penser au départ de Peter : c'était là qu'ils l'avaient vu pour la dernière fois. Même Ed pleura en serrant Paxton dans ses bras puis il l'embrassa vigoureusement sur les deux joues en lui recommandant pour la énième fois d'être prudente.

— Pour l'amour de Dieu, si une fois arrivée, tu changeais d'avis, fais demi-tour immédiatement. Je persiste à croire que tu fais une sacrée folie d'aller là-bas, alors aie le courage de le reconnaître et rentre vite.

— Ça n'arrivera pas, dit-elle, les larmes aux yeux. Je vous aime.

Elle savait qu'il fallait dire aux gens qu'on les aime quand il est encore temps.

— Prenez bien soin de vous. Il faut que j'y aille. Promettez-moi d'écrire.

Son vol était annoncé, et elle les embrassa encore une fois.

— Fais bien attention, dit encore Marjorie, essayant de refouler l'image de Peter. Et ne mange pas n'importe quoi.

Ils se mirent à rire à travers leurs larmes.

Gabby serra Paxton dans ses bras. Tout était parti de leur rencontre, dans une chambre d'étudiantes à Berkeley, et elles s'aimaient depuis comme deux sœurs.

— Je t'adore, espèce de folle. Paxxie, je t'en supplie, sois prudente ! Si jamais il t'arrivait quelque chose, j'en mourrais.

Paxton ébouriffa d'une main les boucles rousses flamboyantes de son amie.

— Tâche de ne pas être encore enceinte quand je reviendrai !

Le bébé avait à peine trois semaines, et Gabby rit à travers ses larmes.

— Sois prudente, Pax. Tu vas nous manquer, tu sais.

Matthew la pressa gentiment contre lui, puis elle recula lentement.

— Je serai de retour pour décorer le sapin de Noël avec vous.

C'était le marché qu'elle avait conclu avec Ed Wilson : après six mois à Saigon, elle devait être là pour Noël.

Elle balança son grand sac sur son épaule et ramassa son unique petite valise. Elle portait de grosses bottes qui ressemblaient à des chaussures de combat, un jean et un tee-shirt, et un Nikon flambant neuf en bandoulière. Elle leur fit un dernier signe de la main en franchissant la porte, essayant de refouler ses larmes en pensant que Peter avait lui aussi franchi cette porte, pour ne jamais revenir. Elle courut vers l'avion et, dans sa hâte, bouscula un gamin d'une quinzaine d'années, probablement le frère d'un soldat. Il avait un visage poupin encadré de cheveux blonds comme les blés, mais lorsqu'il monta les marches derrière elle, elle se rendit compte que c'était un soldat avec son sac marin, une des jeunes recrues de dix-huit, dix-neuf, peut-être vingt ans qui allaient se battre au Vietnam. Elle le vit se précipiter dans l'avion pour en rejoindre une centaine d'autres comme lui, et, en bouclant sa ceinture pour le décollage, elle se sentit soudain vieille. Là-haut, au-dessus du Pacifique, elle pria pour que ces gosses soient encore en vie à Noël.

Elle avait six mois devant elle. Six mois pour se

trouver, pour voir de près à quoi ressemblait cette guerre, pour apprivoiser l'horreur de ce qui s'était passé à Da Nang. En avoir le cœur net. Six mois pour leur livrer ses tripes, jeter à la face du monde toute la vérité, se laver de ses fautes. Six mois au Vietnam. Peut-être était-ce déraisonnable, mais, au nom de Peter, elle se devait d'aller jusqu'au bout. Elle appuya sa nuque contre le dossier et ferma les yeux, tandis que les lumières de la Californie s'estompaient derrière elle.

DEUXIÈME PARTIE

VIETNAM

Juin 1968 – Avril 1975

12

Paxton resta bien éveillée jusqu'à Hawaii, bien que pour elle, il fût déjà minuit ; d'ailleurs elle dormit peu jusqu'à Guam, elle discuta avec les soldats, qui ressemblaient presque tous au jeune homme qu'elle avait heurté en montant dans l'avion. Ils faisaient à peine dix-huit ans, ils étaient inexpérimentés et terrorisés mais, lorsqu'ils se détendaient un peu, ils se montraient pleins de malice. Quelques-uns lui demandèrent des rendez-vous, d'autres exhibaient les photos de leur petite amie, de leur mère ou de leur femme ; c'étaient pour la plupart de jeunes recrues parfaitement novices. Des « bleus ». Cette épithète leur collerait désormais à la peau nuit et jour.

Parmi les plus âgés, certains avaient déjà fait leur temps au Viêtnam et rempilaient volontairement. Ils avaient éveillé la curiosité de Paxton, et elle avait accepté de partager avec deux d'entre eux le whisky de leurs flasques.

Elle voulait savoir ce qui les avait attirés là-bas au point de vouloir y retourner – un mélange de fascination et de répulsion sans doute – mais plus elle les écoutait parler moins elle était sûre de les comprendre.

Ils disaient que c'était l'enfer, que les Vietcongs étaient des chiens ; ils racontaient comment ils avaient vu leurs amis tués sous leurs yeux, mais vantaient avec la même fougue la beauté du pays, les montagnes, les fleuves, le vert des collines, la puanteur et les parfums, les femmes – prostituées ou pas –, les copains, les morts, le danger qui rôde en permanence. Difficile de s'y retrouver dans ce méli-mélo de sensations et dans cette confusion de sentiments. Dans leurs propos transparaissait une estime sous-jacente pour l'ennemi, sa loyauté indéfectible à la cause, et sa farouche détermination jusqu'à la mort. Ils avaient pour l'adversaire une forme de respect et, tout en injuriant les Vietcongs, ils pressentaient qu'il n'y aurait pas d'issue victorieuse pour l'Amérique.

— Pourquoi y retournez-vous alors ? leur demanda-t-elle calmement.

Les deux garçons se regardèrent, puis restèrent un long moment silencieux. L'un d'eux parla enfin, le regard perdu dans le vague.

— Ça n'est pas bien de rester sur la touche. Tout le monde se fiche de ce qui se passe là-bas. Tous les jeunes nous en veulent d'aller nous battre, et nous regardent comme des traîtres quand on revient chez nous. Mais là-bas, nos copains crèvent dans la boue, sautent sur des mines. – Il grinçait des dents sans même s'en rendre compte. – J'ai vu mon meilleur ami se faire tuer à côté de moi, la figure arrachée… J'ai deux autres copains… Je ne peux pas… C'est impossible… Je ne peux pas rester assis sans rien faire… Il faut que j'y retourne, pour les aider, jusqu'à ce qu'on nous tire de cet enfer.

— Ouais, approuva l'autre garçon. Nous n'avons plus notre place ici. Les pauvres couillons, c'est nous. Tout le monde se fiche pas mal de nous. On va se faire tuer pour le Président, on est coincés là-bas et les politiques ont peur des Russes et des Chinois, alors ils nous laissent simplement faire joujou au Vietnam. Vous voulez savoir pourquoi j'y retourne ? C'est uniquement pour tirer mes copains de là, et qu'on puisse rentrer chez nous tous ensemble.

Il n'avait ni femme, ni enfant ; sa seule famille, c'étaient ses copains de l'armée.

Mais elle les intriguait aussi, et finalement ils lui posèrent des questions.

— Et vous ? Qu'est-ce que vous allez faire là-bas ?

— Je viens voir ce qui se passe réellement.

— Pourquoi ? Qu'est-ce que ça peut bien vous faire ? Ça ne change rien pour vous.

Elle réfléchit un instant ; elle n'avait pas envie de raconter sa vie aux premiers venus, mais elle savait qu'elle ne reverrait pas ces deux garçons. Elle fouilla dans ses poches, et, à leur grand étonnement, exhiba les plaques d'identité militaire de Peter. Ils hochèrent la tête, comprenant parfaitement ce que cela signifiait.

— Il a été tué à Da Nang. Je veux savoir ce qui se passe là-bas.

— C'est un endroit terrible.

Le plus âgé des deux garçons sourit.

— Quel âge avez-vous ?

Elle hésita un peu, puis lui rendit son sourire.

— Vingt-deux ans. Pourquoi ?

— J'ai deux ans de plus que vous. J'en suis à mon troisième voyage, ma petite dame, et je n'aimerais pas que ma petite sœur voie les horreurs que j'ai vues là-bas. Vous savez ce que vous faites en allant à Saigon ? C'est sacrément loin de chez vous.

— J'imagine.

En réalité, elle n'arrivait pas à imaginer vraiment. Tout au plus espérait-elle comprendre un peu mieux. Et, après avoir souhaité bonne nuit à ses interlocuteurs, elle dormit profondément pendant le reste du trajet jusqu'à Guam.

Ils atterrirent à Guam le lendemain, à deux heures du matin, heure locale. L'escale dura une heure, le temps de faire le plein de carburant, puis ils repartirent pour Saigon. Leur arrivée était prévue à cinq heures du matin. Ça lui faisait tout drôle de penser que Peter avait pris le même chemin, à peine plus de deux mois auparavant. L'avion se posa à l'aéroport militaire de Tan Son Nhut, à l'heure prévue, et Paxton fut déçue de ne pas voir le paysage. Elle avait tellement entendu dire que le Viêtnam était verdoyant… mais au lieu de collines vertes elle aperçut un véritable feu d'artifice en descendant d'avion ; le soldat assis à côté d'elle lui rit au nez lorsqu'elle lui demanda si c'était une fête nationale.

— Ouais, c'est une façon de voir. Ça s'appelle une guerre. Ça, c'est l'artillerie, ce sont des balles traçantes… quelque part vers Biên Hoa. Ma petite dame, je suis sûr que vous allez vous plaire ici. Vous aurez droit à un feu d'artifice chaque fois que nos gros oiseaux lâcheront leurs œufs sur les Viets.

Elle se sentit blessée par son ton de raillerie vaguement condescendante, et vexée d'avoir commis une telle gaffe.

A sa descente d'avion, personne ne se proposa pour l'aider à porter ses bagages. Ses deux interlocuteurs de la veille semblaient l'avoir oubliée ; ils avaient bien d'autres préoccupations maintenant, et ils étaient tous pris en charge par des camions militaires dès leur arrivée.

Personne ne l'attendait à l'aéroport, et en ramassant ses valises pour se mettre en quête d'un taxi, elle se sentit pleine d'audace. Elle ne parlait pas un mot de vietnamien, et eut subitement l'impression d'être complètement livrée à elle-même.

Une file de voitures toutes déglinguées attendait à l'extérieur de l'aéroport, grouillant de soldats américains. C'était la principale base aérienne et elle se sentit en sécurité pour quelques instants encore.

— Salut, poupée ! Bienvenue à Saigon ! lança une voix derrière elle.

Elle se retourna et s'aperçut sans grand plaisir que c'était bien elle qu'on apostrophait ainsi. Un grand Noir à l'accent du Sud lui souriait de toutes ses dents.

— Merci, répondit-elle en faisant ressortir son accent traînant de Savannah.

— Vous venez de Louisiane ?

— Non, de Géorgie, fit-elle en riant.

— Tant pis ! rétorqua-t-il avec un large sourire, et il s'éloigna en courant.

Le jour n'était pas encore levé mais il y avait déjà une activité débordante alentour. Elle fit signe à un taxi, une Renault bleu et jaune dont le conducteur était en short et chaussé de sandales. Il avait un petit visage aplati, et des cheveux noirs ébouriffés.

— Vous êtes une auxiliaire féminine de l'armée ?

Il avait hurlé au milieu du vacarme ambiant. Malgré l'heure matinale, des klaxons retentissaient, mêlés aux bruits des voix. L'air était chargé d'un lourd parfum, mélange d'épices, de fleurs et de relents d'huile, dominé par les émanations de kérosène qui enveloppaient les avions d'un voile de brume.

— Non, je ne fais pas partie de l'armée, répondit-elle en se demandant ce que ça pouvait bien lui faire.

— Volontaire, alors ?

— Non. Hôtel *Caravelle*, s'il vous plaît.

Après plus de vingt heures de voyage, elle n'était guère encline au bavardage.

— Vous êtes une prostituée ? fit-il, décidément curieux.

Elle se demanda si elle devait rire, pleurer ou tout simplement acquiescer pour avoir la paix.

— Non, dit-elle sèchement en mettant ses bagages dans la voiture. Je suis journaliste.

D'après son petit lexique elle savait déjà que correspondant se dit *bao chi* en vietnamien mais elle ne se risqua pas à prononcer le mot. Manifestement le chauffeur n'avait pas compris, et il se retourna vers elle avec un air interrogateur :

— Vous êtes militaire ?

Flûte. A ce train-là, elle n'était pas arrivée à Saigon.

— Journal, dit-elle dans une dernière tentative.

Cette fois-ci, la lumière se fit.

— Ah ! Très bien, hurla-t-il, et il se mit en route, en appuyant constamment sur le klaxon.

Une cacophonie assourdissante d'avertisseurs enflait autour d'eux bien qu'il fût encore très tôt.

— Vous pouvez m'acheter de la drogue ? demanda-t-il en cours de route, sur le ton de la conversation la plus anodine.

Drogue et prostitution avaient l'air d'être monnaie courante ici. Les jeunes soldats fraîchement débarqués qui n'avaient encore jamais quitté leur pays devaient être complètement déboussolés.

— Non. Pas de drogue. Je vais à l'hôtel *Caravelle*.

Sur l'avenue Tu Do, insista-t-elle, pour être sûre de se faire bien comprendre.

C'était l'artère principale de Saigon, lui avait dit le responsable des correspondants du *Sun*. Ed Wilson avait personnellement veillé à ce qu'elle fût logée là. C'était l'un des meilleurs hôtels de la ville – le plus propre, en tout cas. CBS avait choisi d'y installer ses bureaux et M. Wilson avait pensé qu'elle y serait de ce fait plus en sécurité.

— Cigarette ? offrit le chauffeur en lui tendant un paquet de Ruby Queens, le nec plus ultra de ce qui se fumait au Vietnam.

— Non merci, je ne fume pas, répondit-elle, tout en priant pour qu'il se taise pendant les quelques kilomètres qui les séparaient encore de Saigon.

Une vieille Citroën les frôla, des mobylettes roulaient à toute allure, et le chauffeur pressait rageusement son klaxon. Elle s'adossa contre le siège en essayant de se décontracter un peu, mais elle était incommodée par l'odeur persistante de la pollution ambiante.

Au fur et à mesure que l'on se rapprochait de Saigon, les bâtiments étaient plus élégants, et vers le centre, la ville avait des faux airs de Paris. Il y avait déjà affluence de piétons, de bicyclettes et de cyclo-pousse malgré le couvre-feu et tout le monde se bousculait au milieu du tintamarre. De sévères bâtiments en pierre alternaient avec des maisons aux teintes pastel, et ils atteignirent bientôt le centre ville. Ils passèrent devant le palais présidentiel et la basilique Notre-Dame-de-la-Paix, empruntèrent le boulevard Nguyen Hue, agréablement bordé d'arbres jusqu'à l'hôtel de ville. Puis, après la tour Salem, ils arrivèrent sur une place où elle reconnut subitement la célèbre statue des Marines. Elle se sentit déjà un peu en terrain familier : elle savait que dans la tour Eden se trouvaient les bureaux de l'Associated Press et de NBC. Quelques minutes plus tard, elle aperçut le *Continental Palace* en tournant sur Tu Do : le collaborateur du *Sun* lui avait signalé le bar de l'hôtel, la *Terrasse*, comme un endroit propice à glaner des renseignements, et le *Time Magazine* y avait également installé ses bureaux. Ils dépassèrent l'Assemblée nationale et le conducteur ralentit et se tourna vers elle avec un sourire édenté. L'homme était sans âge : quelque part entre vingt-cinq et soixante ans.

— Vous ne voulez pas venir au *Pink Nightclub* de l'hôtel *Catinat* ce soir ? Je viens vous chercher.

— Non merci, dit-elle fermement. Déposez-moi à l'hôtel *Caravelle*. Ce soir, j'ai du travail pour mon journal.

— Vous n'êtes pas une prostituée ? s'entêtait l'homme.

Ils arrivèrent enfin au *Caravelle* et elle pria pour qu'il la laissât tranquille. Elle n'avait qu'une seule envie : dormir. Elle était à la fois épuisée et ravie d'être là. Elle paya sa course tout en sachant qu'elle se faisait escroquer, mais bien trop fatiguée pour discuter. Elle entra dans le hall de l'hôtel, qui s'éveillait doucement : quelques jeunes Vietnamiennes faisaient le ménage avant le lever du soleil. Les salons étaient pleins d'officiers de haut rang en uniforme, d'étrangers, européens en majorité, et de jeunes Vietnamiennes qu'ils attiraient immanquablement.

Elle donna son nom à une jolie réceptionniste vêtue du *ao dai* blanc, le costume traditionnel vietnamien composé d'un pantalon et d'une tunique près du corps, blanche la plupart du temps, parfois imprimée de couleurs vives.

— Andrews ?

La jeune femme regarda Paxton d'un air ahuri.

— Paxton Andrews. Du *Morning Sun* de San Francisco.

Paxton était trop fatiguée pour s'embarrasser de politesses excessives. Tout ce qu'elle désirait pour l'instant c'était prendre une bonne douche et dormir. Dès le matin la chaleur était étouffante et les ventilateurs du plafond avaient l'air peu efficaces. La jeune employée consultait le registre.

— M. Andrews n'est pas encore arrivé. Vous êtes sa femme ?

« Oh non ! » marmonna-t-elle entre ses dents.

— Non, je suis Paxton Andrews.

Elle remarqua deux jeunes Vietnamiens qui souriaient en l'écoutant, et deux hommes dans le salon, déjà prêts à partir : l'un d'eux était arrivé par le même avion qu'elle. Ils observaient Paxton d'un air manifestement intéressé. Le premier, un brun au visage taillé à coups de serpe, accusait la trentaine, l'autre, qui arborait un visage buriné et un air préoccupé, paraissait beaucoup plus âgé. Bien qu'ayant remarqué l'attention dont elle était l'objet, Paxton ne cilla pas, trop épuisée pour engager une conversation. Elle ne rêvait que d'un bon lit. La réceptionniste ne semblait toujours pas avoir compris.

— Vous êtes monsieur Andrews ? fit-elle en gloussant.

Paxton ne put s'empêcher de rire. Elle était au Viêtnam depuis à peine deux heures et elle s'était déjà fait traiter de poupée, de prostituée, pourquoi pas de jeune homme ! Ça promettait !

— Je m'appelle Paxton Andrews. Est-ce que ma chambre est réservée ?

La réceptionniste finit par acquiescer, et, sous le regard furtif mais insidieux des deux hommes, héla un petit garçon d'environ huit ans en lui tendant la clé d'une chambre du troisième étage, juste au-dessous du *Penthouse*, le célèbre bar installé sur la terrasse.

Paxton monta l'escalier derrière le gamin qui s'escrimait avec son sac de voyage, et arrivée à la chambre, elle lui laissa un pourboire de vingt-cinq piastres ; il lui sourit en faisant des courbettes avant de s'éclipser. C'était un beau petit garçon, peut-être un de ceux contre lesquels on l'avait mise en garde, mais elle avait du mal à croire qu'au Viêtnam les enfants fussent voleurs, mendiants, ou manipulés par les Vietcongs. Celui-ci avait vraiment l'air ingénu.

A peine eut-elle fait un pas dans la chambre qu'elle vit une multitude de cafards grouiller sur le tapis. Elle poussa un cri de dégoût, puis se força à entrer dans la pièce, écrasant tous ceux qu'elle put. Puis elle risqua un coup d'œil dans la salle de bains. Celle-ci était propre, carrelée de blanc à l'ancienne mode, trace de l'ancienne présence française dans la ville. Rien n'avait beaucoup changé depuis le départ des Français : la guerre continuait, il régnait toujours une chaleur écrasante, et les cafards pullulaient. La seule innovation résidait dans l'installation de climatiseurs déglingués qui vrombissaient en permanence dans toutes les chambres. Cela lui rappela son Sud natal, et elle se sentit un peu réconfortée. Ses vêtements moites lui collaient à la peau, elle était éreintée après ce trajet dans la chaleur humide et suffocante.

Elle se lava le visage et prit une douche bienfaisante.

Il était huit heures du matin à Saigon. En ouvrant la fenêtre elle fut assaillie par l'odeur tenace de l'essence et les bruits de la ville qui grouillait à ses pieds. Cette odeur semblait tout imprégner ici. En se mettant au lit, elle essaya d'imaginer ce qu'avait été pour Peter ce premier contact avec Saigon. Probablement avait-il été embarqué en camion dès sa descente d'avion et sans doute n'avait-il guère qu'entrevu la ville. Comme tous ceux qu'elle avait vus, expédiés avant l'aube vers Long Binh, Nha Trang, Pleiku, Da Nang, Winh Long, Chu Lai, tous ces endroits qu'elle ne pouvait qu'imaginer pour l'instant.

Elle ferma les yeux mais ne dormit que par intermittence, l'esprit enfiévré à l'idée de tout ce qu'elle allait découvrir. Le soleil était déjà haut dans le ciel de Saigon lorsqu'elle s'éveilla. Elle s'étira et sourit en apercevant un oiseau sur le rebord de la fenêtre, qui chantait à tue-tête, comme pour lui souhaiter la bienvenue.

Comme elle se retournait dans son lit, elle eut subitement conscience d'une présence dans la chambre. Qu'elle ne fut pas sa surprise de voir entrer un homme ! Elle s'assit toute droite dans son lit, en remontant le drap sur sa poitrine. Il était blond, bien bâti, et portait un treillis, mais rien dans sa tenue n'indiquait qu'il appartînt à l'armée américaine.

— Qu'est-ce que vous faites ici ?

Elle ne savait pas trop si elle devait appeler au secours. Elle resserra le drap autour d'elle.

— Vous avez laissé la clé sur la porte hier soir. Ce ne sont pas des choses à faire ici.

Il avait appris de l'un des grooms qu'il y avait une nouvelle venue, « une très jolie fille », avait-il précisé.

Nigel lui avait octroyé un pourboire de vingt piastres. Il avait également entendu parler d'elle par les deux collègues qu'il avait croisés ce matin de bonne heure dans le hall. Il lui tendit la clé avec une expression solennelle :

— J'allais juste la poser sur votre table de chevet.

Elle fut frappée par son accent, qu'elle n'arriva pas toutefois à identifier comme anglais ou australien.

— Je… euh…

Elle rougit violemment, et il parut amusé de son embarras, proportionnel à l'éventuelle transparence du drap.

— Euh… merci beaucoup.

— De rien. Ah, je me présente : Nigel Aucliffe, de l'United Press. D'Australie.

Elle se rendit compte à la petite étincelle dans son regard qu'il était loin d'être aussi ingénu qu'il aurait voulu le faire croire.

— Paxton Andrews, du *Morning Sun*, de San Francisco.

Elle n'osa pas lui tendre la main, de peur de lâcher le drap qu'elle serrait convulsivement autour de sa poitrine.

— J'espère avoir le plaisir de vous connaître un peu mieux.

Il s'amusait visiblement de la situation et l'ambiguïté délibérée de ses propos ne faisait qu'ajouter à la confusion de Paxton. Il s'inclina brièvement et sortit aussi furtivement qu'il était entré. Elle s'adossa à la tête de lit, le cœur battant à tout rompre. Décidément, les choses ne se présentaient pas sous un jour banal. Comment avait-elle pu être assez inconséquente pour laisser sa clé sur la porte, dans un pays en guerre ?

— Mon Dieu, ce que je peux être idiote ! marmonna-t-elle, en allant fermer à clé.

Elle regarda par la fenêtre, et se dit qu'en clignant des yeux, on aurait presque pu se croire à Paris.

Elle devait se présenter à deux heures de l'après-midi au bureau de l'Associated Press dans la tour Eden. Elle prit un bain et enfila une robe légère en coton bleu pâle qui seyait mieux au climat qu'un jean. Elle descendit rapidement au restaurant pour grignoter quelque chose. La clientèle, peu nombreuse, était composée principalement d'hommes, certains en treillis ou en tenues de même acabit, d'autres en chemisettes, et de deux Vietnamiennes vêtues de *ao dai* blancs, avec de ravissants pantalons bouffants arachnéens qui modelaient gracieusement leur silhouette. Paxton était apparemment la seule femme occidentale ; elle avisa Nigel Aucliffe, attablé avec un étranger, et les deux hommes de ce matin dans un coin de la salle ; ils riaient à gorge déployée et elle se demanda si par hasard elle n'était pas l'objet de leur hilarité. Tout ça était tellement nouveau pour elle… Elle commanda un consommé et une omelette. Le goût français était encore sensible ici, dans le décor, dans le menu, dans la façon d'accommoder les plats.

Elle sirotait son café en prenant quelques notes lorsque Nigel Aucliffe et ses collègues s'arrêtèrent devant sa table.

— Re-bonjour, lança-t-il, ouvertement moqueur et la déshabillant quasiment du regard.

Ce ton un peu leste intrigua manifestement les autres, qui ne se gênèrent pas pour l'observer à leur tour. Il leur avait déjà parlé de cette jeune fille tout juste débarquée qui devait être une fille à papa dotée d'un sacré caractère. Il se dit que le Viêtnam ne tarderait pas à l'aguerrir, et l'idée qu'elle pût recevoir une bonne leçon n'était pas pour lui déplaire.

— Bon appétit.

Il la caressait des yeux et elle n'aimait pas ça du tout.

— Bonjour, dit-elle fraîchement.

S'il s'imaginait pouvoir faire croire qu'il avait passé la nuit avec elle, il se trompait lourdement. Elle avisa ses compagnons, et comme il ne la présentait pas, elle leur tendit la main la première. Le plus jeune des deux hommes qu'elle avait vus ce matin, le brun, était Ralph Johnson de l'Associated Press de New York, et le plus âgé s'appelait Tom Hardgood du *Washington Post*. Le troisième était un photographe du *Figaro*, Jean-Pierre Biarnet. Ils avaient assisté à une conférence de presse toute la matinée et avaient déjeuné sans se presser. Nigel et Jean-Pierre pensaient prendre leur après-midi lorsqu'ils l'avaient aperçue. Nigel leur avait alors raconté comment il l'avait surprise le matin même, couverte d'un simple drap, offrant le plus charmant des spectacles. Les trois hommes parurent très intrigués par cette jeune femme. Ils auraient presque tous pu avoir une fille de son âge, mais cette pensée ne les effleurait sans doute pas à ce moment-là. Elle se leva, déroulant une silhouette jeune et belle, allumant le désir dans les yeux des quatre hommes. Elle était bien consciente de la curiosité que suscitait son nouveau statut, et un silence un peu embarrassé s'établit entre eux.

— Qu'est-ce que vous êtes venue faire ici ? demanda abruptement Johnson.

Les autres étaient trop imbus de leur propre importance pour lui poser la question.

— La même chose que vous, je suppose. Je cherche à faire un bon papier sur la guerre. Je resterai ici six mois pour le *Morning Sun* de San Francisco.

Johnson eut l'air stupéfait. C'était un bon journal. Il avait connu un correspondant du *Sun* qui était resté quelque temps l'année passée. Qu'ils envoient une fille aussi novice l'étonna, mais il devait bien y avoir une raison.

— Vous avez déjà fait ce genre de reportage ?

Elle reconnut honnêtement que c'était la première fois, et pendant un instant, sous ses airs bravaches, elle eut peur. Elle n'avait pas la moindre idée de ce qui allait se passer : elle devait se rendre au bureau de l'Associated Press, où des instructions l'attendaient. Ed Wilson avait insisté personnellement pour qu'on ne l'envoie nulle part sans protection et qu'on ne la laisse pas s'aventurer dans les zones de combat.

— Quel âge avez-vous ? fit Johnson tout aussi brutalement.

Elle fut tentée de tricher, mais opta pour la vérité.

— Vingt-deux ans. Je viens juste de terminer Berkeley.

Elle omit de dire qu'elle avait abandonné. Tous se dirigèrent vers le hall en flânant.

Johnson lui sourit.

— Moi aussi, je suis diplômé de Berkeley… depuis seize ans. Et j'étais aussi inexpérimenté que vous quand j'ai été envoyé en Corée par le *New York Times*. J'étais mort de trouille, mais j'en ai appris cent fois plus là-bas qu'en restant assis sur mes fesses à New York. Bonne chance, ma petite. C'est comment, votre nom, déjà ?

— Paxton Andrews.

Et à la surprise générale, il lui donna une vigoureuse poignée de main.

Tous lui serrèrent la main et le groupe se sépara. Finalement Nigel et Jean-Pierre décidèrent de travailler cet après-midi et d'aller couvrir des manœuvres à Xuan Loc. Hardgood avait rendez-vous aux quartiers généraux de MacVee, à Tan Son Nhut, pour un entretien exclusif avec le général Abrams, nouveau commandant en chef des troupes américaines.

— Vous allez au bureau de l'Associated Press ? demanda Johnson après coup à Paxton. Je vais vous indiquer le chemin, poursuivit-il en souriant.

Les autres prirent congé, en promettant de se retrouver le soir, et Paxton emboîta le pas à Johnson.

Le bureau de l'Associated Press, situé dans la tour Eden (qu'elle avait déjà remarquée en arrivant en face de la statue des Marines), semblait être le point de rendez-vous à Saigon. L'Associated Press était juste à l'angle du bâtiment. Ses instructions l'attendaient. Elle était censée « apprendre à se repérer dans Saigon et se présenter à cinq heures à l'auditorium du service de presse américain, pour la conférence de presse que les journalistes surnommaient le "show de cinq heures" ».

— Ils vous font démarrer en douceur, ou alors ils vous envoient au casse-pipe. Quand je suis arrivé à Séoul, ils m'ont balancé dès le premier jour en première ligne et j'ai bien failli me faire descendre. Histoire de me familiariser avec la guerre. Pour vous ça devrait être un peu moins brutal.

Elle se sentit malgré tout un peu frustrée.

— Qu'est-ce que c'est, le « show de cinq heures » ?

— C'est un tissu de mensonges. De la propagande.

Ils ne disent que ce qu'ils veulent, ils font l'apologie de la guerre. Si on a perdu une colline, ils disent qu'on l'a gagnée. Quand il y a des morts, ils en minimisent le nombre en prétendant que l'ennemi a encore plus de pertes. Si les Viets s'emparent de notre matériel, de toute façon il était obsolète et ça n'a aucune importance. Ils nous abreuvent de bobards pour qu'on fasse croire aux gens que nous sommes en train de gagner la guerre.

— On va la gagner ? demanda-t-elle abruptement.

— A votre avis ? rétorqua-t-il avec froideur.

— Je suis venue pour le savoir. Je veux connaître la vérité.

— La vérité ? ricana-t-il. La vérité c'est qu'il n'y a aucun espoir.

C'était bien ce qu'elle soupçonnait depuis le début ; c'était aussi ce que pensait Peter. Avant d'en avoir la preuve meurtrière.

— Quand donc croyez-vous qu'ils vont enfin l'admettre et rapatrier nos soldats ? demanda-t-elle avec une ardeur juvénile et une naïveté qui eurent le don de l'exaspérer.

— Ça, ma petite, c'est la question à mille balles. Nous avons à l'heure actuelle un demi-million de soldats ici, nous avons délimité une zone démilitarisée, car il ne faut pas trop marcher sur les pieds de l'oncle Hô, et on rapatrie les cadavres dans des sacs en plastique par milliers.

Il vit qu'elle tressaillait et il en fut contrarié.

— Si vous pensez ne pas pouvoir supporter, il vaut mieux faire demi-tour tout de suite. Ce n'est pas un endroit pour les cœurs sensibles, ici.

Il se demanda si à son journal ils n'étaient pas un

peu légers de l'avoir parachutée à Saigon. C'était peut-être simplement la fille d'un de leurs journalistes qui voulait se payer des vacances. Cependant, quelque chose de grave en elle lui donnait à penser qu'il s'agissait d'autre chose, mais il n'aurait juré de rien pour l'instant. Il la soupesa du regard.

— Je dois rencontrer certaines personnes. Ça vous intéresse pour de bon de voir à quoi ressemble le Vietnam, ou vous avez l'intention de traîner un peu ici, histoire de raconter vos impressions de voyage à vos compatriotes ?

La question avait le mérite d'être franche et elle lui fit comprendre d'un regard qu'elle était déterminée à ne pas laisser passer une chance de prouver ce dont elle était capable.

— Je veux voir ce qui se passe vraiment.

Il hocha la tête. Il s'était bien douté que, malgré sa joliesse et ses cheveux blonds, ce n'était pas une petite écervelée.

— J'emmène une équipe dans un poste près de Nha Trang demain. Vous voulez venir ?

Son regard était sévère, mais il avait été jeune, lui aussi, ils avaient fréquenté la même université et, pour une raison encore obscure, il se dit qu'elle méritait sa chance.

— J'adorerais. Merci, dit-elle sincèrement.

— Avez-vous des bottes ?

— Pas vraiment.

Les plus solides qu'elle possédait venaient de chez Eddie Bauer.

— Des bottes costauds, je veux dire, avec des semelles renforcées en acier pour ne pas vous faire perforer les pieds par les picots de bambous.

Elle eut l'air surpris, mais elle pouvait lui faire confiance, il connaissait son affaire : il était à Saigon depuis 1965.

— Vous faites du combien ?

— Du trente-sept.

Elle se sentit vraiment reconnaissante. Si elle arrivait à quelque chose ici, ce serait grâce à lui.

— Je vais vous en trouver une paire.

Elle eut à peine le temps de lui dire merci que déjà il avait disparu. Il avait rendez-vous avec le premier assistant du bureau, lequel était manifestement de mauvaise humeur quand Ralph Johnson entra.

— Qu'est-ce qui t'arrive ? Tu as l'air radieux, plaisanta Ralph.

— Mets-toi à ma place. J'ai reçu dix télex de San Francisco cette semaine pour un blanc-bec qui doit être le neveu d'une grosse légume quelconque. Il ne faut pas l'envoyer au Nord, il ne faut pas qu'il sorte de Saigon, il ne faut surtout pas qu'il soit blessé. A part prendre le thé dans ce fichu palace, il n'aura le droit de rien faire. Comme si je n'avais pas d'autres chats à fouetter que de faire la nounou pour les petits neveux d'Untel, ou de m'occuper des stars de cinéma en déprime. Pourquoi pas rendre des visites de courtoisie aux pompiers tant qu'on y est !

— T'en fais pas. Si ça se trouve, on ne le verra pas. La plupart de ces mômes n'ont pas le cran de venir. Tiens, à propos, on a une nouvelle venue, une belle poulette.

— Formidable. Il ne nous manquait plus que ça ! Tâche de résister à la tentation, Ralph. J'ai encore besoin de toi un bon mois, si possible.

Les deux hommes échangèrent un sourire complice.

Ils se connaissaient depuis des années et se portaient une grande estime réciproque.

— Qui est cette fille ?

— J'ai oublié. Elle est de la côte Ouest. Elle sort de la même université que moi. Elle a l'air intelligente, mais inexpérimentée, et elle a la trouille. Je lui ai proposé de l'emmener à Nha Trang demain.

— Elle travaille pour qui ?

— Je ne sais plus. Elle a l'air d'en vouloir. Et si elle ne tient pas le coup, elle reprendra son billet de retour illico.

— Fais gaffe. C'est plutôt risqué là-haut. Tiens, jette un coup d'œil là-dessus.

Il lui tendit un document « emprunté », qui faisait état d'une demande de troupes fraîches en nombre incroyable.

— Bon sang, ils sont tombés sur la tête ! Quand est-ce qu'ils vont commencer à comprendre et les renvoyer chez eux ?

Ralph Johnson avait l'air atterré.

— Ça te surprend, hein ?

— Ça me rend malade, oui.

Ils parcoururent divers volets de l'actualité, notamment l'intensification des combats dans la vallée d'A Shau, évoquèrent l'expédition à Nha Trang pour le lendemain, et eurent tôt fait d'oublier la nouvelle venue.

Ralph Johnson s'arrêta prendre le thé dans la banlieue à Gia Dinh : quelque affaire privée, sans doute… Il était de retour à cinq heures et, après avoir pris connaissance des messages à son bureau, arriva avec dix petites minutes de retard au show de cinq heures. Rien que de la routine, ce jour-là : les morts, un nombre invraisemblable de tués côté vietcong – des chiffres dont personne n'était dupe – et un document pris à l'ennemi qui passa entre toutes les mains.

Paxton aperçut Tom Hardgood et Jean-Pierre, mais ne vit pas Nigel. Jean-Pierre lui fit un signe de la main. A la fin de la réunion, il vint vers elle et lui expliqua que Nigel était allé à Xuan Loc et que lui-même avait décidé de rester à Saigon.

— Alors, mademoiselle, quelles sont vos premières impressions ?

Elle lui adressa un sourire las. Elle venait de passer deux heures à explorer la ville. Il avait fait une chaleur atroce cet après-midi-là, et elle s'était plongée jusqu'à satiété dans ce monde d'odeurs et de couleurs, de bruits et de fumées. Elle s'était perdue dans le quartier chinois, avait pris des cyclo-pousse à deux reprises, et finalement s'était fait véhiculer par une demi-douzaine de soldats, car elle n'arrivait pas à se débrouiller avec son manuel de vietnamien.

— Plutôt confuses pour l'instant, répondit-elle en toute franchise.

Elle se sentait fatiguée et se demandait quel était l'intérêt de ces sessions d'information. Tout y était parfaitement faux et orchestré à l'avance. Il eût été facile de se contenter de retransmettre au journal toutes ces informations mensongères. Mais là n'était pas son propos.

— Tout ça ne rime à rien, je vous assure.

Il était encore en treillis, et avait l'air épuisé. Jean-Pierre, en tant que photographe, était sur la brèche depuis quatre heures du matin ; il avait dû couvrir un événement terrible après le déjeuner. Une bombe terroriste avait tué un groupe d'enfants, c'était un spectacle insoutenable. Il parlait d'une voix atone, sans émotion apparente. Il ne pouvait plus se permettre le moindre sentiment, c'eût été trop douloureux.

— J'ai réussi une photo sublime. Deux gamines mortes se tenant par la main. Ils vont être contents, au journal, dit-il d'un ton parfaitement détaché.

C'était abominable d'être là en voyeurs, et ils en étaient tous conscients. C'était quelque chose qui vous entamait profondément et personne n'en sortait intact, pourtant chacun d'entre eux estimait que sa place était ici.

— Pourquoi êtes-vous venu ? demanda-t-elle calmement, comme dégrisée par ce qu'elle venait d'entendre, mais tout de même intriguée par les autres.

— Parce que j'avais envie de comprendre pourquoi les Américains se figuraient qu'ils allaient gagner, et si oui, en étaient-ils capables ? En réalité, ils ont déclaré forfait.

— D'après vous, ont-ils une chance ?

— Non. Aucune. – Il faisait très français en disant cela. – Je crois qu'ils ne se font plus d'illusions mais ils ne savent pas quoi dire au pays. Ils ont peur de perdre la face en se retirant : ce n'est pas dans l'esprit américain, n'est-ce pas ? Ce n'est pas courageux… Ça nous a pris beaucoup de temps à nous aussi, conclut-il en guise d'explication.

Elle était de son avis. Les Américains restaient au Viêtnam pour ne pas reconnaître leur échec, mais il était déjà trop tard. Et pendant ce temps, ils faisaient massacrer leurs fils, par milliers. Des jeunes gens sautaient sur des mines, ou se faisaient descendre par des tireurs isolés, ou par des copains, comme Peter. Chose étrange, depuis qu'elle était ici, elle était un peu moins obsédée par l'image de Peter. Aujourd'hui elle avait à peine pensé à lui tant elle avait été occupée. Son chagrin allait peut-être s'atténuer un peu, et sans doute trouverait-elle un semblant de paix avec elle-même. Peut-être avait-elle eu raison de faire ce voyage.

Perdue dans ses pensées, elle avait oublié Jean-Pierre, qui l'observait avec curiosité.

— C'est un endroit sensible, ici. Vous avez eu du courage. Pourquoi avoir choisi Saigon ?

— C'est une longue histoire, répondit-elle évasivement, en regardant autour d'elle.

Ralph était parti, ainsi que Tom Hardgood, et Jean-Pierre lui proposa de prendre un verre à la *Terrasse*, le fameux bar du *Continental Palace*.

— C'est un endroit surprenant. Authentique. Il ne faut pas rater ça.

— Merci, dit-elle timidement.

Elle se sentit touchée de l'attention qu'ils lui portaient tous. Si Nigel était un peu condescendant à son égard, Ralph semblait disposé à lui mettre le pied à l'étrier, et Jean-Pierre était très chaleureux. Elle avait remarqué qu'il portait une alliance, et son invitation paraissait tout à fait platonique. Ils poursuivirent donc leur conversation à la *Terrasse* et il lui confia qu'il était marié à un mannequin très en vogue à Paris.

— J'ai fait sa connaissance lorsque je faisais de la photo de mode, et puis j'ai eu le coup de foudre pour le reportage. Elle pense que j'ai perdu l'esprit. Elle vient me voir une fois par mois à Hong Kong et ça m'aide à tenir le coup. Sinon je crois que je serais devenu cinglé. Vous comptez rester combien de temps ici ? demanda-t-il négligemment.

— Six mois, dit-elle bravement, avec un air enfantin qui le fit sourire.

— Vous avez un fiancé ici ! Dans l'armée ?

Elle fit signe que non. De nombreuses femmes, en majorité des infirmières, avaient suivi leur petit ami, mais tôt ou tard elles le regrettaient. Soit les jeunes gens étaient blessés – ou tués –, soit ils étaient rapatriés et c'était un crève-cœur pour ces filles. Elles restaient parfois pour soigner les enfants estropiés, ou rentraient au pays par leurs propres moyens. De toute façon, elles étaient marquées à vie.

— Quand on a mis les pieds ici, on ne peut pas oublier, dit-il en connaissance de cause.

Elle acquiesça, regardant autour d'elle avec stupéfaction. Des mendiants estropiés naviguaient entre les tables, grouillant comme des insectes surgis de nulle part. Elle ne comprit pas tout de suite ce qui se passait, lorsque l'un d'eux, un manchot, leva vers elle une face borgne et tordue en gémissant. Elle crut qu'elle allait se trouver mal et Jean-Pierre le chassa. Paxton contemplait d'un air affligé les cireurs de chaussures, les prostituées et les vendeurs de drogue qui crapahutaient autour d'eux, les harcelant sans relâche, tout ça dans l'entêtante odeur, mélange de fleurs et d'essence, et le vacarme des klaxons, des voix, des voitures et des bicyclettes. On aurait dit un gigantesque cirque.

— Je suis désolée, dit-elle en s'excusant de sa faiblesse passagère.

— Il va falloir vous habituer à ça. Il y en a énormément ici. A Saigon, on a l'impression qu'il ne se passe rien, et un jour, une bombe explose, une voiture saute, un de vos amis est blessé, ou vous voyez des enfants en sang, pleurant après leur mère morte à nos pieds, victime d'une bombe vietcong. Impossible de se voiler la face. Au Nord, c'est bien pire. Là-bas, on voit le vrai visage de la guerre. – Il l'observait discrètement derrière son verre. Elle aurait pu être sa fille. – Vous êtes sûre de ne pas vous être trompée de destination ?

— Oui, répondit-elle.

Elle reprenait confiance en elle, même si la vue des mendiants et des enfants estropiés lui donnait envie de pleurer. Mais elle n'était pas là depuis bien longtemps. Quatorze heures exactement.

— Pourquoi ? insista-t-il.

Elle décida d'être franche avec lui, comme elle avait essayé de l'être avec les deux soldats dans l'avion.

— J'ai aimé quelqu'un qui a été tué ici. Je veux comprendre pourquoi. Je veux que l'on sache la vérité sur cette guerre et je l'écrirai dans mes articles.

Il lui sourit tristement.

— Vous m'avez l'air bien jeune et bien idéaliste. Personne ne s'en soucie, et vous crierez dans le désert. Vous voulez délivrer un message… mais à qui ? Pour votre ami, il est trop tard. Quant aux autres, vous n'y changerez rien. On continuera à les envoyer ici, certains s'en sortiront, d'autres mourront. Il n'y a rien à faire.

Pour lui, la situation était désespérée mais elle se refusait à le croire.

— Alors pourquoi restez-vous, Jean-Pierre ?

Elle le regarda droit dans les yeux, et il se demanda si elle voudrait coucher avec lui. Nigel avait déjà jeté son dévolu sur elle, Ralph avait France et son petit garçon… et lui avait sa femme, à Paris. Mais Paris était bien loin, et cette fille était si fraîche, si pure, et en même temps forte et sûre d'elle… Il se sourit à lui-même, et lorsque Paxton lui demanda pourquoi, il se mit à rire franchement.

— Vous me faites penser à… Jeanne d'Arc. Elle avait le même idéal que vous : la vérité, l'allégeance à Dieu, et la liberté.

— Ça ne me paraît pas si mal. Mais vous n'avez pas répondu à ma question.

Après tout, elle était journaliste et elle était là pour prendre la température de l'endroit et interroger les gens.

— Ce que je fais ici ? Je n'en sais rien, fit-il en haussant les épaules. Je voulais voir à quoi le Viêt-nam ressemblait, alors je suis venu pour *le Figaro*, et je reste, par curiosité. Je voulais tout voir… de fond en comble et puis, ça me plaît. C'est un lieu de perdition… si l'on a envie de se perdre, ajouta-t-il en lui souriant. J'ai des amis ici maintenant et, peut-être comme tous les hommes, j'aime flirter avec le danger. Les hommes l'avouent rarement, mais ne soyez pas dupe, Paxton. Nous aimons jouer avec des fusils, nous aimons nous battre, nous aimons la conquête. C'est ce qui nous fait tenir debout… quand ça ne nous tue pas.

Il y avait du vrai là-dedans, elle le savait d'instinct.

— Est-ce que ça vaut la peine de se faire tuer ?

— Je n'en sais rien. Demandez donc à ceux qui sont morts, fit-il avec un sourire désabusé.

— Je crois qu'ils diraient que ça ne valait pas la peine, dit-elle avec philosophie, mais Jean-Pierre n'était pas de cet avis.

— Vous dites ça parce que vous êtes une femme. Pour eux, cela valait peut-être la peine.

Il aimait la polémique, les échanges d'idées, la philosophie. Et elle l'aimait bien.

— Pour les femmes ce n'est pas pareil, continua-t-il. Ce sont leurs fils, leur fiancé, leur mari qui meurent.

Une femme perd toujours la guerre. Les femmes que je photographie, leur enfant ou leur mari mort dans les bras, portent des masques de douleur. Elles n'ont pas peur de mourir elles-mêmes. Les femmes sont beaucoup plus courageuses que les hommes, mais elles ne supportent pas de perdre ceux qui leur sont chers. – La voix de Jean-Pierre se fit plus tendre. – Et vous, qui avez-vous perdu ? Un ami ou un amant ?

— Les deux, répondit-elle avec une sérénité qu'elle n'avait pas connue depuis longtemps. Nous étions ensemble depuis quatre ans. J'aurais dû l'épouser, dit-elle en détournant son regard, mais je ne l'ai pas fait.

Sa voix n'était plus qu'un souffle, et il lui effleura la main.

— Si vous ne l'avez pas fait, c'est que cela ne devait pas se faire. Ma première femme est morte dans un accident d'avion. Nous étions censés voyager ensemble, mais j'ai raté l'avion et elle est partie quand même. L'avion s'est écrasé en Espagne. Je me suis senti coupable à jamais. Elle voulait des enfants, je n'en voulais pas. Par la suite je me suis dit que si nous avions eu un bébé, j'aurais encore une part d'elle-même avec moi. Mais il ne devait pas en être ainsi, c'est tout.

— Vous avez des enfants maintenant ?

— Nous ne sommes mariés que depuis deux ans, et ma femme n'a que vingt-huit ans. Elle veut mener à bien sa carrière de mannequin avant de faire des bébés.

« C'est peut-être Gabby qui a raison, se dit Paxton. Elle a choisi une vie tranquille et heureuse avec son mari et ses enfants. C'est peut-être moi qui me suis fourvoyée… Jean-Pierre est-il dans le vrai ? Peut-être n'était-ce pas mon destin d'épouser Peter ? Faut-il que je me sente coupable toute ma vie ? »

— Quel âge avez-vous, Paxton ? demanda-t-il, de plus en plus séduit à chaque gorgée de Pernod.

Il finit par se mettre au scotch, et Paxton, à l'eau.

— Vingt-deux ans.

— J'ai exactement le double de votre âge. – Ce qui, entre parenthèses, ne semblait pas le gêner. – Vous êtes sans aucun doute la plus jeune journaliste de Saigon… et la plus jolie, ajouta-t-il en levant son verre.

— Vous ne m'avez pas vue le matin au réveil ! rétorqua-t-elle, histoire de dire quelque chose, lorsqu'une voix s'éleva dans son dos :

— Moi si, par contre. Vous êtes parfaite.

Elle se retourna : c'était Nigel ; elle fut en un certain sens soulagée par son irruption. Jean-Pierre avait un peu trop bu, et il risquait de tomber amoureux au prochain scotch. Elle sourit à Nigel.

— Je vous croyais à Xuan Loc.

— J'ai décidé de ne partir que demain.

En réalité, une prostituée lui avait tapé dans l'œil et il avait jugé que sa mission pouvait attendre jusqu'au lendemain.

— Vous avez mangé ? J'espère que non. Je meurs de faim et j'ai horreur de dîner tout seul.

— Non, nous n'avons pas mangé, dit spontanément Jean-Pierre, mais il était déjà neuf heures et Paxton était encore fatiguée par le décalage horaire. Où veux-tu aller ?

— Peu importe. Si on mangeait un bout vite fait, ensuite on pourrait aller danser au *Pink Nightclub* ?

Nigel avait des vues sur Paxton, malgré l'intermède de cet après-midi. Mais Paxton, elle, gardait l'œil sur sa montre : elle devait se lever à quatre heures le lendemain.

— Ce n'est pas raisonnable. Ce sera pour une autre fois. Ralph Johnson vient me chercher à cinq heures, demain matin.

— Qu'est-ce qu'il mijote ? fit-il d'un air contrarié.

Jean-Pierre, déjà ivre, ne se rendait compte de rien. D'ici à une semaine, il verrait sa femme à Hong Kong.

— Nous allons à Nha Trang avec une équipe de film.

— C'est un point chaud, fit Nigel en fronçant les sourcils – elle était tellement néophyte ! – et je ne parle pas seulement du climat ! C'est un nid de Vietcongs. Fais gaffe à toi, je connais Johnson, il ne s'occupera pas de toi. Il est capable de se faire tuer pour avoir son papier. Il a été blessé à deux reprises, et il vise le prix Pulitzer, bien qu'il s'en défende.

Paxton sourit de la rivalité évidente entre les deux hommes.

— Je serai prudente.

— Tu reviens demain soir ?

Nigel trouvait manifestement Paxton fort à son goût. Elle était trop jolie pour un endroit pareil… Mais Paxton ne lui prêtait guère d'attention, ni à lui ni aux autres, elle avait bien autre chose en tête en venant à Saigon. Elle voulait apprendre son métier et écrire des articles intéressants pour son journal. Si elle voulait un homme, ce n'était pas ce qui manquait ici.

— Je ne sais pas quand nous rentrerons. Ralph n'a rien précisé à ce sujet : si on était censés ne pas revenir, je suppose qu'il l'aurait dit.

— Pas forcément, fit Nigel en riant.

Ils se levèrent, et leur mouvement attira les mendiants. Jean-Pierre et Nigel les chassèrent, mais Paxton fut émue aux larmes par une petite fille qui n'avait plus de jambes, et que son frère, à peine plus âgé, poussait dans une petite charrette. Elle détourna son regard. On ne pouvait plus rien pour eux, on ne pouvait pas leur rendre leurs membres.

— Tu devrais faire un papier sur les Quakers, suggéra Jean-Pierre. Ils ont un centre extraordinaire où ils fabriquent des prothèses pour tous ces gamins estropiés. J'ai fait quelques photos fabuleuses là-bas. C'est formidable ce qu'ils arrivent à faire.

— J'y penserai, merci.

Elle leur sourit, remercia Jean-Pierre pour le pot, et se fit déposer à son hôtel. Les deux hommes avaient décidé de remettre le dîner à plus tard et de continuer à boire jusqu'au bout de la nuit. En arrivant à l'hôtel, elle aperçut des couples élégants qui montaient dîner au *Penthouse*. Elle n'avait même pas faim tellement elle était épuisée et elle alla directement s'affaler sur son lit sans même ôter ses vêtements. Elle régla son réveil et sombra immédiatement dans un profond sommeil.

Lorsque le bourdonnement du réveil se fit entendre, elle eut l'impression de n'avoir dormi qu'un court instant : elle rêvait qu'elle était poursuivie par un essaim d'abeilles et qu'elle essayait de s'échapper en cyclo-pousse, mais le conducteur ne comprenait rien de ce qu'elle lui disait… Elle finit par ouvrir un œil : il faisait encore sombre ; elle se leva, prit une douche et enfila la combinaison d'aviateur kaki sombre emportée pour de telles occasions ainsi que ses bottes, au cas où Ralph n'aurait pas eu le temps de s'en procurer.

A cinq heures précises, elle était en bas. Le hall était encore désert mais les rues commençaient à bruisser de vie : des gens affairés, des camelots, des bicyclettes, des voitures circulaient en tous sens et, dans cette foule bigarrée, se détachaient les chapeaux pointus des femmes, les *non la*, et les gracieux *ao dai*. Elle sortit pour respirer un peu. L'air était chargé d'âcres parfums de fleurs et de fruits, mêlés aux odeurs d'essence qui semblaient planer en permanence sur la ville. Elle entendit des pas dans son dos : c'était Ralph qui gravissait les marches de l'entrée, vêtu d'un treillis, d'un chapeau de brousse, d'un épais gilet et de lourdes bottes de combat. Il lui tendit un gilet semblable au sien et la paire de bottes qu'il lui avait promis.

— Merci pour les bottes, fit-elle, étonnée.

— De rien.

Effectivement, ici on pouvait se procurer au marché noir toutes sortes de marchandises volées à la coopérative de l'armée.

— Je vous ai aussi apporté un gilet pare-balles, ça peut servir.

Il lui donna également un casque, et l'aida à se hisser dans le camion qui devait les emmener à destination, via la nationale 1. Le chauffeur était un militaire, et Ralph la présenta à toute l'équipe, qui se composait de deux opérateurs, d'un preneur de son et d'un assistant. Tous portaient la tenue militaire : treillis, bottes et casque. Le preneur de son riait nerveusement en regardant autour de lui, et l'assistant dévissa une énorme Thermos de café fumant.

— Si les Vietcongs nous tombent dessus, ils vont nous prendre pour un camion de l'armée régulière.

Il promena un regard amusé sur la mise de Paxton.

— Vous avez des chaussures à talons hauts dans votre sac ?

— Je n'en mets jamais. Je suis trop grande.

— Pour moi, je voulais dire.

Tous s'esclaffèrent. Le soleil se levait juste comme ils sortaient de Saigon. C'était un beau matin ensoleillé de fin juin. La luxuriance de la végétation évoquait par sa délicatesse la trame de la soie ancienne. Des cratères de bombes jalonnaient la route, et on voyait des enfants arc-boutés sur des béquilles.

Le petit groupe était silencieux. Paxton, frappée par l'imposante beauté des contrastes violents entre le rouge éclatant de la terre et le vert intense de la forêt, n'arrivait pas à détacher son regard du paysage. Ralph se retourna pour lui proposer un beignet.

— C'est beau, n'est-ce pas ?

— Ça correspond tout à fait à ce que j'avais entendu dire. Rien à voir avec Saigon.

Saigon avait eu sa splendeur autrefois, du temps de la présence française, mais maintenant la ville était sale, bruyante, en proie à la corruption, grouillante de prostituées et de gosses mal nourris. La beauté naturelle du paysage émut profondément Paxton, et pourtant, même loin dans la campagne, la nature portait les stigmates des combats.

— J'étais dans la région lorsque Ben Suc a été détruit il y a un an et demi. C'était un endroit magnifique. Quel crime de l'avoir anéanti !

— Pourquoi a-t-on fait ça ?

— Pour couper l'armée vietcong de son ravitaillement et de ses planques. Comme il était impossible de distinguer le bon grain de l'ivraie, on a tout rasé et on en a fait un parking. Il paraît qu'on a relogé la population, mais on a commis des dégâts irréparables. C'était une splendide ville ancienne, et on a mis les gens dans des baraquements.

C'était à cette époque qu'il avait rencontré France,

mais il ne connaissait pas suffisament Paxton pour lui faire ses confidences.

— Comment ça s'est passé hier ?

— Pas mal. J'ai flâné dans Saigon, et je n'ai pas arrêté de me perdre. Ces conférences de presse quotidiennes ne riment à rien, pourquoi continuent-ils à en donner ? demanda-t-elle en libérant ses cheveux de son casque.

— C'est de la pure propagande.

— Mais enfin, ça ne trompe personne ! dit-elle avec un mouvement d'humeur.

Elle qui voulait tellement savoir la vérité !

Ses cheveux lui tenaient si chaud qu'elle les roula en chignon sur le sommet de son crâne.

— Ça nous fait toujours un sujet d'article quand on est à sec, ce qui n'arrive pas très souvent, reprit Ralph en souriant… Les copains de l'Associated Press étaient furieux hier, car on devait leur envoyer le neveu d'un gros bonnet, avec ordre de lui éviter le moindre désagrément.

— Qu'est-ce qu'il vient faire ici ?

— Je n'en sais rien. Du tourisme, je suppose. Il ne faut pas être tellement futé pour venir se balader au Viêtnam en ce moment.

— Vous ne me croyez pas très futée non plus ? dit-elle en le regardant calmement.

— Pas très, répondit-il avec une honnêteté qu'il conserverait toujours vis-à-vis d'elle par la suite. Mais sans doute êtes-vous différente. Je vous dirai ça ce soir. J'ai bien l'impression que vous faites partie de cette race de cinglés qui sont prêts à faire du journalisme au péril de leur vie.

— Merci, dit-elle simplement, en remettant son casque.

Ils firent une courte halte à Ham Tan et se dirigèrent à vive allure vers Phan Rang et Cam Ranh. On entendait des tirs dans le lointain, comme un roulement de tonnerre dévalant la montagne. Le chauffeur, en contact radio permanent avec la base de Nha Trang, les avertit qu'ils devraient faire un crochet par l'intérieur du pays, la base où ils allaient étant sous le feu de l'ennemi. En arrivant par l'arrière, ils seraient plus en sécurité ; le poste de tir était très protégé, mais il avait été l'objet d'attaques incessantes toute la semaine, or c'était exactement là que Ralph voulait faire son reportage. Il avait attendu huit jours l'autorisation de s'y rendre.

— L'opérateur radio vient de me dire que c'est plutôt chaud là-bas, expliqua le conducteur.

Maintenant, Paxton savait ce que « chaud » signifiait ; il ne s'agissait pas du climat, bien que l'atmosphère devînt étouffante, et qu'elle eût déjà du mal à respirer. Le chauffeur leur recommanda de se tasser dans leur siège, de garder leur casque et d'enfiler leur gilet pare-balles.

Il était sept heures du matin lorsqu'ils furent arrêtés par des sentinelles fortement armées de M-16 que Ralph lui avait dit être moins efficaces que les AK-47 soviétiques des Vietcongs. Les soldats examinèrent l'intérieur du véhicule. Paxton entendit dans le lointain un grondement qu'elle identifia comme celui d'un canon court de cent cinquante millimètres ; elle s'était beaucoup documentée sur les armes utilisées, mais maintenant qu'elle était au cœur de l'action, elle n'en menait pas large.

— Ce sont des journalistes, expliqua le chauffeur.

— Et Delta Delta ?

— Elle est journaliste aussi, fit-il avec un large sourire à l'adresse de Paxton.

— Je travaille pour le *Morning Sun* de San Francisco, répondit-elle fièrement en exhibant ses papiers.

Elle surprit un sourire de complicité entre Ralph et le conducteur.

— Qu'est-ce que ça veut dire, Delta Delta ?

— Attendez-vous à entendre ça souvent, fit Ralph avec un large sourire.

— On vous a appelé comme ça aussi au début ? demanda-t-elle innocemment, déclenchant l'hilarité générale.

— Pas vraiment, mon chou. Je ferais mieux de vous affranchir tout de suite : Delta Delta, c'est le code radio pour les *Doughnut Dollies*, les petites fiancées de l'armée.

Paxton ne savait plus où se mettre.

— Et merde ! Je n'ai pas fait tout ce chemin pour me faire traiter de *Doughnut Dollie !*

— Vous irez leur expliquer ça, ma petite dame ! plaisanta le conducteur.

Paxton se dérida, mais c'était vraiment rageur de se faire traiter comme une quelconque reine de beauté venue balader ses charmes dans la région. Même si les *Doughnut Dollies* faisaient beaucoup pour le moral des troupes, elle ne prenait pas ça pour un compliment.

— Faudra vous y faire, railla Ralph, et elle eut envie de le frapper.

Quelques minutes plus tard, on leur enjoignit de descendre car des tirs d'artillerie commençaient à siffler au-dessus de leurs têtes. Ils s'exécutèrent avec précaution ; le cameraman et le preneur de son commencèrent à rassembler leur matériel, et Ralph leur expliqua ce qu'il attendait d'eux, pendant que le conducteur s'enquérait auprès des soldats de la voie d'accès la plus sûre.

Mais, à en juger par les bruits d'artillerie, aucune n'était vraiment dégagée et un jeune soldat noir courut à leur rencontre pour leur confirmer que ça « bardait » vraiment. Il dévisagea Paxton avec convoitise.

— Hé, d'où êtes-vous ? lui chuchota-t-il en les rejoignant à l'abri derrière le camion.

Ralph venait de lui confirmer que c'étaient bien des canons à courte portée qu'ils entendaient dans le lointain. L'armée sud-vietnamienne soutenait les Américains, mais ces derniers préféraient ne compter que sur eux-mêmes.

— De Savannah, répondit-elle au jeune Noir en s'efforçant de rester calme.

— Sans blague ? Moi aussi.

Il lui griffonna son adresse, et elle se surprit à penser à Queenie.

— Depuis combien de temps êtes-vous ici ?

— Hé, je n'ai plus que deux semaines à tirer, nom d'un chien ! Si je n'ai pas d'ennuis d'ici là, je suis démobilisé, et je rentre en Géorgie !

Ça signifiait qu'il était là depuis trois cent quatre-vingts jours.

— Vous vous appelez comment ?

— Paxton.

Il eut l'air amusé, il la trouvait belle et avait envie de la toucher, de lui parler ; le fait d'avoir une petite amie chez lui ne refroidissait pas son enthousiasme.

Peu après, ils reprirent leur route et arrivèrent enfin à la base, qui se trouvait dans une pittoresque petite vallée très verte. Les échanges de tir constants embrumaient l'atmosphère d'une légère fumée, des avions volaient à basse altitude et l'on percevait des bombardements dans le lointain. Les soldats disaient : « Ce sont les gros oiseaux qui lâchent leurs œufs. » Le commandant vint à la rencontre de Ralph et de son équipe, et Ralph eut soin de lui présenter Paxton.

— San Francisco, hein ? fit-il en mâchonnant un cigare. Ma femme et moi adorons cette ville.

Peu leur importait d'où on venait, en fait. Ils voyaient des têtes nouvelles, et ils se languissaient tellement de chez eux qu'ils étaient heureux de voir des gens en vie, tout simplement.

— Ça barde par ici. Les Nord-Vietnamiens veulent reprendre cette base et nous sommes bien décidés à ne pas les laisser faire. Nous tenions solidement la place. Ils nous l'avaient reprise l'an dernier. Pas question de nous déloger de là à nouveau.

Paxton n'osait pas imaginer ce que cette victoire avait coûté en vies humaines. Reprendre une colline, une vallée ou un village représentait combien de morts, de blessés ?

Le commandant leur expliqua qu'ils s'en tiraient bien. Jusqu'à présent il n'y avait que cinq tués et quelques dizaines de blessés. « Pouvait-on appeler ça s'en tirer bien ? se demanda Paxton. Seulement cinq tués ! Mais lesquels ? Pourquoi ceux-là ? Le choix était-il entre les mains de Dieu ? Pourquoi Peter ?… »

— Si vous voulez voir d'un peu plus près… Nous recevons pas mal d'obus. Restez là où les soldats vous le diront…

Ralph était satisfait : il aurait un meilleur emplacement pour filmer la progression des mouvements. Ils passèrent tout l'après-midi ainsi, se rabattant seulement vers trois heures pour ingurgiter une ration avant de replonger au cœur de l'action. Personne n'avait été blessé. Rien que de la routine, finalement. Chacun tenait sa position sans relâche, et maintenant les soldats prétendaient apercevoir des Vietcongs. En réalité, c'était impossible : on ne pouvait rien discerner dans la végétation touffue, si ce n'est la fumée des coups de feu.

— Comment ça va, jeune fille, maintenant que vous êtes dans le vif du sujet ? demanda Ralph en s'asseyant à côté d'elle, le temps d'une cigarette et d'une tasse de café.

— Et vous, comment vous sentiez-vous la première fois que vous êtes allé en Corée pour le *Times* ?

— J'étais mort de trouille.

— C'est à peu près ce que j'éprouve aussi, fit-elle avec un petit rire nerveux.

Depuis le matin, elle avait l'estomac noué.

— Vous avez mangé quelque chose ? – Elle fit signe que non. – Vous devriez, ça aide. Il faut toujours manger et dormir, quoi qu'il arrive, sinon vous risquez de commettre une imprudence. A la guerre, on doit toujours garder l'esprit en éveil. C'est le meilleur conseil que j'aie à vous donner.

Elle lui en fut reconnaissante. C'était un chic type, et un sacré reporter. Elle comprit pourquoi il suscitait la jalousie de ses confrères. C'était un vrai professionnel, constamment à l'affût du moindre événement.

Elle le remercia pour les bottes, et il lui tapota l'épaule.

— Gardez votre casque, ne levez jamais la tête, et tout se passera bien.

Il était déjà en train d'escalader la colline parmi

les arbres ; elle se demanda si elle devait l'admirer ou le prendre pour un fou, mais avant d'avoir résolu la question, elle entendit une énorme explosion. Le cameraman, suivi du preneur de son, se précipita vers l'endroit où se trouvait Ralph ; Paxton se mit à courir aussi : plusieurs hommes gisaient à terre, Ralph soutenait l'un d'eux, qui souffrait d'une blessure béante à la poitrine.

— Il nous faut des médecins, dit-il calmement mais fermement, et quelqu'un accourut en chercher un.

Le radio appela un hélicoptère :

— Nous avons six blessés.

Paxton sentit une présence derrière elle.

— J'ai soif…

C'était un soldat au bras arraché, tout couvert de sang, qui la contemplait avec un visage enfantin.

Elle avait bien une gourde, mais elle ne savait pas si elle pouvait lui donner à boire. Et si c'était dangereux ?…

Deux médecins, accompagnés du prêtre de la base, s'affairaient déjà autour des blessés. Il n'y avait hélas plus rien à faire pour celui qui venait de mourir dans les bras de Ralph, et ce dernier aidait les médecins à secourir les autres.

— J'ai soif, répétait le jeune blessé, lançant des regards de détresse à Paxton. Comment t'appelles-tu ?

— Paxxie.

Elle essuya doucement son visage et reposa sa tête sur ses genoux, feignant de ne pas sentir le sang qui inondait ses cuisses. Elle se mit à pleurer doucement et résista à l'envie de l'embrasser sur la joue, comme on le fait à un enfant. Elle lui adressa un pauvre sourire à travers ses larmes, l'obligeant à parler :

— Et toi, quel est ton prénom ?

— Joe…

Sa voix, affaiblie par le choc et la perte de sang, n'était plus qu'un mince filet, et ses paupières se fermaient.

— Allons, Joe, ne t'endors pas maintenant. Il faut rester éveillé. C'est bien, ouvre les yeux.

Autour d'eux régnait la confusion la plus totale. Les médecins, aidés du prêtre et des journalistes, transportaient les blessés dans une clairière et bientôt elle entendit l'hélicoptère bourdonner au-dessus de sa tête, mais il fut pris sous le feu ennemi et dut battre en retraite.

— Merde ! hurla l'un des médecins qui faisait un massage cardiaque à un blessé.

Il venait d'échouer.

— D'où es-tu, Joe ?

— De Miami, dit-il dans un souffle.

— Epatant.

Paxton était en larmes, elle avait la gorge nouée et le sang du blessé inondait ses jambes. Le radio, juste côté d'elle, exhortait l'hélicoptère à s'en aller.

— Pas question ! – La voix était ferme. – Vous avez combien d'hommes à terre ?

Le pilote ne repartirait pas sans ses blessés.

— Il y en a quatre qui sont mal en point.

A ces mots, une autre formidable explosion retentit.

— Merde ! hurla encore quelqu'un.

Les médecins se précipitèrent et un soldat courut informer le radio du nombre de blessés.

— Neuf. Ça fait cinq de plus pour toi, Niner Zulu. Envoie vite un autre hélico. Il y en a qui ne pourront pas attendre longtemps.

Paxton ferma les yeux, sachant que Joe était au nombre de ceux-là. Elle tenta en vain d'attirer l'attention du radio, mais il était trop occupé, et Ralph avait disparu, ainsi que le cameraman.

— Ça va ? lança une voix au passage.

— Ça va, s'entendit-elle répondre à sa grande surprise. Joe ?

Il sombrait dans le sommeil et elle lui toucha la joue pour le réveiller, essayant de détourner son regard du bras absent et de la mare de sang qui se répandait sur le sol. Elle se dit qu'elle pourrait confectionner un garrot, mais elle eut peur d'aggraver les choses. D'ailleurs, un médecin arriva presque aussitôt.

— Ça va aller, fiston… – Puis il la rassura d'un sourire : – Vous vous en tirez bien aussi.

Elle eut l'impression de reconnaître un vieil ami : c'était le garçon de Savannah.

— C'est Joe…

L'hélicoptère vrombit au-dessus de sa tête, et elle entendit la voix du pilote toute proche.

— Ici, Niner Zulu. Il faut faire fissa. Je ne me pose pas. Balance les blessés le plus vite possible, et je me tire.

— Bon sang ! Il en a de bonnes ! « Balancer » les blessés ! hurla le radio à la cantonade.

— Ne t'en fais pas, fit tristement un des soldats, si ça continue, ça ne sera même pas la peine.

Deux des blessés venaient de mourir, ce qui portait le nombre de tués à quatre. Il restait sept blessés. La journée s'achevait en catastrophe.

L'hélicoptère s'approcha du sol et se maintint sur place, le temps d'embarquer quatre blessés, et un deuxième appareil vint prendre les autres. Lorsqu'ils chargèrent Joe, elle se surprit à prier à haute voix pour qu'il s'en sorte. En se retournant, elle vit les yeux des deux blessés qui venaient de mourir fixer l'éternité. Elle chancela et alla vomir dans les buissons. C'est là que Ralph la trouva quelques instants plus tard, pâle et les traits décomposés, son treillis maculé et les cheveux poisseux de sang.

— N'aie pas honte. J'ai été malade tous les jours pendant six mois en Corée, dit-il en venant s'asseoir une minute à côté d'elle.

C'était un peu plus calme à présent, mais la mort avait laissé son empreinte tout autour d'eux. Les bombardements semblaient décroître. Ralph songeait sérieusement à rentrer à Saigon dès ce soir.

— Nous avons eu un beau spectacle aujourd'hui.

Paxton le dévisagea avec indignation.

— C'est ça que vous osez appeler un « spectacle » !

Elle se rappela soudain Jean-Pierre et le cliché des deux petites filles mortes : c'était un véritable crève-cœur. Ralph répliqua sans dissimuler son agacement :

— Ce n'est pas moi qui ai déclenché cette guerre. Je ne suis qu'un reporter. Si j'arrive à donner la nausée aux gens, peut-être se bougeront-ils pour faire cesser ce carnage. Cette guerre est une sale guerre, et si vous avez envie de voir un autre spectacle, attendez la tournée de Bob Hope à Noël !

— Oh ! allez vous faire voir ! Je suis ici pour les mêmes raisons que vous.

Elle était furieuse, et durement éprouvée par ce qu'elle venait de vivre.

— Tant mieux. Ce sont des gens déterminés à dire la vérité, fût-ce au prix de leur vie, dont nous avons besoin dans cette guerre. C'est ça que vous voulez ?

Il la provoquait, mais il aimait sa façon de répondre ; elle avait du cœur au ventre et des convictions. Elle avait de la classe.

— Parfaitement, monsieur. Je veux qu'on sache toute la vérité sur cette guerre odieuse. Exactement comme vous.

— Est-ce la seule raison ? insista-t-il.

La tension était un peu retombée, et elle décida de lui dire la vérité, tout comme elle l'avait fait avec Jean-Pierre.

— Mon fiancé a été tué ici il y a deux mois.

Un lourd silence s'installa.

— Oubliez-le.

Elle fut vivement choquée de sa réaction, et meurtrie en pensant à Peter.

— Comment pouvez-vous dire une chose pareille ?

— Parce que quels que soient les mobiles qui vous ont poussée à venir ici, il faut les oublier. Votre seule préoccupation doit être votre boulot. Votre fiancé a disparu, vous ne pouvez plus rien pour lui. Mais vous pouvez beaucoup pour les autres en faisant des reportages honnêtes et objectifs. Si votre seule motivation est de le venger, vous ne ferez rien de bon ; son souvenir n'en sera pas grandi et vous n'aurez rendu service à personne, ni au pays ni à vous-même.

Il avait raison, elle le savait bien, mais c'était dur à entendre. Elle devait oublier son premier amour pour devenir adulte du jour au lendemain. C'était beaucoup. Mais il le faudrait. En tant que journaliste, elle se devait de témoigner de choses vues, et non de l'histoire de Peter.

Ils partirent pour Hai Ninh l'après-midi même, traversèrent une zone de combat où Ralph voulut faire quelques prises de vue ; ils étaient sur le point de repartir lorsque le commandant du poste les obligea à passer la nuit là. C'était trop risqué de rentrer à Saigon de nuit. Ils dormirent dans les tranchées avec les soldats.

Paxton était allongée, contemplant le ciel étoilé, et toutes ses pensées allaient vers Peter. A quoi rêvait-il dans une tranchée semblable à celle-ci ? Avait-il peur ? Pensait-il à elle ? Peut-être fallait-il oublier tout ça, Ralph avait raison. Cela n'avait plus d'importance maintenant. Seule la vérité comptait.

Elle refusa la cigarette que Ralph lui tendait. Elle avait été tellement secouée par les événements de cette journée qu'elle n'avait même pas avalé une bouchée de sa ration, guère appétissante au demeurant. La nourriture des Sud-Vietnamiens, du riz accompagné de *pho* (une soupe aux nouilles blanches) était plus alléchante.

— Vous n'avez pas l'air brillant.

— Vous non plus.

Elle lui sourit : il était quand même moins abattu qu'elle.

— Ne m'en veuillez pas si j'ai été un peu dur avec vous. C'est l'endroit qui veut ça. Il ne faut pas compromettre votre idéal. Si vous en faites une affaire personnelle, c'est foutu. Même si, au départ, ça a été le déclic. Les jeunes recrues qui se mettent des idées de vengeance en tête, parce qu'ils ont vu leurs copains mourir, deviennent cinglés, et finissent par sauter sur une mine en pourchassant les Vietcongs. Ici, on ne doit jamais perdre de vue ni son objectif, ni les gens pour qui on écrit. Et quoi qu'on fasse, si on veut survivre, il faut garder la tête froide. A chaque instant.

C'était là le conseil d'un journaliste chevronné, et elle saurait se le rappeler.

— Je pense à ce garçon, Joe, de Miami… Je ne connais même pas son nom de famille. Je me demande s'il est toujours en vie.

— Probablement. Il a eu de la chance. A Nha Trang, nous étions près de la 254e unité médicale. Il a dû être opéré un quart d'heure après. Vous l'avez sûrement sauvé.

Il lui tapota gentiment le bras. Même si ce n'était pas vrai, quelle importance ? Elle avait fait de son mieux. Il en avait tellement vu de ces mômes transformés en chair à canon. A la fin on est écœuré, on s'aigrit… et on se demande ce qu'une fille comme elle vient faire ici. Il faut être fou… et si on ne l'est pas au départ on le devient.

Ralph lui sourit :

— Je n'ai pas réussi à retenir votre prénom. Pattie ou Patton ?

— Paxton. Du moment que vous ne m'appelez pas Delta Delta.

— Il faudra bien pourtant, si je ne me souviens pas de Paxton !

Après un moment de réflexion Ralph éclata de rire.

— C'est mon prénom qui vous fait rire ? fit-elle, vexée.

— Non, votre prénom me plaît, mais je viens de penser à quelque chose de très drôle… Vous êtes envoyée par le *Morning Sun* de San Francisco, c'est bien ça ? Vous avez un oncle au journal ?

Elle rougit dans l'obscurité.

— Pas exactement. Plutôt un mentor, je dirais. C'est l'homme qui a failli être mon beau-père. Il est… assez haut placé.

— Le chef de bureau d'ici s'arrachait les cheveux parce qu'il avait reçu des télex du *Sun* à propos du neveu de quelqu'un… qu'il ne fallait surtout pas envoyer là où il y a du grabuge. Ha ha ! Mademoiselle Paxton ! Personne ne s'est douté qu'il s'agissait d'une fille ! Et moi, là-dedans, je ne trouve rien de mieux à faire que de vous emmener sur le point le plus chaud dès le premier jour !

Son hilarité gagna Paxton.

— Je suis content que personne ne se soit douté de rien.

— Et moi donc !

Ils se turent, seul l'écho d'un tir isolé venait sporadiquement troubler le silence.

— Je ne sais pas si vous avez du style, reprit Ralph au bout d'un moment, en tout cas, vous êtes une chic fille, et vous avez du cran, le reste devrait être à l'avenant.

— Merci.

— Je vous prendrai avec moi en mission quand vous voudrez. A condition de ne rien dire à votre oncle, bien entendu.

Elle sourit et, en sombrant lentement dans le sommeil, elle pensa à Ed Wilson, qu'elle avait l'impression d'avoir quitté depuis des années, comme Gabby, comme San Francisco… comme Peter.

13

Ralph et Paxton rentrèrent à Saigon le lendemain. Tous se taisaient, profondément affectés par ce qu'ils venaient de vivre.

— C'est dur, hein ? fit Ralph calmement, assis à côté d'elle à l'arrière.

— Plutôt, acquiesça-t-elle d'un hochement de tête. Elle pensait encore au gars de Miami. Il serait handicapé à vie, s'il s'en tirait. Plus personne n'était convaincu qu'il fallût poursuivre cette guerre. Ils étaient pris dans un engrenage absurde.

— Vous êtes à rude école ici. La plupart de ceux qui restent un certain temps en sortent marqués à vie.

— Mais pourquoi ? demanda-t-elle, encore avide de réponses.

— Je ne sais pas. Ils en voient de toutes les couleurs, ils s'impliquent à fond, petit à petit ils perdent leurs illusions, ils s'aigrissent et quand ils rentrent aux Etats-Unis, on les traite comme des assassins, l'opinion publique les conspue. Là-bas la vie suit son cours, tout le monde se fiche pas mal du Viêtnam, les gens ne savent même pas où ça se trouve. Pour eux ce n'est qu'une poignée de Viets qui se massacrent entre eux… et tuent nos hommes. Mais ça, ils préfèrent ne pas le savoir. Nos gosses se font descendre pour rien.

— Vous le croyez vraiment ?

Ces propos la choquaient, surtout en pensant à Peter. Elle aurait préféré croire qu'il était mort en héros. Mais elle était bien forcée de reconnaître que c'était faux.

— Oui. Comme tout le monde d'ailleurs, et c'est bien ça le plus triste. Personne ne s'intéresse vraiment à ce qui se passe ici. Personne n'y comprend plus rien, et je ne suis pas sûr d'y voir clair moi-même. Nous défendons le Sud, comme en Corée, mais c'est très différent. Ils nous combattent dans le Sud aussi, on n'arrive même plus à distinguer les Vietcongs : on finit par croire qu'ils sont tous des ennemis. Bon sang, il n'y a qu'à voir les gamins, ils sont prêts à nous faire sauter à la grenade. On ne sait plus à qui se fier, ni même contre qui on se bat. La plupart des jeunes recrues ont plus de respect pour les Viets, qui sont de farouches combattants, que pour leurs propres supérieurs. Quant à l'armée du Sud, elle fait de la figuration, c'est de la folie, et cette folie finit par tous nous gagner. Le jour où vous n'aurez plus envie de prendre le premier vol pour rentrer, ça sera le début de vos ennuis.

Même s'il exagérait un peu, il y avait du vrai là-dedans. Le Viêtnam exerçait une étrange fascination par la beauté indescriptible des paysages, la faune grouillante de villes comme Saigon, la profusion des parfums et des sons. On était frappé par la candeur des visages et le désir naissait secrètement en vous de soulager les misères de ce peuple meurtri. Mais n'était-ce pas utopique de vouloir les aider et en même temps de se sauver soi-même ?

En arrivant à Saigon vers midi, Paxton n'avait toujours pas trouvé de réponse.

Ralph la déposa à son hôtel, et continua jusqu'au bureau de l'Associated Press, dans la tour Eden. Elle se sentait horriblement sale. Son treillis était souillé de sang coagulé de sueur et de boue. Elle tomba sur Nigel, qui la dévisagea d'un air circonspect :

— Eh bien, on dirait que vous n'avez pas perdu votre temps… à moins que vous ne vous soyez coupée en vous rasant ?

— Nous étions à Nha Trang. Il y a eu beaucoup de blessés.

— Rien d'étonnant à ça. C'est notre boulot d'aller voir ce qui se passe. Qu'est-ce que vous faites ce soir ?

Elle était horripilée par son arrogance et son bagout.

— Je n'en sais rien. Je vais essayer de rédiger mon article.

Au *Sun* on ne lui avait pas fixé d'échéance précise, elle était censée écrire dès qu'elle aurait quelque chose d'intéressant. Mais elle tenait à leur montrer qu'elle était sérieuse et motivée.

— A plus tard, alors. Ralph est-il allé au bureau ?

— J'en mettrais ma main au feu.

— Vous feriez bien d'aller dormir. Vous avez l'air vannée.

— Je le suis. Salut.

Elle avait l'intention de se mettre à écrire, mais, après avoir pris un bain, elle s'allongea « une petite minute » et… s'endormit immédiatement. Quand elle s'éveilla, il faisait nuit, et elle mourait de faim.

Elle descendit dans la salle à manger, où elle ne vit aucune tête connue. Elle ne put rien avaler. Même le potage à l'ananas qu'elle avait aimé le premier jour lui parut infect. Elle était encore trop secouée par ce qu'elle avait vu à Nha Trang. Elle se força à avaler quelques *chao tom* (des petites brochettes de pâte de crevette) et remonta se mettre au travail. Il était deux heures du matin lorsqu'elle posa son stylo. Elle avait pleuré en décrivant le garçon de Miami, et le jeune Noir de Savannah – dont elle ignorait jusqu'au prénom. Elle se sentit épuisée, mais comme soulagée d'un grand poids. Le fait de coucher ses impressions sur le papier avait opéré en elle une véritable catharsis.

Elle s'employa à rendre du mieux possible la beauté magique du pays, l'éclat des verts et la richesse des rouges, contrastant si crûment avec l'aspect sordide des estropiés et des prostituées, la souffrance muette de tout un peuple et de tous ces soldats qui versaient leur sang.

Elle était assez satisfaite du style puissant qu'elle avait su adopter, et se demanda quel effet ferait son article à San Francisco.

Le lendemain à neuf heures, elle était au bureau de l'Associated Press où elle rencontra Ralph, très « homme d'affaires » avec sa chemise blanche impeccable et ses pantalons kaki.

— Alors, Delta Delta, déjà sur la brèche ?

Elle sourit malgré elle, et il eut l'air heureux de la voir.

— Ne commencez pas à me faire marcher ! Je viens envoyer mon papier.

— Je me suis renseigné : tous les gars qui ont été récupérés s'en sont sortis. Le vôtre est tiré d'affaire.

Son cœur avait bondi. Elle souriait de soulagement, et Ralph l'enveloppa d'un regard attendri. C'était une brave petite. Elle avait vraiment de l'étoffe. Il lui restait certes beaucoup à apprendre, mais elle était douée.

— Ça ne se passe pas toujours comme ça. Vous lui avez peut-être porté chance.

C'était une façon de parler. Il n'avait plus qu'un bras ! Evidemment c'était mieux que le linceul en plastique…

— Quel est votre programme pour aujourd'hui ?

— Je vais chercher à me mettre dans un autre pétrin, plaisanta-t-elle.

— Ce n'est pas ce qui manque dans cette ville !

— J'ai cru remarquer.

Faute de mieux, elle pourrait toujours prendre un verre avec Nigel ou Jean-Pierre.

— Le *Time Magazine* donne une soirée au *Continental Palace*. Ça vous dit de passer ?

— Bien sûr.

Elle se demanda si son invitation n'était qu'amicale, mais il ne fallait négliger aucune occasion de se faire un carnet d'adresses.

Ralph jeta un coup d'œil à sa montre. Il avait l'air pressé.

— On se retrouve là-bas à six heures ?

— D'accord.

L'après-midi, elle alla se promener dans la ville. Les enfants surtout lui firent de la peine : ils semblaient tellement sans défense, avec leurs petite mines pitoyables. Et pourtant, dès qu'ils vous voyaient assis à une terrasse, ils venaient vous proposer de la drogue et toutes sortes de marchandises volées. Elle écrirait sûrement quelque chose sur eux. Plus tard.

Elle regagna son hôtel à cinq heures, passa une robe à fleurs en soie imprimée, changea de sandales et descendit l'avenue Tu Do. Même si la ville gardait encore des traces de sa splendeur passée, du temps de la France, on sentait une tension constante ; aux terrasses des cafés, les gens étaient sur le qui-vive. Une bombe pouvait exploser à tout instant.

En arrivant au *Continental*, elle surprit Nigel, accaparé par deux infirmières de l'armée : l'une était assise sur ses genoux, et l'autre lui caressait les cheveux en riant. Paxton passa discrètement son chemin et monta dans les bureaux du *Time*.

Il y avait déjà foule ; Ralph avait entamé avec le chef de bureau une discussion sur la Convention du parti démocrate qui devait être adoptée prochainement à Chicago. Depuis l'assassinat de Martin Luther King, la ville avait été le théâtre de violentes émeutes, et le meurtre récent de Robert Kennedy inspirait à Ralph de sombres prédictions.

— Ça va être la pagaille à Chicago !

Il pilota Paxton à travers la pièce, en la tenant par la main comme une petite sœur, pour la présenter aux gens les plus importants. Elle fut très touchée de sa sollicitude.

— Sincèrement, Ralph, sans vous, je serais en train de me morfondre dans ma chambre d'hôtel.

— Ça vaudrait peut-être mieux, dit-il en avalant une longue gorgée de bourbon. Je me suis senti coupable hier. J'y suis peut-être allé un peu fort en vous emmenant à Nha Trang pour une première sortie.

— Mais non. C'est bien pour ça que je suis venue, rétorqua-t-elle en le regardant bien en face.

— A propos, j'ai fait ma petite enquête hier. C'est bien vous le fameux neveu que nous étions censés chouchouter, et ne pas laisser sortir du Golden Ghetto si ce n'est pour assister aux cocktails à l'ambassade !

Le Golden Ghetto était un immeuble de la rue Gia Long datant de la splendeur passée de Saigon.

— J'espère que personne ne s'en doute.

— J'y veillerai personnellement. Personne n'a le temps de faire de la garde d'enfants ici. A propos, seriez-vous prête à repartir ? Je vais à Cu Chi faire un reportage sur les tunnels. Ça pourrait vous intéresser.

— Bien sûr. Alors, rendez-vous à cinq heures du matin ?

— Pas cette fois-ci, dit-il en riant de son air anxieux. Je vous prendrai à huit heures, c'est largement suffisant. Mettez votre tenue de combat.

Paxton leva un sourcil :

— Vous ne m'emmenez pas prendre le thé au mess des officiers ? Mes amis de San Francisco vont être déçus !

— Envoyez-leur des beignets, Delta Delta !

Elle fit mine de lui lancer un coup de poing, il s'esquiva et disparut.

Elle discuta avec quelques autres reporters avant de partir, évita Nigel, qui avait l'air ivre et se montrait très empressé auprès d'une des infirmières.

Elle s'endormit tôt, après un repas léger servi dans sa chambre, et le lendemain elle était dans le hall à huit heures précises.

L'équipe était très réduite : il n'y avait qu'un photographe, et le chauffeur était un jeune Marine, un rouquin sympathique aux cheveux en brosse et au regard bleu, qui arborait un cow-boy tatoué sur la poitrine. Il était du Montana et Paxton réprima un sourire lorsqu'il affirma se prénommer Cowboy. Il avait dix-neuf ans. Il était là depuis Noël et se disait content de son sort : il était affecté au service de l'information et conduisait les reporters et les personnalités dans tout le pays.

— Tant qu'on ne saute pas sur une mine, ou que les Viets ne nous canardent pas, ça va. J'aime bien ce job.

« Ce garçon a un heureux caractère », pensa Paxton. Il y avait trois quarts d'heure de route jusqu'à Cu Chi, et la conversation tourna autour des chevaux et de l'équitation, puis Ralph et Paxton parlèrent de leur reportage. Le photographe, un Français prénommé Yves, était un ami de Jean-Pierre. Il parlait mal l'anglais et restait sur son quant-à-soi, ce qui le faisait passer pour timide. Ralph avait déjà travaillé avec lui et appréciait son sang-froid et son professionnalisme.

Il n'était d'ailleurs pas sans lui rappeler Paxton par certains côtés.

— La base de Cu Chi est le quartier général de la vingt-cinquième division d'infanterie de Hawaii, expliqua Ralph. Elle a été construite il y a plus de deux ans, sur des galeries creusées par les Viets que l'on croyait fermées. Mais il n'en était rien : ils continuaient à être opérationnels, juste sous nos pieds. Cu Chi ne nous a causé que des ennuis depuis qu'on y est. C'est une base énorme de l'autre côté de la rivière Saigon au niveau du Triangle de Fer, où les combats n'ont jamais cessé.

Paxton lui était reconnaissante de toutes ces informations.

— Qu'allons-nous faire aujourd'hui ?

— Les hommes ont mis au jour tout un réseau de galeries et je crois que ça peut faire un bon sujet. On a surnommé ceux qui travaillent dans ce bourbier les « rats de tunnel » : ils ont des nerfs d'acier. Pour rien au monde je ne mettrais les pieds dans un de ces boyaux. C'est une véritable ville souterraine. On a essayé de les détruire quand on a nettoyé le Triangle de Fer l'année dernière. Mais on n'est pas au bout de nos peines. On a même trouvé un hôpital souterrain dans la forêt de Thank Dien, plus au nord. Ce sont des gens extraordinaires. Il ne faut pas les sous-estimer : ils sont rusés, acharnés au combat, et prêts à mourir pour leur cause.

— Je pourrais descendre dans les tunnels ? demanda Paxton, captivée.

— Ne faites jamais ça, Paxton, c'est trop dangereux. Moi, ça me rend claustrophobe rien que d'y penser, répondit Ralph avec un frisson de dégoût.

— Vous avez tort. Je suis sûre que ça vous passionnerait.

— Vous êtes complètement folle !

Ils se turent pendant le reste du trajet.

Elle fut impressionnée par la dimension et l'organisation de la base de Cu Chi. Rien à voir avec leur expédition de l'avant-veille à Nha Trang, du moins jusqu'à ce qu'on les conduisît derrière la base, vers un terrain envahi d'une végétation luxuriante que les soldats déblayaient à l'aide de bulldozers. Une chaleur suffocante montait des broussailles.

— Remettez votre gilet pare-balles, lui dit distraitement Ralph tout en donnant quelques consignes à Yves et en faisant un vague signe de la main à un homme grand et mince.

— Mais pourquoi ? Personne n'en porte.

En effet, étant donné la température, les hommes travaillaient torse nu. Certains avaient même ôté leur casque.

— Faites ce que je vous dis. Ils devraient les mettre. Cu Chi est truffé de tireurs isolés.

Elle fit la grimace et s'exécuta, puis amorça un geste pour enlever son casque, mais il l'en empêcha du regard. Elle avait mis sa crème solaire et son insecticide dans la jugulaire de son casque, comme elle l'avait vu faire aux soldats qui y calaient aussi bien leurs cigarettes que leur jeu de cartes, ou autres bricoles. Elle remarqua qu'ils gardaient leur M-16 à portée de la main quand ils n'avaient pas leur calibre 45 à la ceinture. La plupart des gens étaient armés. On pouvait tout se procurer au marché noir, mais elle n'avait pas très envie de se promener avec une arme.

Paxton réajustait son harnachement lorsque l'homme

que Ralph avait salué de loin s'approcha d'eux. Il avait des yeux clairs, des cheveux d'un roux pâle et affichait un sourire tranquille et une allure désinvolte que démentait la tension de son regard constamment aux aguets.

— Salut, Quinn. Tes gars n'ont pas le temps de s'ennuyer, on dirait.

Le capitaine William Quinn, du vingt-cinquième corps d'infanterie, leur serra chaleureusement la main, et elle remarqua qu'il portait une alliance.

— Je suis content de vous accueillir.

Il était militaire de carrière, sorti de West Point, et accusait une bonne trentaine d'années.

— Vous êtes aussi de l'Associated Press ? demanda-t-il à Paxton avec un sourire timide.

Son regard intense la décontenança. C'était un très bel homme, qui dégageait une force tranquille, une totale maîtrise de soi, et pourtant il y avait en lui quelque chose de sauvage, d'un peu fou.

— Non… je travaille pour le *Morning Sun* de San Francisco.

— Belle ville. J'ai été basé là-bas un certain temps.

Et il y avait laissé sa femme.

— C'est ma nouvelle protégée, expliqua Ralph en souriant. Elle me fait penser à mon premier voyage en Corée. Mais elle est beaucoup plus intrépide que je ne l'étais à l'époque.

Elle le remercia du compliment.

— Je vous en prie, Delta Delta, plaisanta-t-il en emboîtant le pas au capitaine Quinn.

Ils arrivèrent dans une clairière remplie d'hommes et de matériel. A y regarder de près, on s'apercevait que le sol était parsemé de trous minuscules.

— Bon sang que c'est petit ! s'exclama Ralph.

Ces orifices étaient d'ordinaire totalement invisibles sous la végétation, et Quinn et ses hommes les avaient mis au jour, ce qui donnait une idée de la densité du réseau. On voyait dépasser les tubes de bambou qui permettaient aux occupants de respirer.

— Je suppose qu'ils élargissent les trous une fois dedans.

— Pas toujours. Ces petits hommes sont surprenants, fit Quinn avec une sorte de respect amusé. Il nous a fallu six jours pour les faire tous sauter, ces petits salopards. Ils sont coriaces.

— Ouais. Ça n'est pas nouveau.

Paxton demanda à Bill Quinn la permission de descendre un peu pour voir. Les soldats étaient trop larges d'épaules pour s'y faufiler, mais elle était mince et souple et mourait de curiosité. Elle emprunta l'appareil photo d'Yves ainsi qu'une torche électrique. Elle se glissa dans l'orifice à la suite d'un des hommes de Quinn, un de ces rats de tunnel, filiformes, et ne tarda pas à suffoquer. Elle émergea au bout de quelques minutes, couverte de poussière, le souffle court, pas rassurée pour deux sous. Il y avait là-dessous une odeur de mort, et le soldat lui expliqua qu'ils n'avaient pas encore tout « nettoyé ». C'était une idée cauchemardesque que celle de tous ces corps se décomposant sous terre. A Nha Trang, sous le feu ennemi, l'horreur était moins sournoise qu'ici avec cette menace impalpable.

— Vous utilisez des chiens ? demanda Paxton, encore mal remise de ses émotions.

Le capitaine fut impressionné par la détermination de cette jeune femme, la première Américaine à être descendue dans une galerie. Yves lui-même ne débordait pas d'enthousiasme. Mais elle était jeune et passionnée. Et jolie, ce qui ne gâtait rien, remarqua le capitaine lorsqu'elle ôta son casque, libérant sa cascade de cheveux blonds. Très jolie, même.

— Oui, bien sûr, nous utilisons des chiens, mais le moins possible car nous en perdons énormément. Ils ne peuvent pas se défendre. Les hommes, au moins, ont une chance de s'en tirer.

Faible chance, en vérité. Un frisson glacé lui parcourut l'échine alors qu'ils se dirigeaient vers une autre ouverture, entourée de tubes de bambou.

— Ç'a été une belle prise, poursuivit Quinn. Il y avait sept hommes et une femme. Ils sont restés là un an, peut-être plus.

Juste sous leur nez. La nuit ils sortaient, et commettaient toutes sortes de sabotages à la base : plastic, grenades, bombes…

— Ils nous ont donné du fil à retordre.

C'était un euphémisme, et Paxton commençait à prendre des notes, lorsqu'un sergent vint avertir Quinn qu'un tireur isolé avait été repéré un peu plus loin. Il jeta un bref coup d'œil à Paxton.

— Faut-il les reconduire à la base ? fit-il d'un air agacé auquel Bill Quinn ne prêta guère attention.

— Non, ils ne nous gênent pas.

Il consulta rapidement sa montre et demanda à l'opérateur radio s'il avait réussi à établir le contact avec les hommes qui débroussaillaient le terrain.

Il expliqua à Ralph qu'ils avaient repéré un tireur ou deux, et qu'il y avait sûrement un autre tunnel par là.

— Vous allez peut-être assister au nettoyage, dit-il à Paxton avec un sourire.

Elle ne le savait pas encore, mais Bill Quinn était

réputé au Viêtnam pour avoir neutralisé avec ses hommes le plus grand nombre de tunnels de toute l'histoire de la guerre. Il ne répugnait pas à y descendre lui-même, avait été blessé à quatre reprises, et décoré deux fois. Ses hommes lui vouaient une véritable dévotion.

— Il faut être un peu fêlé pour être rat de tunnel, se plaisait-il à répéter.

Et c'était ce qu'il recherchait chez ses hommes : une sorte de folie doublée d'un sang-froid à toute épreuve, car il fallait être prêt à se faire tuer dans ces boyaux exigus. La détermination de Paxton à y descendre l'avait intrigué – ce qui n'était manifestement pas le cas du sergent, qui venait d'avoir confirmation de la présence d'un second tireur.

— Je les ramène ?

— Non, dit fermement Bill Quinn. Je ne pense pas qu'ils soient venus nous faire une visite de courtoisie.

Il était du Nord-Ouest, comme le jeune Cowboy, et avait des manières très décontractées, mais ses hommes le savaient capable de se métamorphoser en serpent en un clin d'œil. Il proposa à boire à Paxton, qui mourait de soif, et accepta avec reconnaissance le Coca glacé qu'il sortit comme par magie de sa poche de poitrine. Il en offrit également à Ralph et Yves et, quelques instants plus tard, il les pilota jusqu'à une tente dressée dans une clairière, qu'il appelait pompeusement son « bureau ». Il répondit consciencieusement à leurs questions, tout en gardant le contact radio avec son opérateur. Il était préoccupé par la présence des tireurs et voulut retourner sur le terrain.

Il recommanda aux trois journalistes de rester en arrière. Yves était accroupi dans les broussailles, photographiant en gros plan quelque sujet qui avait suscité son intérêt.

A peine avaient-ils repris leur lente progression dans les buissons qu'un violent tir d'artillerie éclata juste devant eux et ils plongèrent tous à plat ventre.

Bill Quinn se mit à ramper devant ; le radio essayait désespérément d'établir le contact.

— Lone Ranger, tu m'entends ? Ici Tonto… vous les avez eus ?… Répondez…

Une voix saccadée lui parvint en retour, et il fit rapidement son rapport au sergent : deux tireurs et six Vietcongs venaient d'être abattus. Quinn avait raison : ils tenaient un autre tunnel.

Ralph et Paxton, tapis dans la végétation, échangèrent un regard complice.

— On a choisi notre jour, fit Ralph d'un ton sinistre.

— Au moins, on ne s'ennuie pas, plaisanta-t-elle crânement.

— Vous commencez à parler comme un vieux routier ! cria-t-il par-dessus le bruit des tirs.

Le sergent leur demanda de se replier à l'arrière sur un ton de garçon d'acenseur qui les horripila tous les deux.

— Peut-on savoir pourquoi vous empêchez la presse de faire son travail ? fit brutalement Ralph en cherchant du regard Yves, qui crapahutait toujours dans les fourrés avec son objectif.

— Parce que, monsieur, aboya le jeune sergent, vous avez une femme avec vous, et on aimerait autant que vous ne vous fassiez pas descendre, si ça ne vous ennuie pas. Ça vous va, comme explication ?

Il avait l'accent et le comportement du New-Yorkais type.

— Non, pas vraiment. – Ralph lui lança un regard dur. – Je ne crois pas que le professionnalisme soit une question de sexe, et si elle veut tenter sa chance, il faut la lui laisser, mon pote.

Paxton aima la façon dont il l'avait défendue. Il avait bien compris qu'elle était venue ici pour travailler. Et elle lui en fut reconnaissante.

— Vous voulez prendre la responsabilité de la faire tuer ? grogna le sergent de New York, un nommé Campobello si l'on se référait à la plaque sur son treillis.

— Non. Elle a pris ses propres responsabilités quand elle a accepté ce boulot. Tout comme moi… ou comme vous, sergent.

— Eh bien, faites comme chez vous !

Il s'éloigna en rampant dans les broussailles, et un peu plus tard, Ralph et Paxton avancèrent à leur tour. Le radio avait appelé deux hélicoptères, qui se faisaient canarder par les Vietcongs.

— Lone Ranger… vous m'entendez ?

Un hurlement de joie fit écho à sa question.

— Allô Tonto… J'en ai eu deux, il y en a un de blessé… Formidable !

Soudain une explosion encore plus violente déchira le ciel. La mitraillette M-60 était entrée en action, et deux grenades avaient été tirées. Brusquement, avant que Paxton ait le temps de réaliser, un bras vigoureux la saisit aux épaules et l'attira en arrière. Elle se retrouva à plat ventre cependant que le sol était secoué par un gigantesque tremblement. Une des grenades lancées par les Vietcongs venait de la manquer de peu. Le radio avait déserté son poste et Ralph avait plongé dans les buissons, presque dans les bras du sergent. Elle aurait été touchée si Bill Quinn ne l'avait pas entraînée, vif comme l'éclair, au péril de sa propre vie. Elle avait la face contre terre, Bill Quinn était à demi couché sur elle, et elle mit un moment à comprendre ce qui s'était passé.

— Je ne vous ai pas fait mal ?

Elle secoua la tête et essaya de se relever maladroitement, mais il lui ordonna de garder la tête baissée, bien que l'attaque se fût un peu déplacée.

— Ça va.

Il lui essuya gentiment la figure.

— Vous avez l'air d'une gamine qui vient de tomber dans le bac à sable.

— J'ai l'air d'une gamine à qui on vient de sauver la vie. Merci, dit-elle en le regardant gravement.

Il demeura imperturbable, comme si tout ça coulait de source. Il était connu et aimé pour sa générosité. Il aurait fait n'importe quoi pour ses hommes et avait su gagner leur estime et leur confiance en ne leur demandant jamais quelque chose qu'il n'eût pas fait lui-même.

— J'ai l'impression que Tony avait raison… Je n'aurais pas dû vous faire venir si tôt. Je ne savais pas que Ralph emmènerait quelqu'un, dit-il en manière d'excuse.

— Je ne regrette pas d'être venue. Ces tunnels sont stupéfiants.

Il lui sourit, impressionné par son courage et sa fascination pour les tunnels. Il avait appris à aimer ce travail qui comportait un véritable défi, et exerçait un attrait dangereux et mystérieux à la fois. Elle eut envie d'écrire un article sur lui, mais c'était le boulot de Ralph et elle ne voulait ni empiéter sur ses plates-bandes, ni ennuyer Quinn avec des histoires d'ambition personnelle. Le sergent leur avait déjà assez fait comprendre qu'ils étaient indésirables.

— Il faudra que vous reveniez quand on aura nettoyé celui-ci. Vous n'avez pas idée de ce qu'on peut trouver là-dedans : des armes – pour la plupart volées aux GI's –, de l'artillerie, de la marchandise soviétique, des outils chinois, du matériel médical, des manuels… de quoi en prendre de la graine.

Pour lui, la guerre des tunnels était l'ultime défi, et Paxton était très intriguée par cet homme qui s'acharnait sur une armée fantôme, prêt à risquer sa vie pour venir à bout d'un ennemi invisible et omniprésent.

— Vous êtes au Viêtnam pour combien de temps ? Quelques semaines ?

Ils partirent à la recherche de Ralph et d'Yves. L'attaque avait encore progressé, et le sergent surveillait les opérations de près, en liaison avec les hélicoptères.

— Six mois.

Elle sourit car depuis son arrivée, elle avait perdu la notion du temps, et elle avait plutôt l'impression d'être là depuis six mois.

— Vous êtes bien jeune pour couvrir une guerre aussi dangereuse. Vous ne le regrettez pas ?

Il aimait sa détermination. A dire vrai, tout en elle lui avait plu : son allure, son cran, sa résolution à entrer dans le tunnel… Il n'avait jamais rencontré de fille de cette trempe.

— Pas du tout. Je suis très contente.

Contente, triste, paniquée, parfois heureuse, elle savait en tout cas qu'elle était à sa place ici, et c'était déjà un réconfort.

Il était sur le point de lui dire son admiration, lorsque le sergent Campobello vint le chercher : on venait de capturer les deux francs-tireurs, deux autres avaient été tués, et quatre avaient réussi à disparaître dans leurs trous à rat. Si on arrivait à les faire parler, on pourrait localiser le tunnel.

— Il faut que je retourne au boulot, s'excusa-t-il avec un sourire, je vous verrai avant votre départ.

Il emboîta le pas au sergent.

— Vous l'avez échappé belle, lui dit Ralph d'un air désapprobateur dès qu'elle l'eut rejoint. Vous allez vous faire massacrer si vous ne faites pas un peu plus attention, Delta Delta. Ces gens-là ne font pas joujou à la guerre.

Il n'avait pas non plus apprécié qu'elle descendît dans le tunnel.

— Mais ce n'est pas de ma faute ! Ils ont balancé leur saloperie de grenade sur mon chemin. Ils ont bien failli avoir le radio aussi. Qu'est-ce que vous croyez ? Que je vais rester bien sagement au parking en attendant que vous fassiez vos reportages ?

Elle lui fit tellement penser à ce qu'il avait été lui-même à son âge qu'il se mit à rire. Il avait été, lui aussi, intrépide et avide de voir le danger de près pour faire des reportages à sensation.

— D'accord ! Foncez mais ne venez pas pleurer dans mon giron si vous êtes blessée.

— Ça n'est pas mon genre, grommela-t-elle en époussetant son treillis.

— Vous avez l'air d'un tas de boue !

Elle se mit à rire aussi. La journée avait été riche en émotions, et Bill Quinn lui avait fait forte impression.

Il vint les saluer avant leur départ, les remercia, et proposa à Paxton de lui faire visiter la base la prochaine fois. Il dut prendre congé rapidement car l'interrogatoire des prisonniers avait commencé.

— Salut, Ralph, on se verra à Saigon. On pourrait dîner ensemble un soir de la semaine prochaine ?

Ralph acquiesça d'un signe de tête. Ils ne revirent pas le sergent, ce qui n'était sans doute pas plus mal, se dit Paxton. Mais malgré son hostilité évidente, ils avaient fait du bon travail, récolté matière à bons articles. Yves pensait avoir réussi quelques clichés intéressants. La qualité d'une photo se mesurait ici à la cruauté du sujet : la mort et la souffrance étaient photogéniques… et un brillant reportage se nourrissant du spectacle de la mort pouvait valoir à son auteur une brillante récompense.

Mais sur le chemin du retour elle ne pensa qu'à Bill Quinn et au trouble qui l'avait envahie lorsqu'il avait roulé sur elle pour la protéger. Elle en eut un peu honte car c'était un homme marié… et Peter n'était mort que depuis trois mois, mais elle dut s'avouer que l'aura indéniable, l'énergie farouche de cet homme l'attiraient de façon irrésistible.

14

Paxton ne s'éloigna guère de Saigon la semaine suivante. Elle rédigea un papier relatant les incidents de Cu Chi, et un texte consacré spécifiquement aux tunnels. Jusqu'à présent tous ses articles avaient été acceptés, et comme le *Sun* les publiait simultanément dans d'autres éditions, elle se dit que si sa mère et son frère venaient à les lire, ils seraient sans doute très impressionnés. Ed Wilson en personne l'appela pour la féliciter de la justesse de ses vues et de son courage.

— J'espère que tu n'es pas descendue toi-même dans un de ces tunnels, n'est-ce pas, Pax ?

Elle sourit intérieurement et des larmes perlèrent à ses paupières en l'écoutant : il lui paraissait tellement loin… Elle lui affirma que tout allait bien et le pria d'appeler sa mère, à qui elle n'avait pas encore eu le temps d'écrire. Elle lui demanda de transmettre ses amitiés à Marjorie ainsi qu'à Gabby et Matt. Après son coup de fil, elle eut le mal du pays toute la journée, mais se plongea aussitôt dans la rédaction d'un autre article. Elle loua une voiture pour se rendre à Biên Hoa, avec l'impression que le monde lui appartenait.

Cette fois, elle décida de préparer un article sur le marché noir, et un après-midi elle alla jusqu'à la base de Tan Son Nhut où elle avait atterri, pour faire une enquête sur les marchandises volées à la coopérative militaire – y compris des uniformes et des armes – qui se vendaient en sous-main. Au coucher du soleil, elle déambulait tranquillement dans la base lorsqu'elle aperçut une haute silhouette dont la démarche chaloupée lui parut soudain familière. Le soleil l'éblouissait, elle connaissait bien peu de monde à Saigon, et pourtant… Lorsqu'il se retourna, elle eut la surprise de reconnaître le capitaine William Quinn, et son cœur cessa de battre. Il se dirigeait lentement vers elle, et il lui apparut teriblement beau dans son uniforme de combat.

— Bonjour, fit-il comme s'il s'attendait à la voir là. Quel bon vent vous amène ? Vous avez l'air plus pimpante que la dernière fois que nous nous sommes vus !

Malgré son allure décontractée et son sourire nonchalant, il émanait de sa personne une tension presque électrique.

Elle avait mis des fleurs dans ses cheveux, portait une robe de toile blanche et des sandales rouge vif.

— Merci. J'enquête sur les vols à la coopérative et le marché noir.

— Oh, là là ! Si vous arrivez à résoudre cette énigme, vous obtiendrez sûrement une médaille ! Mais je crains qu'on ne vous mette de sérieux bâtons dans les roues. Il y a de trop gros intérêts en jeu.

— J'imagine. Vous êtes parti de Cu Chi pour longtemps ?

— Juste le temps d'une réunion avec le général. J'allais rentrer ce soir.

Il se tut brusquement, et sans comprendre exactement pourquoi, elle retint son souffle, comme suspendue à ses paroles. Cet homme l'attirait indubitablement, elle était extrêmement troublée par sa présence : elle se sentait devant lui comme une petite fille naïve.

— C'est peut-être un peu abrupt, poursuivit-il, mais puis-je vous inviter à manger un morceau avec moi ? Rien d'urgent ne m'appelle à Cu Chi ce soir.

Son regard où se mêlaient force et douceur exerçait sur elle une étrange fascination.

— Avec plaisir, répondit-elle, le cœur battant la chamade.

— Que diriez-vous d'aller prendre un hamburger et un milk-shake au mess des officiers ? J'en ai rêvé toute la semaine, avoua-t-il avec un air d'enfant gourmand qui la fit rire.

En traversant la base, ils parlèrent de Saigon, de Berkeley, de West Point. Il lui apprit qu'il avait beaucoup joué au football là-bas, ce qui ne l'étonna guère, vu l'agilité avec laquelle il avait plongé sur elle pour la protéger de l'explosion. Lorsqu'ils arrivèrent au mess, le juke-box passait un air des Beatles et les gens dansaient. Il y régnait une atmosphère qui raviva soudain sa nostalgie du pays.

Ils commandèrent des hamburgers avec des frites, un Coca pour elle et une bière pour lui. Le juke-box jouait maintenant *Satisfaction*, le tube du moment. Assis là, tranquillement, délivré pour un instant du poids de ses responsabilités, il paraissait plus jeune et détendu.

— Alors, quand est-ce que vous avez passé vos examens ?

— Je ne les ai pas passés, fit-elle d'un air penaud. J'aurais dû avoir mon diplôme en juin, mais j'ai laissé tomber.

— Voilà qui me paraît tout à fait en accord avec votre génération !

Il est vrai qu'ici, le fait d'être diplômé ou non était d'une importance toute relative.

— Certaines circonstances ont fait que… comment dire… j'ai perdu mes illusions.

— Et maintenant ?

Il s'intéressait à elle au présent, dans ce monde où seule comptait l'urgence de sceller son destin.

— Tout ça me semble dérisoire.

— C'est le Viêtnam… dit-il d'un ton sibyllin, en sirotant sa bière. Les choses qui vous semblaient importantes ne comptent plus guère : la maison, la voiture, tous les gadgets de la société de consommation. Et tout ce qui nous semblait normal prend une résonance particulière : ici, on connaît le prix de la vie. Le pays nous paraît si loin et pourtant c'est pour lui que nous sommes censés combattre.

Il ne l'avait pas quittée des yeux une seconde, et elle essaya de chasser le trouble qu'il faisait croître en elle en se répétant qu'il était marié.

— Vous êtes sûr de savoir pourquoi vous combattez ? demanda-t-elle presque timidement.

— Non, plus maintenant. A vrai dire je me demande ce que je fiche ici : c'est la quatrième fois que je rempile, sans m'expliquer pourquoi. Nous devrions en principe conquérir le cœur et l'esprit des gens, mais tout ça ce sont des foutaises, Paxton. On ne fait que tuer et détruire.

— Alors pourquoi restez-vous ? demanda-t-elle tristement.

Elle n'arrivait pas à comprendre ce qui attirait encore des volontaires dans ce pays. Ils semblaient eux-mêmes avoir oublié leurs motivations.

— Je reste parce que des gens de vingt ans se font tuer ici. Je crois que je peux les protéger. Et peut-être que je sais un peu mieux le faire qu'au début. Ou peut-être pas. Tout ça est complètement absurde. Vous êtes drôlement courageuse. Je n'ai jamais vu personne descendre dans un tunnel avec autant de détermination. Même les hommes sont morts de peur.

Il l'enveloppa d'un regard sincèrement admiratif.

— Merci. Je suis peut-être tout simplement inconsciente.

— Dans ce cas-là, nous le sommes tous.

Il avait perdu deux hommes cette semaine, dont le jeune radio qui répondait au nom de guerre de Tonto, mais ça, il le garda pour lui. Quelle importance, de toute façon ?

Ils flanèrent un peu dans la nuit tiède ; ici au moins on se sentait relativement en sécurité.

— J'aimerais vous faire visiter le pays un de ces jours. C'est très beau, même encore maintenant.

— Avec plaisir. Je suis allée à Biên Hoa la semaine dernière, mais je ne sais pas trop où aller après ça.

— Je vous montrerai, dit-il doucement, en se tournant vers elle. Je ne sais pas comment me comporter avec vous. Je… je n'ai jamais rencontré une fille comme vous.

Elle se sentit flattée : elle le trouvait terriblement séduisant, alors elle décida de jouer cartes sur table avec lui :

— Et votre femme ?

— Oh… nous nous sommes mariés il y a dix ans, quand j'ai eu terminé West Point. Nous avons trois filles, c'est curieux, moi qui avais toujours rêvé avoir des garçons… C'est une gosse de l'armée elle aussi, et je croyais qu'elle savait où elle mettait les pieds en m'épousant. Toujours est-il que maintenant elle en a marre et elle veut que je rentre, mais je ne me sens pas prêt.

— Est-ce que vous l'aimez ?

— Je l'ai aimée. Maintenant je ne sais plus où j'en suis. Nous nous voyons deux fois par an à Tokyo ou à Hong Kong, nous essayons de sauver notre avenir. Il faudrait que je retrouve du travail mais que puis-je faire, à trente-deux ans ? Directeur d'un camp de boy-scouts ? Tout ce que je sais faire c'est crapahuter dans des tunnels ; et comme j'ai eu la chance de ne pas sauter sur une mine… En réalité je ne suis qu'un tueur professionnel.

— Mais combien d'hommes avez-vous sauvés ? N'est-ce pas ce qui compte le plus ?

— Peut-être.

Il aimait son esprit d'à-propos, son intelligence, son honnêteté et son courage. Et elle était jolie, ce qui ne gâtait rien. Tout ce que sa femme n'était pas. Debbie récriminait sans cesse et à propos de tout : les enfants, la maison, ses parents, le Viêtnam, son salaire, etc. Il ne supportait plus son agressivité. Il attendait autre chose de la vie sans savoir au juste quoi. Jusqu'à ce qu'il rencontre Paxton… mais il tenait à être franc avec elle.

— Je veux que vous sachiez une chose : je n'ai eu que deux aventures depuis que je suis ici… Rien d'important, des passades… une infirmière de l'armée à Long Binh, une fille à San Francisco une fois. Elles savaient à quoi s'en tenir. Mais maintenant c'est différent et… je ne sais même pas si je vous plais…

Spontanément, elle lui caressa la joue et il en eut les larmes aux yeux. Il avait oublié la tendresse depuis si longtemps !

— Je crois que je suis tombé amoureux de vous. Qu'est-ce que ça signifie, dans un endroit pareil ?

Et pourtant, il eut l'impression que le temps s'était arrêté, comme si seul comptait l'instant présent.

— Je ne sais pas, dit-elle tristement.

Elle pensait à Peter. Ce qu'elle ressentait était tellement différent. Ici, tout était sans lendemain.

— Je n'ai jamais songé à quitter ma femme, poursuivit-il, et je ne suis pas sûr de le vouloir un jour. J'adore mes filles.

— Vous les voyez souvent ?

— Non. Elle les a emmenées à Honolulu la dernière fois ; c'était dur. Elles me considèrent presque comme un étranger. Toutes ces années ont été difficiles pour elles, et pour ma femme aussi, je suppose. Heureusement, je ne travaille pas dans une zone trop exposée.

— Ça n'est pas tout à fait l'impression que j'ai eue l'autre jour.

Il haussa les épaules. Pour lui c'était de la simple routine.

— Vous voyez bien ce que je veux dire : je risque moins ma peau que les pilotes, qui se font descendre ou sont faits prisonniers par les Viets. Je suis à l'arrière le plus souvent.

Mais ils savaient pertinemment tous deux combien le front était indéfinissable.

— Laissez-moi vous dire encore une chose : je ne vous demande rien, je ne vais pas vous promettre de divorcer pour sortir avec vous, d'ailleurs nous nous connaissons à peine. Nous verrons bien…

— C'est vrai ça ? Pas de grands serments, du style « je t'aimerai jusqu'au dernier jour de ma vie » ?

Il passa doucement son bras autour de ses épaules.

Elle s'arrêta et le regarda gravement.

— Promettez-moi seulement de ne pas mourir.

— Promis.

Ils continuèrent leur promenade en discutant et en riant, et croisèrent d'autres couples qui faisaient de même. Elle se demanda s'il était gêné d'être vu en compagnie d'une jeune fille, mais apparemment ça lui était égal. Au bout d'un moment il s'arrêta et dit en riant :

— Nous avons dû faire trois fois le tour de la base !

Elle se mit à rire aussi. Cette situation était tellement irréelle !

— Il serait temps que je rentre à mon hôtel.

— Je vous accompagne. Où habitez-vous ?

L'idée de la quitter déjà lui était insupportable.

— Au *Caravelle.*

— Que diriez-vous d'un dernier verre au bar du *Penthouse* ?

Elle acquiesça d'un sourire, se disant qu'ils risquaient de tomber sur les autres journalistes, mais elle n'avait rien à cacher, et ils avaient tous deux quelque chose à fêter, même s'ils ne savaient pas encore quoi.

Il la raccompagna avec la voiture qu'elle avait louée, une vieille Renault prête à tomber en morceaux, et il la prit gentiment par les épaules en montant au *Penthouse.* Ils étaient l'un et l'autre abasourdis par leur rencontre, et Paxton eut l'impression d'avoir parcouru subitement une distance énorme – il ne s'agissait pas seulement de l'éloignement géographique. Elle s'était sentie brutalement projetée dans une autre vie. Plus rien n'était clair pour elle maintenant. Il y avait dans son attirance pour Bill Quinn un sentiment d'urgence contre lequel elle se sentait impuissante, et pourtant quelque part au fond d'elle-même elle avait peur de ce qui allait arriver et en concevait une étrange tristesse. Il avait une femme, elle se débattait encore avec le souvenir de Peter, et malgré tout – ici et maintenant – elle eut conscience qu'ils avaient besoin l'un de l'autre, et peut-être était-ce cela le plus important.

— Paxton ?

Il avait prononcé son prénom presque timidement. Tout cela était si soudain…

— Oui, répondit-elle avec un petit sourire.

— Vous aviez l'air tellement sérieux… Ça va ?

— Mm… je réfléchissais.

— Il ne faut pas, dit-il en effleurant ses cheveux d'un baiser.

Au bar de l'hôtel, elle reconnut Tom Hardgood, Jean-Pierre, de retour de Hong Kong, en galante compagnie et, dans un coin, Ralph en pleine conversation avec une magnifique Eurasienne. Paxton fut très étonnée de le rencontrer là : elle ne l'avait pas vu de la semaine. Bill Quinn l'avait aperçu aussi et il pilota Paxton jusqu'à lui.

Ralph fit les présentations.

— France Tran… Paxton Andrews.

Elle était d'une beauté fabuleuse, et s'exprimait avec un net accent français. Elle paraissait du même âge que Paxton, portait un *ao dai* blanc et avait l'air parfaitement à l'aise au *Penthouse*.

— Salut, France, fit Bill. Comment va An ?

— Il est en pleine forme. C'est un petit monstre ! dit-elle avec un sourire plein de tendresse à l'égard de Ralph.

— Ça on peut le dire, confirma Ralph. Il a mis une grenouille dans une de mes bottes l'autre jour. Heureusement que je m'en suis aperçu avant de les enfiler !

Il se mit à rire, et Paxton découvrit une facette de Ralph qu'elle ne soupçonnait pas. Elle ne savait pas trop de qui ils parlaient, du fils de cette jeune femme, probablement, et elle se demanda si elle était la femme de Ralph.

Ils bavardèrent quelques minutes avec eux puis allèrent s'asseoir à l'écart.

— Qui est-ce ? demanda-t-elle à voix basse à Bill.

— France ? – Il eut l'air surpris que Ralph ne lui en ait pas parlé, ils avaient l'air si complices… – Elle vit avec Ralph. Elle avait épousé un gars du quarante-cinquième qui s'est fait tuer avant la naissance de An. Il vient d'avoir deux ans, maintenant. Elle vit avec

Ralph depuis un an à peu près, à Gia Dinh, mais il est très discret sur sa vie privée.

— Ils sont mariés ?

— Non. Elle est de mère française et de père vietnamien, et je crois qu'elle nourrit une solide méfiance contre les mariages mixtes. Elle en a vu de toutes les couleurs avec l'armée après la mort de Haggerty. Ils l'accusent de s'être prostituée et prétendent que An n'est pas un enfant légitime. Je ne sais même pas si elle touche sa pension de veuve de guerre.

— Et sa famille à lui ?

— Il ne leur a jamais dit qu'il s'était marié ici. Je crois que ce sont des gens assez vieux jeu, qui vivent au fin fond de l'Indiana. Ils n'auraient jamais accepté ni France ni l'enfant.

Paxton eut l'air indigné.

— Et Ralph ? Il pourrait l'épouser et adopter l'enfant !

Il sourit de sa naïveté.

— Vous devriez lui poser la question.

— Elle est très belle.

Paxton avait été impressionnée par ses manières distinguées.

— Oui, et intelligente aussi. Mais s'il la ramène en Amérique, elle se fera traiter de sale Viet, au même titre que les putes qui traînent autour du *Pink Nightclub*. Personne ne fera la distinction.

— Il n'y a qu'à la regarder !

Elle était exaspérée.

— Ça, Paxton, c'est vous qui le dites. Pour les gens, une Viet est de la race de ceux qui ont tué leur fils, leur fiancé, ou leur frère. Ce n'est pas si facile de ramener des Vietnamiennes aux Etats-Unis.

— Mais elle, ce n'est pas pareil.

Elle avait pris spontanément la défense de cette belle Eurasienne, qu'elle ne connaissait pas, mais elle sentait que Bill avait raison, et cela l'attristait profondément.

Ils bavardèrent jusqu'à une heure avancée de la nuit. Il ne lui parla plus de sa femme ni de ses enfants : il vivait depuis si longtemps au Viêtnam qu'il se sentait détaché de tout. Et il était passionné par tout ce qu'elle lui racontait sur Berkeley. Après la fermeture du bar, il la raccompagna jusqu'à sa porte, sans plus.

— Je dois revenir à Saigon dans quelques jours. Je vous appellerai d'ici là.

Il se pencha pour l'embrasser doucement sur les lèvres et disparut sans mot dire. Elle osait à peine penser aux dangers qui le guettaient là-bas, à Cu Chi et elle le supplia en silence de rester en vie.

15

Bill Quinn revint à Saigon trois jours plus tard. Il avait téléphoné à Paxton pour lui donner rendez-vous, et lorsqu'elle le vit arriver dans le hall de l'hôtel, sanglé dans un uniforme impeccable qui mettait en valeur sa haute stature, elle ne put s'empêcher de sourire de son aspect cérémonieux, mais le trouva très séduisant.

Il émit un sifflement d'admiration en l'apercevant. Ses cheveux tombaient librement sur ses épaules et elle avait revêtu une robe de soie rose très courte qui découvrait généreusement ses jambes. Elle essayait de ne pas trop penser que c'était une des tenues que Peter préférait.

Bill avait réservé une table dans un restaurant proche de l'ambassade. Elle se sentit très flattée lorsqu'il la fit entrer dans la salle. Les lumières tamisées ajoutaient encore au romantisme du décor, très français. Ici, le parfum des fleurs disposées sur les tables faisait oublier l'odeur d'essence des rues de la ville. La plupart des clients étaient américains.

Elle lui raconta l'expédition qu'elle venait de faire avec Ralph, près de Long Binh, et il eut l'air franchement contrarié.

— Ça m'a l'air dangereux.

Il se dit qu'il devrait parler à Ralph.

— Pas plus qu'ici. N'exagérez pas, Bill, je suis moins exposée que vous à Cu Chi.

— Vous n'êtes pas assez prudente, dit-il sur un ton protecteur qui le surprit lui-même.

Jamais il ne s'était inquiété de la sorte pour Debbie. Il est vrai qu'à San Francisco elle courait moins de risques. Paxton était beaucoup plus jeune, et elle allait au-devant du danger.

— La chasse aux Vietcongs dans les tunnels n'est pas particulièrement de tout repos !

Elle s'était efforcée de ne pas penser à cela de la semaine et, lorsqu'elle était partie en mission avec Ralph, il l'avait sermonnée sur le thème : il ne faut pas fréquenter de soldats… Elle en avait ri tout d'abord, puis l'avait considéré avec stupéfaction, en pensant à France.

— Comment pouvez-vous dire une chose pareille ?

Il savait bien à quoi elle faisait allusion.

— Ce n'est pas comparable, Paxton. Je suis un homme. Et Bill Quinn est marié.

— Et alors ? Sa femme est à l'autre bout du monde et si ça se trouve dans une semaine nous serons tous morts !

Elle commençait à penser à court terme, comme tout le monde à Saigon.

— Et quand il rentrera chez lui ? Vous y avez songé ? Vous aurez à nouveau le cœur brisé.

— Je n'y peux rien.

Elle avait détourné le regard. Ralph était son ami mais elle ne tolérait pas qu'il s'immisçât dans sa vie amoureuse.

— Il est encore temps de faire marche arrière. Au Viêtnam les choses prennent tout de suite un tour grave, ou, au contraire, on tourne tout en dérision, sachant qu'on peut crever dans la minute qui suit à force de voir les gens mourir autour de soi. Ne vous lancez pas dans une aventure avec un soldat, Paxton, ni même avec un correspondant. Vous serez malheureuse… Nous sommes tous un peu fêlés.

— Et vous ne croyez pas que je le suis un peu aussi ? Qu'est-ce que je fais ici ? Je suis aussi correspondante d'un journal !

Il sourit de sa fougue. Elle avait pour l'instant échappé aux atrocités qui étaient leur lot quotidien.

— Vous êtes encore novice, Pax. Il n'est pas trop tard… je vous le dis, ne fréquentez pas Bill Quinn de trop près. C'est un type formidable, et je l'adore, mais quoi qu'il arrive, vous allez souffrir.

— Et France ? riposta-t-elle.

Elle vit à son regard qu'elle avait abordé un sujet tabou.

— Je ne vois pas le rapport.

Et il avait disparu en hélicoptère pendant trois heures avec une équipe de toubibs.

Ils en étaient restés là, et elle ne jugea pas utile de rapporter cette conversation à Bill. De toute façon, les dés étaient jetés. Il lui prit la main tout en lui disant ces mille et une broutilles que l'on murmure à l'aube d'un amour naissant.

Ils avaient presque fini leur mousse au chocolat, lorsqu'une jolie Vietnamienne en *ao dai* entra dans le restaurant et y déposa une énorme brassée de fleurs. Bill la vit s'en aller, et en moins de temps qu'il n'en faut pour le dire, il saisit Paxton par le bras, la précipita sous la table, et lui fit un rempart de son corps, la pressant fortement contre la banquette. A ce moment précis, une formidable explosion secoua la salle de restaurant. Toutes les fenêtres sur rue volèrent en éclats et il y eut une violente bousculade autour d'eux. Pendant quelques secondes plana un silence effrayant, puis des cris fusèrent et un mur de flammes s'éleva quelque part sur leur droite. Bill l'entraîna vivement dans la rue, où les sirènes retentissaient déjà. Partout des gens hurlaient, et il se précipita à l'intérieur pour porter secours aux blessés. Elle le suivit tout de suite. A part des écorchures aux jambes, elle avait reçu un éclat de verre au bras et elle saignait, mais elle n'avait pas été touchée par l'explosion, même si elle se sentait sonnée par le choc. Elle aida à évacuer une femme dont le visage et les bras étaient couverts de sang. Paxton essaya de la réconforter en attendant l'ambulance. Bill et un autre homme sortirent deux corps du restaurant dévasté. La police et les médecins arrivèrent rapidement. Il y avait du sang partout, c'était un spectacle horrible. Paxton tremblait de tous ses membres lorsque Bill l'emmena vers sa voiture. Il l'attira contre lui et la prit dans ses bras. Elle se mit à pleurer et il l'embrassa doucement. Ils étaient tous les deux couverts de sang. Quelles terribles circonstances pour tomber amoureux !

— Mais qu'est-ce qu'on fait ici ? dit-il d'une voix blanche. – Il se dit qu'elle aurait pu être tuée et pour rien au monde il n'aurait voulu la perdre. – Pourquoi ne sommes-nous pas dans un endroit anodin comme New York, ou le Texas ?

— Parce que, répondit-elle en souriant à travers ses larmes, tu ne m'aurais jamais rencontrée et tu serais avec ta femme.

Elle rit tout en séchant ses larmes.

— Vous ne mâchez pas vos mots, mademoiselle Paxton Andrews.

— Je suis franche. C'est un de mes plus gros défauts.

— C'est une immense qualité. C'est une des raisons pour lesquelles je t'aime. Ici, on finit par ne plus supporter les faux-semblants. C'est ce qui m'a dégoûté quand je suis rentré aux Etats-Unis en permission : tout ce qu'on peut raconter comme fadaises… et personne n'y croit. En un certain sens, c'est plus facile ici… en tout cas ça l'était.

— Il y a souvent des attentats ?

— Oui.

— Pourquoi, fit-elle avec un sourire attristé, chaque fois que je suis avec toi, on dirait que je sors d'une tranchée ?

— Parce que tu es folle d'être là.

Il l'embrassa passionnément, avec toute la fougue d'un rescapé.

Il la raccompagna à son hôtel, et, sans un mot, ils montèrent jusqu'à sa chambre. Il avait acheté une bouteille de scotch en passant au bar, il la posa sur la table et se tourna vers elle avec un regard blessé.

— Pax, veux-tu que je m'en aille ?

Elle s'approcha doucement de lui en souriant. Elle

hésitait encore. Peter était mort depuis moins de quatre mois et elle avait toujours pensé qu'elle lui serait fidèle à jamais. Et soudain elle eut l'impression que tout cela appartenait à une autre vie, maintenant qu'elle était plongée dans un monde où seul comptait l'instant présent.

— Non, j'ai envie que tu restes.

Il se pencha et la prit dans ses bras avec toute la force d'un homme qui risque sa vie chaque jour et elle s'abandonna avec toute la violence d'une passion née de la peur et du désespoir. Ils venaient de frôler la mort et demain ils pouvaient être tués, mais pour l'éternité d'un instant, ils appartenaient l'un à l'autre.

Il ôta lentement sa robe réduite en lambeaux par l'explosion. Il avait encore du sang sur son uniforme. Il leur fallait effacer le passé, la souffrance et la solitude qui les avaient jetés l'un vers l'autre. Il gémit doucement en sentant le velours de sa peau contre la sienne.

— Oh ! Pax, tu es tellement belle !…

Il ne pouvait se rassasier de la caresser et de l'embrasser et de la serrer… elle avait encore les larmes aux yeux lorsqu'il la pénétra.

Elle ne pleurait ni sur le passé ni sur ce qui leur avait été enlevé, mais sur ce qu'ils venaient de découvrir ensemble.

16

Trois semaines plus tard, Paxton repartit en mission à Cu Chi avec Ralph.

En cette fin août 1968, l'élection à Chicago de

Hubert Humphrey à la tête du parti démocrate fut noyée dans le chaos de gigantesques manifestations contre la guerre – réprimées dans la violence et le sang. A Paris, les pourparlers de paix, engagés début mai entre Américains et Nord-Vietnamiens, stagnaient, les deux pays restant sur des positions inconciliables.

C'est d'un œil ironique que Paxton considérait ces nouvelles, car plus rien ne comptait réellement à ses yeux, à part sa vie avec Bill, ici et maintenant. Sa seule préoccupation était qu'il ne lui arrivât rien. Et chaque fois qu'il pouvait s'échapper pour venir passer la nuit avec elle – ce qui se produisait assez souvent –, c'était comme un lambeau de bonheur arraché à la dure réalité.

Pendant le trajet jusqu'à Cu Chi, Ralph s'abstint de tout commentaire, mais à la fin, n'y tenant plus, il se retourna vers elle :

— C'est sérieux, vous deux, n'est-ce pas ?

Elle hocha la tête, ne voulant rien dire en présence du chauffeur. Ralph avait pris soin de ne mentionner aucun nom, mais les ragots étaient colportés rapidement de Saigon à toutes les bases, et les histoires de coucherie alimentaient les conversations, sans compter le cortège de maladies vénériennes ou tropicales.

— Oui, dit-elle gravement. Il se pourrait que ça le devienne en tout cas. C'est si nouveau. Il faudra certainement que je mette certaines choses au point si…

Si cela durait… Ralph savait bien ce qu'elle voulait dire et il hocha la tête en signe de désapprobation.

— Vous êtes fous tous les deux. Je suppose que vous le savez ?

— Mais pourquoi ?

Elle voulait avoir confiance, malgré tout.

— Parce que tu vas souffrir, Pax. Ce n'est pas la peine que je te fasse un dessin, tu es une grande fille. Tu sais que les choix sont restreints ici.

Il pensait que si Bill en réchappait, il retournerait auprès de sa femme. Bien sûr, il pouvait quitter Debbie. Mais Ralph n'y croyait guère.

— Le Viêtnam t'a rendu cynique.

— Peut-être, admit-il. En tout cas, je connais la chanson.

Ralph alluma une cigarette. Il s'était mis récemment aux Ruby Queens, la marque locale.

— Mais le refrain peut changer. Tu n'es peut-être pas resté encore assez longtemps ici. Tu ne sais pas forcément tout.

— Ecoute, insista-t-il car il l'aimait bien, tu es plus douée que la moyenne des confrères. Tu écris des articles formidables. Un jour, tu auras le Pulitzer.

— Ouais, sûrement ! s'esclaffa-t-elle.

— Admettons. Peut-être pas. Mais tu es une bonne journaliste, tu le sais très bien. Pourquoi te compliquer la vie ainsi ? Tu n'es ici que pour six mois. Attends d'être rentrée pour te dégoter un prince charmant dans un bureau quelconque d'une ville tranquille comme Milwaukee.

Elle se tourna vivement vers lui.

— Ce qui est arrivé est arrivé. Je n'y suis pour rien. Je ne peux pas faire comme si ça n'existait pas. Il n'y a que ça de réel, tout le reste, c'est de la foutaise.

— Et si c'était l'inverse ?

— Alors c'est que je me serais trompée. Ça ne t'est jamais arrivé de te tromper, Ralph ?

Elle se garda bien de faire une nouvelle fois allusion à France, mais elle savait qu'il s'était épris d'elle pour les mêmes raisons. Parce que autour d'eux rôdaient la peur, le danger et la mort. Tomber amoureux était un réflexe de survie, ça ne se préméditait pas. Il n'était donc pas capable de le comprendre ?

— Ecoute, ne te mêle pas de ça. Je sais que tu as de bonnes intentions, mais tu ne comprends pas.

— Peut-être, dit-il tristement en éteignant sa cigarette.

Cet après-midi-là, en les observant tous les deux, il se dit qu'elle avait peut-être raison. Il se passait indéniablement quelque chose de très fort et de très émouvant entre eux, qu'ils essayaient vainement de dissimuler à l'entourage. Leur attirance mutuelle, basée sur le respect et la tendresse, irradiait malgré eux.

Ce qui mettait le sergent Tony Campobello hors de lui. Il fut à peine poli avec elle et s'adressa à son supérieur d'un ton glacial. Bill souleva un sourcil d'un air amusé.

Un après-midi, ils tombèrent sur lui à la coopérative de Tan Son Nhut ; Paxton ne put s'empêcher de lui parler pendant que Bill payait à la caisse.

— Je suis désolée…

Tony lui coupa la parole.

— Pourquoi ?

— Je sais ce que vous ressentez…

— Mes sentiments n'entrent pas en ligne de compte, dit-il froidement.

— Alors pourquoi m'en voulez-vous ? Vous ne m'aimez pas ?

Elle le regarda droit dans les yeux – Tony était à peu près de sa taille, et il soutint son regard.

— Je me fiche pas mal de vous.

Peu lui importait de dépasser les bornes, il voulait

avant tout qu'elle sache à quoi s'en tenir. Il ne pouvait décidément pas la voir.

— C'est pour lui que je m'en fais. Il m'a sauvé la vie plus d'une fois. A moi et à un nombre incalculable d'hommes. Or maintenant il risque la sienne à cause de vous.

Elle fut choquée de l'entendre parler ainsi. Elle ne désirait qu'une chose au monde : qu'il reste vivant, quitte à le voir retourner auprès de sa femme. Ce type délirait complètement.

— Comment osez-vous dire une chose pareille ?

— Ecoutez, Miss, vous n'avez aucune idée de ce qu'il en coûte de rester en vie ici. Quand on est à plat ventre dans les buissons, il ne faut penser qu'à soi. Si vous faites plus attention à votre copain qu'à vous-même, vous êtes un homme mort. Et lui, savez-vous à quoi il pense ? Ni à lui, ni à nous, ni au Viet qui guette dans le tunnel, non, il est là, avec un sourire béat, il pense à vous. Si ça continue il va prendre une balle dans la peau ou sauter sur une mine ! Tout ça par votre faute, Miss ! Pensez à ça la prochaine fois que vous le toucherez.

Bill revint avec ses achats, sourire aux lèvres.

— Salut, Tony. Tu connais Paxton, je crois ?

Bill fut surpris par le regard que Paxton jeta à Tony alors que celui-ci acquiesça avant de prendre congé avec un salut réglementaire. Elle ne souffla mot à Bill de sa discussion avec Tony, mais cette nuit-là, elle ne dormit guère. Peut-être avait-il raison, peut-être leur amour risquait-il de causer leur perte à tous deux ? Peut-être n'y avait-il pas de place pour l'amour dans ce monde cruel ? Pourtant tout le monde aimait quelqu'un, même si cela ne durait pas. Ralph, qui lui disait qu'elle n'avait pas le droit d'aimer Bill, vivait avec une Eurasienne à Gia Dinh… Mais pourquoi donc s'étaient-ils ligués contre elle ?

— Tu étais terriblement silencieuse hier soir, lui dit Bill le lendemain matin.

Il avait remarqué son trouble, mais il ne disposait que de trois jours de repos et elle ne voulait pas les lui gâcher. Elle se contenta de lui dire qu'elle était préoccupée par un article.

Ils passèrent ces trois jours de vacances à Vung Tau, une ravissante petite ville côtière bordée de jolies plages. Paxton se sentait heureuse. Ils vivaient intensément l'instant présent, abordant le moins possible la question de leur avenir. En rentrant aux Etats-Unis, Bill aurait à prendre une décision à propos de Debbie. Ils devaient rentrer au même moment. Elle avait promis d'être là-bas pour Noël, et lui devait être démobilisé un mois plus tard. De retour à San Francisco fin janvier, il lui faudrait réapprendre à vivre. Il avait décidé de ne pas rempiler, et Paxton l'approuvait. Quatre fois, c'était déjà beaucoup.

— Tu supporterais de travailler pour l'armée ? lui demanda-t-il un soir, au lit.

— Pourquoi pas ? Je pourrais écrire pour *Stars and Stripes*, répondit-elle en souriant.

— Tu es trop bien pour eux !

— Tu parles !

Elle le fit taire d'un baiser.

Ces trois jours à Vung Tau furent si merveilleux qu'ils y retournèrent en octobre. Peu après, il alla passer une semaine à Hong Kong avec Debbie. Ils en avaient longuement parlé avec Paxton ; il était tenté d'annuler cette rencontre, mais elle le poussa à s'y rendre, quoi qu'il lui en coûtât. Elle pensait qu'il ne pouvait pas faire ça à Debbie, ce n'était ni le moment ni le lieu pour créer un affrontement. Mais, à son retour, il fut d'humeur sombre pendant plusieurs semaines. Debbie l'avait poussé à bout : elle s'était récemment découvert une vocation pacifiste et l'avait traité d'assassin. Elle voulait une nouvelle voiture et elle en avait par-dessus la tête de l'armée…

Début novembre 1968, Nixon fut élu président des Etats-Unis, et Paxton reçut de bonnes nouvelles de chez elle. Sa mère, apparemment très en forme, comptait les jours les séparant de Noël. Gabby lui écrivit qu'elle attendait un troisième enfant. La vie semblait suivre son cours, et Paxton se demanda quel effet ça lui ferait de les revoir. Elle avait l'impression de vivre depuis cinq mois sur une autre planète.

Elle s'en ouvrit à Bill un soir qu'ils dînaient ensemble :

— Tu sais, j'ai honte de le dire, mais je n'ai pas envie de rentrer pour Noël.

Elle préférait rester avec lui, au Viêtnam. Elle détestait depuis toujours les fêtes de Noël à Savannah… alors sans Queenie, ce serait encore plus sinistre. Aux Etats-Unis, elle serait de nouveau assaillie par le souvenir de Peter. Son image ne la torturait plus, elle gardait simplement intact son amour pour lui – même si les choses avaient changé, maintenant qu'elle connaissait Bill. Il le comprenait parfaitement.

— Pourquoi ne restes-tu pas ici ?

Il aurait dû au contraire la pousser à partir, mais c'était au-dessus de ses forces. Ce seraient leurs derniers moments de bonheur. Ensuite il lui faudrait affronter Debbie et la vie civile.

— Tu aimerais que je reste ? dit-elle d'un ton malicieux.

— Bien sûr.

— Dans ce cas, je ne partirai pas.

Elle se pencha pour l'embrasser et ils montèrent dans sa chambre où ils firent l'amour toute la nuit sans arriver à se rassasier l'un de l'autre.

Le lendemain matin elle envoya un télex au *Sun* : « Ne rentrerai pas en décembre. Articles importants en vue. Serai de retour vers 15 janvier. Prière prévenir famille Savannah. Paxton Andrews. »

Elle soupçonnait que sa décision créerait quelque remue-ménage mais ça lui était égal. Elle voulait rester avec Bill, et vivre avec lui ce premier et peut-être dernier Noël ensemble. S'il choisissait de mettre un terme à leur aventure, ils auraient au moins partagé quelques moments de bonheur. Elle avait maintenant acquis ce détachement que donne la présence constante du danger.

Ils prièrent ensemble à la messe de minuit et s'éveillèrent dans les bras l'un de l'autre le matin de Noël. Bill lui avait offert un ravissant bracelet en or, qu'il avait acheté à Hong Kong au mois d'octobre, orné d'un petit diamant et gravé à leurs initiales à l'intérieur à côté de la date : Noël 68.

A la coopérative il lui avait également acheté un sweater et elle lui offrit une montre, des livres commandés aux Etats-Unis et des caleçons rigolos trouvés au marché noir. Pour dérisoire que pût paraître cet échange de cadeaux étant donné les circonstances, cela leur mit un peu de baume au cœur.

— Ce n'est que le premier, avait-il chuchoté sur un ton sibyllin en lui passant le bracelet au bras et en l'embrassant tendrement.

L'après-midi, ils assistèrent au spectacle de Martha Raye, qui remporta un franc succès. Bob Hope, qui se produisait à Da Nang le même jour, fut applaudi par dix mille soldats, hommes et femmes. Le clou du spectacle était la prestation d'Ann-Margret, et Paxton eut la sensation que ce genre de show provocant ne faisait qu'aviver les frustrations, mais les hommes avaient l'air d'aimer ça. A la fin du spectacle, Bob Hope reçut des mains du général Abrams la médaille du Service civil exceptionnel, sous les ovations du public enthousiaste.

Ils rencontrèrent Tony Campobello et Ralph, qui couvrait l'événement pour l'Associated Press. Il avait emmené France et son fils, An, un adorable petit garçon, vivant portrait de sa mère.

Bill et Paxton bavardèrent un instant avec Ralph et France, puis se perdirent dans la foule et ne revirent plus Tony, qui ne semblait guère être revenu sur ses premières impressions vis-à-vis de Paxton. Mais tout cela n'avait pas beaucoup d'importance : Bill et elle devaient rentrer d'ici à un mois et ils avaient souvent évoqué l'incongruité de leur situation : ils vivraient dans la même ville, mais pas ensemble.

— Ça ne durera pas longtemps, ne cessait-il de lui répéter.

Paxton se demandait malgré tout quelle serait sa réaction une fois chez lui, lorsqu'il reverrait ses enfants. Elle sentait confusément qu'il n'était pas encore prêt à les quitter, quoi qu'il pût en dire en ce moment, dans l'élan amoureux.

Ils passèrent la soirée de la Saint-Sylvestre au club des officiers, puis allèrent prendre un verre au *Penthouse*. Ils firent l'amour avec toute la fougue de leur passion naissante et passèrent le réveillon le plus tendre et le plus amoureux qui fût. Ils dormirent une partie de l'après-midi et, à la tombée de la nuit, il dut regagner sa base de Cu Chi, où il resterait deux jours. De son côté, elle avait un article à écrire pour le *Sun*. Sa rubrique, intitulée « Lettre du Viêtnam », était très populaire auprès des lecteurs, et elle recevait un abondant courrier, que le journal lui faisait suivre à Saigon. Elle essayait de transcrire honnêtement ce qui se passait ici, son intégrité irradiait à travers son écriture et les lecteurs ne s'y trompaient pas. Ed Wilson était particulièrement satisfait de son travail et se félicitait à présent de lui avoir confié ces reportages de tout premier plan au Viêtnam. Dans un certain sens, il avait l'impression qu'elle avait vengé la mémoire de son fils, et que Peter n'était pas mort en vain. Elle était partie pour retracer son histoire, qui se confondait avec celle d'un demi-million de jeunes gens. Elle était très touchée par les lettres des lecteurs et, quand son emploi du temps le lui permettait, elle leur répondait volontiers.

Elle devait écrire un papier sur les mendiants de Saigon, et en peaufiner un autre sur Huê, l'ancienne capitale impériale – sans compter le spectacle de Martha Raye et le show de Bob Hope. Elle avait beaucoup travaillé ces deux derniers jours et elle tapait encore à la machine vers huit heures, le soir où Bill devait revenir. Il était en retard, ce qui arrivait parfois – d'autant que Tony Campobello s'ingéniait à lui mettre des bâtons dans les roues, sachant qu'il avait rendez-vous avec elle. Bill était assez complaisant à son égard et ce petit jeu le faisait sourire, en revanche l'attitude hostile du sergent agaçait nettement Paxton.

A dix heures il n'était pas encore là, mais elle ne s'inquiéta guère : ses responsabilités l'empêchaient d'avoir des horaires précis, surtout ces derniers temps ; il préparait son départ et essayait d'obtenir un remplaçant des Etats-Unis, et Paxxie savait que ce n'était pas une tâche aisée.

Lorsqu'elle jeta un nouveau coup d'œil à sa montre, il était déjà onze heures, et elle se mit à faire les cent pas dans la pièce. A minuit, elle commença à s'inquiéter sérieusement et décida d'aller voir dans le hall s'il n'avait pas été accroché au passage par quelqu'un de connaissance. Mais elle ne vit personne au bar, pas même Nigel. Quant à Ralph, il était allé passer le nouvel an chez des amis de France, à Hau Bon.

Elle erra dans le hall pendant un bon moment, mais il ne vint pas. Il était trop tard pour appeler la base, aussi regagna-t-elle sa chambre, où elle resta assise sur son lit une bonne partie de la nuit à se demander quel empêchement l'avait ainsi retenu. Elle finit par s'endormir à quatre heures du matin, et se réveilla à l'aube. Elle avait espéré le trouver à ses côtés au réveil : ça lui était déjà arrivé de venir ainsi à l'improviste quand il pouvait se libérer.

Mais ce matin-là, sa place dans le lit resta vide, et dès sept heures et demie, elle alla à l'Associated Press consulter les télétypes : à part un attentat au plastic dans un bar et une bagarre de rue à Cholon, la nuit avait été relativement calme.

Elle savait que Ralph devait rentrer dans la nuit, aussi l'appela-t-elle chez lui, une heure plus tard. Elle se sentit un peu ridicule, mais elle n'avait personne d'autre à qui se confier.

— Tu vas me trouver idiote, mais j'ai attendu Bill

toute la nuit… Je suis sûre que tout va bien, mais j'ai pensé que…

— Et alors, Pax ? grogna-t-il en se retournant dans son lit. Tu veux que je téléphone à la base ?

— Ouais.

— Pourquoi n'appelles-tu pas toi-même, tu as les mêmes libertés que moi ?

— Je t'en fiche ! Tout le monde est au courant de ma relation avec Bill.

Il était vrai que, malgré leurs précautions, c'était devenu un secret de polichinelle.

— Et alors ?

— Alors je ne veux pas passer pour la petite amie qui vient fourrer son nez partout. Je veux simplement être rassurée… et qu'il sache qu'il peut venir quand il veut.

L'idée qu'il fût quelque part avec une autre ne l'avait même pas effleurée. Ils étaient tellement amoureux l'un de l'autre…

— Okay, j'appellerai. Qu'est-ce que tu veux savoir au juste ?

— Que la base de Cu Chi est encore debout, et que Bill va bien.

Il s'assit sur le lit et sourit à France. Il était à la fois heureux et soucieux à son propos. Elle lui avait annoncé la nuit précédente qu'elle était enceinte et souhaitait garder le bébé.

— Si jamais ils ont fait sauter la base de Cu Chi, on est dans un sacré pétrin ! Cet endroit est plus important que New York ! dit Ralph.

— Trêve de plaisanterie, Johnson, appelle-les, pria Paxton.

— D'accord.

Il raccrocha et se pencha pour embrasser France.

— Elle va bien ?

Elle aimait bien Paxton, et même si elle la connaissait peu, elle avait une sorte de complicité tacite avec elle.

— Ça va. C'est l'approche du départ qui la rend un peu nerveuse. Ils sont tous comme ça avant de rentrer. Ils vont me rendre fou !

— Et toi, mon amour, quand est-ce que tu rentreras ? fit-elle avec une expression mélancolique.

— Jamais. Sauf si tu viens avec moi.

Mais elle ne voulait pas être traitée comme une prostituée aux Etats-Unis et il n'était pas question pour elle de quitter Saigon.

Ralph s'assit sur le bord du lit et téléphona à Cu Chi. Il connaissait une ou deux personnes là-bas, mais son principal contact était Bill, et il demanda directement son unité. Il tomba sur un type qui le fit attendre un bon moment. Il se demanda alors si quelque chose d'anormal ne s'était pas produit ; à l'autre bout du fil on cherchait manifestement à donner le change : on lui avait passé un autre correspondant et il demanda alors à parler au sergent Campobello. Il y eut encore une pause interminable et il se douta qu'il s'était passé quelque chose.

— Tony ? Ralph Johnson, de l'Associated Press, à Saigon.

Il lui parlait comme s'ils étaient amis de longue date. En fait Tony lui en voulait d'avoir présenté Paxton à Bill, et il était du genre rancunier.

— Qu'y a-t-il pour votre service ?

La voix était rauque, glaciale.

— C'est-à-dire… tout à fait officieusement, nous… je voulais savoir s'il n'était rien arrivé de grave…

A n'importe qui d'autre, il aurait demandé tout simplement des nouvelles de Bill, mais il ne tenait pas à ce que cet entêté se doutât qu'il appelait de la part de Paxton, et il se sentit comme un gamin maladroit.

— Enfin, selon certaines rumeurs, vous auriez eu des ennuis… Est-ce que tout va bien ?

Un lourd silence lui répondit.

— C'est une façon de voir les choses. Nous n'avons eu qu'un mort ce week-end. Rien qu'un, c'est de la chance, non ? finit-il par répondre d'un ton cynique et amer.

— Oui, fit prudemment Ralph.

— L'ennui, c'est que c'était – sa voix se brisa – notre commandant. Vous vous souvenez ? Un grand type, bel homme, Bill Quinn ?

Ralph sentit son sang se glacer dans ses veines.

— Oh ! mon Dieu ! Comment est-ce arrivé ? demanda Ralph d'une voix blanche.

On aurait dit que Tony pleurait à l'autre bout du fil.

— Comment ? Oh ! c'est simple ! Il était tombé amoureux de cette petite salope et il ne faisait plus attention, il se prenait pour le prince charmant ou pour un chevalier de la Table ronde… Toujours est-il qu'hier, un de nos hommes avait peur de descendre dans un tunnel, alors devinez qui y est allé ? Le capitaine, bien entendu. Il était persuadé qu'une fois de plus il aurait le type à l'autre bout. Mais voilà, cette fois-ci il a échoué, parce qu'il a été trop lent ; il n'était plus aussi leste qu'avant, il avait autre chose en tête : il ne pensait qu'à son retour avec elle ! Il allait envoyer promener sa femme et ses enfants probablement… Et pendant ce temps-là, le petit Viet lui a fait sauter la cervelle.

Ralph faillit se trouver mal en entendant ce récit. Quelle cruauté et quelle ironie du sort ! Se faire tuer deux semaines avant d'être démobilisé ! Bill Quinn était un type formidable. Et il était tellement amoureux de Paxton ! Comment allait-il lui annoncer ça ?

Tony pleurait ouvertement à présent.

— Ça va vous faire un bon papier, vous êtes content ? Vous avez pris des notes, ou vous voulez venir voir le corps ? Ils ne le rapatrient que demain après-midi. Au moins il ne partira pas avec sa petite amie.

Bill n'était certes pas le premier à tomber amoureux ici et à tromper sa femme ; Tony en avait vu plus d'un perdre toute prudence et se faire tuer parce qu'il avait la tête ailleurs. Il l'avait prédit et restait persuadé que Bill était mort à cause de Paxton et il n'en démordrait pas.

— Ça va la tuer, dit Ralph, pensant tout haut.

— J'espère bien. Elle ne mérite que ça, dit Tony à travers ses larmes.

— Vous ne pensez pas réellement ce que vous dites.

— Elle a tué mon capitaine.

— Votre capitaine était un homme responsable.

Ralph mettait un point d'honneur à prendre sa défense devant la fureur de cet homme et il commençait à être en colère. Elle n'avait tué personne. Elle n'avait fait de mal qu'à elle-même. Elle avait tenté sa chance, et elle avait perdu.

— Il avait fait ses choix, Campobello. Et elle aussi. Il savait ce qu'il faisait, et s'il s'est fait avoir hier, c'est que le Viet devait être bougrement rusé. Vous ne me ferez pas croire que Bill Quinn ait pu commettre une imprudence.

Il y avait du vrai là-dedans, mais Campobello ne voulait rien entendre.

— Foutaises. Il n'aurait jamais dû descendre dans ce trou.

— Alors pourquoi y est-il allé ?

— Peut-être pour prouver quelque chose… Je vous dis qu'il pensait à elle !

— Il n'était pas si bêtement sentimental, ni même si téméraire.

Malgré tout il fallait être un peu fou pour être rat de tunnel – Bill en était lui-même convenu.

— Il était fou d'elle.

— C'est vrai, reconnut Ralph par respect pour l'un et l'autre. Mais ça ne regardait que lui et je ne pense pas que ça ait eu la moindre répercussion sur son métier. Je n'y crois pas une seconde. Et vous feriez bien de garder vos opinions pour vous, Campobello. Elle va être effondrée quand elle va apprendre la nouvelle et si par hasard vous la rencontrez, épargnez-lui vos accusations. Accordez-moi cette faveur, et conduisez-vous en gentleman.

— Allez vous faire voir ! hurla-t-il dans le récepteur. Cette salope a tué mon capitaine !

Il pleurait à nouveau. On aurait dit un orphelin auprès de sa mère morte, prêt à mordre quiconque oserait s'en approcher.

Après que Tony eut violemment raccroché le combiné, Ralph resta longtemps assis sur le lit, le regard perdu. Qu'est-ce qu'il allait bien pouvoir lui dire ?

France avait entendu toute la conversation et lorsque enfin il se leva, elle alla vers lui et lui mit tendrement la main sur l'épaule.

— Je suis désolée pour ton ami. Et pour elle.

Elle avait un adorable accent français, elle était douce, et fine. Il la prit dans ses bras.

— Moi aussi. J'avais pourtant essayé de les prévenir, au début.

— De quoi ?

— Je pensais qu'ils avaient tort. Le prix à payer est trop lourd ici, lorsqu'on perd. J'ai essayé de le leur dire, mais ils ne m'ont pas écouté.

— Ils ne pouvaient peut-être pas.

Finalement, elle était plus lucide que lui.

Une heure plus tard il frappait à la porte de Paxton, une lueur sinistre dans le regard. Elle portait des jeans, une chemise de Bill, ses bottes de combat, et arborait une expression pathétique qui ajoutait encore à sa beauté. Elle s'effaça pour le faire entrer :

— Alors, tu as pu apprendre quelque chose ?

Il se laissa tomber lourdement sur la chaise où Bill s'était si souvent assis… Il aurait donné n'importe quoi pour ne pas avoir à vivre ce qui allait suivre.

— Alors, qu'est-ce qu'ils t'ont dit ?

Comment le lui annoncer ? Il avait déjà fait ça des milliers de fois, mais là c'était plus qu'il n'en pouvait supporter. A trente-neuf ans il avait pourtant côtoyé la mort plus souvent qu'à son tour. Il se cacha le visage dans les mains, puis la regarda.

— Il a été tué hier, Pax.

Sa voix sonna comme un glas dans la pièce et elle crut qu'elle allait s'évanouir. La première image qui s'imposa à son esprit fut celle d'Ed Wilson venant lui annoncer la mort de Peter et elle eut l'impression de revivre le même cauchemar. Elle s'assit lentement sur le lit et le dévisagea, incrédule.

— Ce n'est pas possible.

— C'est la vérité. Il s'est fait descendre par un Viet au fond d'un tunnel. Ça a été rapide. Il n'a pas souffert.

En réalité il n'en savait rien, c'était un pieux mensonge. Il lui offrit sa main, mais elle ne bougea pas.

— Puis-je le voir ?

— Il vaudrait mieux pas, dit-il en se remémorant le récit de Tony. Ils vont le rapatrier demain.

— Deux semaines plus tôt que prévu, dit-elle comme une automate.

Elle resta un moment immobile, le regard fixe, pâle comme une morte, avec le sentiment de n'avoir plus personne au monde. Elle n'avait que vingt-trois ans et les deux hommes qu'elle avait aimés étaient morts dans cette guerre atroce. Elle eut la sensation que sa propre vie touchait à sa fin.

— Tu savais que cela risquait d'arriver, Pax. Nous prenons tous ce risque en venant ici. Ça aurait pu être moi cet après-midi-là, ou toi… C'est tombé sur lui.

Lentement d'abord, les larmes se mirent à rouler sur ses joues. Ralph vint s'asseoir à côté d'elle, la prit dans ses bras et elle se laissa aller au chagrin qui grondait en elle comme un orage prêt à éclater. Elle pleura longtemps ainsi. Ralph se taisait, sachant que les mots étaient impuissants. Elle avait tout perdu. Il s'était enfui à tout jamais, comme un souvenir, comme un rêve. Il ne lui restait que ce petit bracelet dont il lui avait fait cadeau à Noël, qu'elle fixait désespérément. Soudain elle pensa que l'armée allait envoyer ses affaires personnelles à Debbie. Les livres qu'elle lui avait offerts, où elle avait inscrit des dédicaces, des photos prises à Vung Tau, ses lettres et autres babioles…

— Mon Dieu, ce n'est pas possible !

Elle lui fit part de ses craintes.

— Tu sais, sa femme comprendra : c'était la guerre. Il n'est pas le premier à qui c'est arrivé. Il était resté si longtemps…

— Mais ce n'est pas juste ! Pourquoi devrait-elle vivre avec ce poids ? Et ses enfants ? On ne peut rien faire ?

Elle pensait à la réaction de sa mère lorsque son père était mort en compagnie d'une autre femme.

Ralph réfléchit un instant, admiratif.

— Je ne sais pas.

L'armée était très pointilleuse sur la question et renvoyait à la famille toutes les affaires personnelles, y compris les sous-vêtements et les cartes postales.

— A qui pourrions-nous parler ?

Ils avaient tous deux pensé à la même personne, et Ralph grogna à cette idée.

— Campobello, dit Paxton la première.

— Grand Dieu, j'ai bien peur qu'il ne m'envoie promener, Pax.

— Alors je vais l'appeler. Non, je vais aller le voir, plutôt. Il doit être retourné, lui aussi.

C'était un euphémisme, mais Ralph ne voulut pas lui dire à quel point ce type la haïssait et la tenait pour responsable de la mort de Bill.

— Laisse-moi m'occuper de ça, veux-tu ?

Elle se moucha et sa voix était encore tremblante mais résolue.

— Au nom de Bill, je dois le faire moi-même. Je vais y aller.

— Tête de mule ! Je t'accompagne.

Elle n'imaginait pas dans quel guêpier elle allait se fourrer, mais tout effort de dissuasion serait vain,

Ralph le savait. Il ne fallait pas que Debbie connût l'existence de leur liaison et cet objectif lui redonna un semblant d'énergie et l'impression de maîtriser un petit peu mieux sa douleur.

Dès leur arrivée à Cu Chi, ils se trouvèrent nez à nez avec Campobello, qui se jeta littéralement sur Paxton ; Ralph dut intervenir en le secouant vigoureusement par les épaules.

— Pour l'amour du ciel, arrêtez ! Vous ne voyez pas dans quel état elle est ?

— Je m'en fiche ! Vous savez dans quel état il est, lui ? hurla-t-il, le visage ruisselant de larmes.

Il lui avait craché tout son venin à la figure et maintenant il tremblait de tous ses membres.

— Je vous en prie… je l'aimais.

Elle tomba à genoux, prise d'un haut-le-cœur. Campobello, pâle à faire peur, l'observait sans aménité, toujours fermement maintenu par Ralph.

Une scène étrange se jouait là, dans un silence de mort, sous les yeux des recrues intriguées : Campobello et Paxton dans un face-à-face lourd de haine douloureuse.

— Je l'aimais. Etes-vous incapable de le comprendre ?

— Moi aussi, répondit-il entre deux sanglots. Je me serais fait tuer pour lui ! Lui qui m'a sauvé la vie dans un de ces sales trous de rats, je n'ai rien pu faire pour lui…

— Personne n'aurait rien pu y faire, mon vieux, dit Ralph en le relâchant. Personne ne peut aider personne ici. C'est la roulette russe. Il y en a qui sont d'une prudence de serpent et qui se font descendre le dernier jour, quand d'autres au contraire s'en tirent sans une égratignure alors qu'ils sont éméchés tout le temps. C'est la loterie, le destin, ou Dieu, appelez ça comme vous voulez, mais ce n'est pas la haine qui y changera quoi que ce soit.

Campobello savait bien qu'il avait raison, mais ça le rendait fou. Trop d'hommes étaient morts sous ses yeux, et maintenant c'était le tour de son capitaine, celui qui lui avait sauvé la vie et qu'il adorait, avec qui il avait partagé tant de choses… Il fallait un coupable… et c'était Paxton.

Ralph lui expliqua calmement le but de leur incursion. Campobello eut l'air stupéfait.

— Pouvez-vous nous aider, mon vieux ? Elle a raison. Ce n'est pas la peine que toutes ses affaires parviennent à sa femme.

Le sergent sentit à nouveau la colère monter en lui, mais elle soutint son regard sans ciller bien qu'elle fût encore sous le choc.

— Vous avez peur qu'elle découvre votre secret, hein, c'est ça ?

— Non. J'ai peur de les faire souffrir, elle et ses filles. Il les aimait, et il est inutile qu'elles soient au courant de nos projets de mariage. Ça n'intéresse plus personne maintenant. Quand mon père est mort dans un accident d'avion, il était avec une autre femme. Ma mère a dû vivre avec ce poids toute sa vie. Moi aussi j'aurais préféré ne jamais l'apprendre, même si je m'en doutais un peu. Elles n'ont pas besoin de savoir. Elles vont déjà souffrir assez comme ça… Je voudrais récupérer mes affaires, s'il vous plaît.

— Quoi, par exemple ? demanda-t-il d'un air soupçonneux.

— Trois livres de poésie dédicacés, quelques photos

et des lettres. Il y a aussi… des sous-vêtements humoristiques que je lui avais offerts à Noël, et une boucle de mes cheveux.

— Pourquoi voulez-vous récupérer tout ça ?

Il s'approcha d'elle, incapable de croire qu'elle n'avait rien d'autre derrière la tête.

— Je vous l'ai dit. C'est assez triste comme ça, ce n'est pas la peine d'en rajouter, vous ne croyez pas ?

L'espace d'une seconde, il se dit que c'était une fille bien, et ça lui fit encore plus de peine. Penser que Bill l'avait vraiment aimée, que peut-être il était mort à cause d'elle…

Cette guerre impitoyable les avait tous épuisés, physiquement et moralement, aussi bien Paxton que Ralph ou Campobello…

— Vous allez rentrer chez vous ? lui demanda-t-il, oubliant la présence de Ralph.

— Je ne sais pas, répondit-elle en haussant les épaules d'un air las. Sans doute.

— Je vais chercher vos affaires. Attendez-moi ici.

Paxton se remit à pleurer en silence. Ralph fumait ses Ruby Queens.

Le sergent revint au bout d'une demi-heure avec un petit colis.

— J'ai trouvé tout ce que vous m'avez demandé, sauf la mèche de cheveux.

Elle se demanda s'il la portait sur lui lorsqu'il avait été tué, mais elle n'en dit mot de peur de s'attirer à nouveau les foudres de Campobello.

— Merci, dit-elle doucement, en essayant de rester maîtresse d'elle-même.

C'était dérisoire et pathétique. Voilà tout ce qui subsistait de leur grand amour, de leurs espoirs et de leurs rêves… Tout cela était réduit à néant, tout comme les villes détruites et les villages rasés.

Il la regarda se diriger vers la Jeep de Ralph.

— Hé ! Je suis désolé.

Elle se retourna et l'observa un instant. Ses lèvres tremblaient.

— Moi aussi, répondit-elle sans chercher à comprendre s'il s'excusait ou non.

Il les regarda s'éloigner et resta longtemps immobile, les yeux rivés sur la route de Saigon.

17

Elle était assise sur son lit, les bras croisés, une lueur belliqueuse dans le regard. Ralph se tenait debout à côté d'elle, l'air soucieux.

Nixon avait prêté serment depuis une semaine, ça faisait déjà un mois que Bill était mort et qu'elle aurait dû rentrer aux Etats-Unis.

— Il faut que tu rentres. Tes six mois sont passés et tu n'as plus aucune raison de rester. Ce n'est pas ça qui fera revivre Bill. Ton journal te réclame à cor et à cri, Pax, ils m'envoient télex sur télex, c'est à devenir fou. Ça fait sept mois que tu es ici.

— Et toi ça fait des années.

— Ça n'a rien à voir, Pax. Je suis correspondant permanent et j'ai fait ma vie ici : je vis avec la femme que j'aime, et nous allons avoir un enfant. Je n'ai plus de famille aux Etats-Unis : mes parents sont morts et je n'ai plus de contact avec ma sœur depuis dix ans.

Tu vas devenir cinglée si tu restes ici, comme ces rats de tunnel qui ne veulent plus sortir. Rentre, change-toi les idées, prends un peu de bon temps, et si tu tiens tant que ça à ce fichu pays, demande au *Sun* ou à un autre journal de te renvoyer. Mais si tu ne fiches pas le camp tout de suite, tu vas faire une bêtise.

Elle avait déjà fait deux sorties avec Nigel et Jean-Pierre et ce qu'elle avait écrit depuis trahissait trop sa fatigue et son amertume pour faire de bons papiers.

— Va-t'en avant que je ne leur demande de venir te chercher.

De plus, elle ne faisait guère attention à sa nourriture et avait attrapé une dysenterie avec de fortes poussées de fièvre. Depuis la mort de Bill, elle avait une mine affreuse et s'épuisait à essayer de cacher son chagrin aux yeux de son entourage.

— Je t'en prie, sois raisonnable. Ne m'oblige pas à faire venir quelqu'un de San Francisco pour te ramener. Le type du *Sun* devient dingue : il est prêt à te faire expulser par l'ambassade !

— D'accord, je rentre. Tu as gagné.

— Grâce au Ciel !

Il poussa un soupir de soulagement. Il s'était tellement fait de souci pour elle ces derniers temps ! Une fois, à la coopérative, il était tombé sur Campobello, qui n'avait pas l'air brillant non plus. La mort de Bill leur en avait fichu un sacré coup !

— Tu pars quand ? Demain, ça t'irait ?

— Pourquoi si vite ?

Elle aurait voulu prendre son temps. Rester encore un peu là où Bill et elle avaient été heureux, c'était comme rester un peu avec lui.

— Pourquoi pas ? Je peux t'avoir un billet pour

demain. Il y a un avion vers midi. Je tiens à ce que tu le prennes.

— Tu veux te débarrasser de moi, fit-elle en souriant à travers ses larmes.

C'était un véritable déchirement de les quitter, lui et les autres, et Saigon dont elle avait appris à aimer le bruit et la fureur.

— En fait, je suis jaloux de tes articles. Je n'aurais jamais le Pulitzer si tu continues à traîner tes guêtres par ici !

— Tu viendras me voir à San Francisco ? dit-elle avec un petit sourire résigné.

— Tu vas vivre là-bas ?

— Je pense. S'ils me donnent un boulot au journal.

Il lui décocha un sourire admiratif. Il l'aimait comme une petite sœur, et il sentit qu'elle allait terriblement lui manquer.

— Il faudrait qu'ils aient perdu la tête pour ne pas te donner de boulot. Mademoiselle, vous êtes un sacré bon reporter !

— Venant de toi, cela me touche beaucoup, dit-elle avec respect. Tu vas me manquer, tu sais. On dîne ensemble ce soir ?

— Bien sûr.

Il vint seul car il ne tenait pas trop à ce que France fréquentât les autres journalistes, et puis ce soir il voulait être en tête à tête avec Paxton.

— Ça ira ? lui demanda-t-il gravement après leur deuxième scotch.

— J'espère, dit-elle en contemplant le fond de son verre comme si la réponse s'y trouvait gravée… Est-ce qu'on redevient jamais comme avant une fois qu'on a vécu ici ?

— Non, je ne crois pas. Disons que certains arrivent à dissimuler mieux que d'autres. Ton séjour n'a peut-être pas été assez long pour te transformer.

— Je crois que si.

Il avait bien peur qu'elle eût raison.

— Peut-être le crois-tu, à cause de Bill ?

Ralph en avait vu, des gens que le Viêtnam avait détruits : la drogue, les maladies vénériennes, le danger, les blessures du corps comme celles de l'âme. Il y avait un tel décalage entre la beauté du pays et l'absurdité de leur présence ici… Il espérait qu'elle n'était pas restée assez pour succomber elle aussi à la séduction vénéneuse de ce pays.

— Tu verras, une fois là-bas, tu te sentiras revivre.

Elle ne lui rendit pas son sourire.

— Je suppose que c'est la même chose pour tout le monde. Même pour toi, un jour si tu voulais… Ça serait formidable que tu reviennes. Ça va être dur, sans toi. Comment raconter aux gens ce qu'on a vu ?

— Tu as parlé de Bill à ta famille ?

Elle fit signe que non. Elle n'en avait parlé à personne. Elle attendait de connaître sa décision à propos de Debbie. Elle n'avait pas écarté l'hypothèse qu'il restât avec elle et ils en avaient souvent discuté ensemble.

— Je ne leur dirai rien maintenant. C'est inutile.

Il approuva. Il est des choses qu'on ne dit pas à propos de Saigon.

Ils restèrent ensemble une partie de la nuit à boire et à parler. Lorsqu'il vint la chercher pour la conduire à l'aéroport, elle avait le même bagage léger qu'à l'aller, mais au cœur une peine infiniment plus lourde. Le Viêtnam lui avait ravi les deux hommes qu'elle avait adorés, et malgré tout elle aimait ce pays.

— Pax, si tu veux te rendre service, dit-il avec un sourire triste, oublie ce pays le plus vite possible, sinon tu en crèveras.

Quelque chose lui dit qu'il avait raison, mais le fond de son être ne tenait pas à oublier ce qu'elle avait vécu ici.

— Prends bien soin de toi, Ralph. Je t'aime, tu sais, dit-elle en le serrant dans ses bras.

— Moi aussi, je t'aime, Delta Delta…

Il se détacha d'elle, et lorsqu'elle monta dans l'avion il avait les larmes aux yeux.

18

Elle atterrit à Oakland après dix-sept heures de vol à bord d'un charter de World Airways. Elle avait bavardé avec quelques soldats durant le voyage, mais ils étaient peu enclins à la conversation, fût-ce avec une jolie blonde comme Paxton, tant ils étaient épuisés et anxieux. Ils avaient pourtant espéré ce retour de toutes leurs forces mais maintenant le trac les étreignait. Qu'allaient-ils bien pouvoir raconter une fois chez eux ? Comment expliquer la mort à coups de baïonnette, le coup tiré sur la silhouette qui se révèle être une femme, le gamin de neuf ans que l'on poursuit dans les broussailles pour l'achever parce qu'il vient de tuer votre copain à coups de grenade… Comment raconter l'inhumanité de cette guerre ? Comment parler de ce pays magnifique malgré l'horreur, de ses couchers de soleil flamboyants et des verts intenses, des sons, des odeurs et des gens, de la fille qui ne sait même pas prononcer votre nom et dont vous êtes tombé amoureux… Ils ne pourraient rien dire de tout cela, et déjà la plupart d'entre eux se taisaient.

En débarquant, en jupe et chemisier, ses cheveux sagement ramassés en chignon, chaussée de ses sandales rouges maintenant usées jusqu'à la corde, Paxton eut du mal à se sentir chez elle. Chez elle, c'était sa chambre à l'hôtel *Caravelle*. A moins que ce ne fût la maison qu'elle avait partagée avec Peter à Berkeley ? Ou la demeure cossue des Wilson ? Ou bien chez sa mère à Savannah ?

C'est seulement en descendant d'avion qu'elle se rendit compte qu'elle n'avait plus de chez elle, et elle hocha la tête en entendant la réflexion d'un jeune soldat :

— Ça fait drôle de se retrouver ici…

Ed Wilson avait envoyé une voiture pour la chercher. Quelle ne fut pas sa surprise de voir qu'il avait organisé une véritable petite réception en son honneur ! On la traita en héroïne, des éditeurs et des gens qu'elle ne connaissait ni d'Eve ni d'Adam vinrent la féliciter chaleureusement pour la « tâche extraordinaire » qu'elle avait accomplie là-bas. Elle eut l'impression d'avoir atterri sur une autre planète et, tout abasourdie, serra des mains, remercia, les larmes aux yeux, sans rien y comprendre.

Lorsqu'elle se retrouva enfin seule avec Ed Wilson, il la regarda intensément, réalisant à quel point elle avait changé : non seulement elle avait maigri mais elle avait dans le regard une lueur qui ne lui plut pas, un mélange de tristesse et de maturité qui disait qu'elle avait vu la mort de près.

— Tu en as vu de toutes les couleurs, n'est-ce pas ?

Elle eut un sourire forcé.

— Je suis très heureuse d'y être allée.

Elle ne regrettait rien. Grâce à Bill. Et à Ralph. Dans un certain sens elle avait rempli son devoir vis-à-vis de Peter, et de son pays.

— J'aimerais que tu te reposes quelque temps, Paxton, et dès que tu reviendras, tu pourras écrire sur les sujets de ton choix. Tu as fait un travail formidable, et je voudrais que tu continues. Tu auras ta propre rubrique.

Le compliment la toucha, mais elle avait encore un pincement au cœur en pensant aux chroniques qu'elle écrivait là-bas.

— Et la rubrique « Lettre du Viêtnam » ? Est-ce que quelqu'un va prendre le relais ?

Il lui sourit : elle était comme tous les journalistes, qui considèrent leurs articles un peu comme leurs enfants.

— Nixon promet un ralentissement de la guerre. Nous nous contenterons des dépêches de l'Associated Press pour l'information.

— Ils ont d'excellents journalistes là-bas, dit Paxton en pensant à Ralph, tandis qu'Ed Wilson lui souriait, fier d'elle.

— Tu en fais partie, Paxton, fit-il sincèrement. Tu m'as diablement épaté. Je ne pensais pas que tu avais le feu sacré : je me disais que tu abandonnerais au bout d'un mois.

— J'ai été terrifiée au début, mais j'ai été soutenue par l'impression de faire quelque chose d'utile.

— Ce n'est pas qu'une impression. Ces dernières semaines j'ai bien cru qu'on n'arriverait pas à te faire rentrer à San Francisco. Pourquoi avoir tant tardé ?

Elle fut déconcertée. Que lui dire ? Que l'homme qu'elle aimait avait été tué... Que son histoire se répétait tragiquement ?

— C'est-à-dire... Une fois qu'on s'est impliqué, c'est difficile de partir comme ça, du jour au lendemain.

— J'imagine que ça ne doit pas être facile. Va te reposer maintenant, et d'ici à quelques semaines, reviens travailler, dès que tu te sentiras en forme. Nous t'avons réservé une suite à l'hôtel *Fairmont*. Marjorie voulait que tu viennes à la maison, mais j'ai pensé que tu préférerais être indépendante.

Le journal avait également mis à sa disposition une voiture avec chauffeur, et les Wilson l'avaient invitée à dîner le soir même. Avec le décalage horaire et la fatigue, Paxton eut grand-peine à garder les yeux ouverts pendant le repas. Les retrouvailles furent très émouvantes ; chacun espérait secrètement qu'elle apporterait des éclaircissements sur la mort de Peter, mais elle n'avait pas de réponses.

Gabby babilla sans arrêt tout au long du repas : la petite Marjie était si mignonne, le petit Peter, tellement vif et leur nouvelle maison était formidable, avec du tissu de chez Fortuny sur les murs, du papier de chez Brunschwig un peu partout, des rideaux d'un bleu divin dans la chambre et bla bla bla... Paxton se sentait tellement loin de tout ça ! Et elle était si épuisée qu'à deux reprises au cours du dîner elle l'appela Debbie par inadvertance. Leurs vies avaient été trop différentes ces derniers mois, et elle fut tentée, sentant les larmes monter, de quitter la table en s'excusant. C'était plus qu'elle n'en pouvait supporter. Il lui manquait les odeurs, les sons du Viêtnam, sa chambre au

Caravelle, Peter… Bill… Tout tourbillonnait dans son crâne lorsqu'elle prit congé des Wilson. A l'hôtel, elle resta des heures sur son lit sans trouver le sommeil, elle se sentait terriblement lasse et vulnérable. Elle finit par s'endormir à l'aube, et deux heures plus tard le réceptionniste la réveilla car elle devait reprendre l'avion pour Savannah.

Là-bas ce fut pire encore. Elle ne possédait plus la garde-robe adéquate, n'avait rien à dire à personne et était incapable d'affronter le Club de jeunes ou le club de bridge de sa mère. Le déjeuner donné en son honneur par les Filles de la Guerre civile fut un véritable supplice. Ils voulaient tous savoir ce qui se passait au Viêtnam. Mais personne ne supporterait de l'entendre parler de l'odeur putride de la mort, ni du garçon de Miami avec son bras arraché, pas plus que des mendiants estropiés qui rampaient à la *Terrasse*, le bar du *Continental Palace*, tous les soirs. Ils ne voulaient rien savoir de la drogue, des maladies vénériennes, des prisonniers exterminés par les Vietcongs, des enfants et des vieillards massacrés. Ils n'auraient pas compris que, même si tout cela vous fendait le cœur, on finissait par s'attacher à ce pays.

Elle s'excusa maladroitement, prétextant la fatigue. En réalité elle était dans l'incapacité de raconter quoi que ce soit. Ils auraient voulu le récit d'une guerre bien propre, comme au cinéma, où le sang n'est que de l'hémoglobine et où les blessés ne meurent pas à la fin.

Jamais Paxton ne s'était sentie aussi seule, jamais elle n'avait ressenti la perte de Queenie avec une telle acuité, tout en sachant qu'elle n'aurait rien pu raconter à sa vieille nounou non plus. Elle était devenue adulte, et ressentait tout le poids de la solitude. Elle se sentait étrangère.

Un soir, elle sortit avec des amis avec qui elle s'ennuyait déjà, lorsqu'elle fit la connaissance d'un garçon qui, lui aussi, avait passé plusieurs mois là-bas. Ils évoquèrent toute la soirée Ben Suc, Cu Chi, Nha Trang, Biên Hoa, Long Binh, Huê et Vung Tau, où elle avait passé son premier week-end avec Bill. Elle avait trouvé quelqu'un qui parlait le même langage, et ce soir-là, en prenant congé de lui, elle se sentit un peu moins seule. Pour la première fois depuis le début de son séjour à Savannah.

Elle eut beaucoup de mal à parler à sa mère également. Celle-ci la croyait encore sous le choc de la mort de Peter, mais c'était tellement plus compliqué que ça ! En réalité, elle pleurait sa jeunesse, envolée avec les deux hommes qu'elle avait aimés et dont la perte l'amputait d'une partie d'elle-même, elle se languissait d'un pays qui l'avait fascinée et qu'elle ne reverrait plus.

Son frère mit tout ça sur le compte de la fatigue. Vers la mi-février, elle fourra dans une valise quelques vêtements neufs un peu plus appropriés à la vie citadine que ses bottes de combat – qu'elle emporta cependant – et s'envola pour San Francisco.

Elle se mit sérieusement à l'ouvrage pour le *Morning Sun*. On lui avait réservé une chambre à l'hôtel, en attendant qu'elle se trouve un petit appartement. Tous les soirs elle se promettait d'appeler Gabby mais n'arrivait pas à décrocher le combiné. Elle n'avait rien à lui dire, et aucune envie de connaître sa nouvelle maison, ni ses nouveaux rideaux… et Matthew avait l'air affreusement guindé. Ils lui paraissaient maintenant futiles, superficiels. Les temps où ils étaient si proches étaient révolus. Ceux qu'elle avait aimés avaient disparu. Elle en arriva même à détester son travail au journal.

Etant donné ses antécédents au Viêtnam, on lui avait confié le secteur politique locale et elle s'y ennuyait à mourir. M. Wilson lui conseilla de reprendre des cours du soir à Berkeley pour décrocher son diplôme. Mais cela lui parut terriblement vain et inconsistant. Elle se sentait très fatiguée, et la routine lui pesait. A vingt-trois ans, elle avait le sentiment que sa vie était finie, et elle ne se sentait d'affinités qu'avec les gens qui revenaient de là-bas.

Quand par hasard elle tombait sur quelqu'un qui avait vécu au Viêtnam, c'étaient alors d'interminables conversations où chacun s'épanchait à loisir, puis de nouveau le silence et l'incommunicabilité. Etre ici tandis que là-bas des gens se battaient, vivaient, mouraient lui était intolérable comme si sa vie maintenant était à Saigon. Elle essaya de s'en ouvrir au rédacteur en chef, mais il se contenta de sourire en la félicitant pour le travail qu'elle produisait quotidiennement.

Paxton lisait assidûment les nouvelles du Viêtnam, se demandant ce que faisaient Ralph et les autres.

Contrairement à ce qui avait été annoncé par le gouvernement, les attaques s'intensifiaient et le nombre des victimes allait croissant.

En mai, quatre mois après son retour, elle n'y put plus tenir. Peter était mort depuis un an maintenant et elle avait assisté à la cérémonie anniversaire au cimetière. Elle ne se sentait guère plus en vie que lui, qui reposait sous cette pierre glaciale. Bill et Peter, même s'ils étaient morts jeunes, avaient vécu intensément, alors qu'elle végétait en écrivant des articles sur des sujets insignifiants.

Finalement elle prit sa décision le 1er juin, juste avant la rencontre au cours de laquelle le président Nixon et le général Thiêu décidèrent le retrait de vingt-cinq mille hommes du Viêtnam. Pour la première fois depuis des mois, elle se sentit en accord avec elle-même tandis qu'elle pénétrait dans le bureau d'Ed Wilson. Elle lui demanda de rétablir sa chronique du Viêtnam, alléguant que s'il refusait, elle irait voir un autre journal.

Il fut épouvanté par sa requête, se demandant si son long séjour au Viêtnam ne l'avait pas complètement déséquilibrée.

— Pour l'amour du ciel, Paxton, pourquoi veux-tu repartir, à un moment où nos soldats seraient prêts à tout pour ne pas y aller ?

Il avait fallu que cette guerre lui coutât son fils pour qu'il revînt sur ses positions antérieures.

— Là-bas, je suis utile à quelque chose, au moins. Personne ne comprend ce qui s'y passe sauf ceux qui y sont allés.

— Et tu as l'impression de mieux comprendre que les autres ? demanda-t-il d'un air sceptique.

— Non, mais je me suis fait ma propre opinion. Je ne peux plus rester ici à supporter les conversations futiles sur les voitures, les enfants, les rideaux de la chambre, les garden-parties alors que là-bas des gens continuent à se faire tuer. Monsieur Wilson, il *faut* que j'y retourne.

A ses yeux, c'était pure folie, mais elle était adulte maintenant et sa chronique avait indéniablement fait grimper les ventes du journal. Lorsqu'elle avait cessé, les protestations avaient afflué, mais aucun journaliste n'avait voulu prendre sa succession à Saigon.

— Qu'en pense ta famille ?

— Elle n'est pas au courant.

— Et si tu te fais tuer ? fit-il brutalement.

— Ce sera le destin, comme pour Peter.

Il hocha la tête. S'il avait réussi, tout comme Paxton, à pactiser avec son chagrin, il n'en était pas de même pour Marjorie, qui se plaignait sans cesse de l'injustice du sort. Ce qui leur était arrivé était certes profondément injuste, mais le destin en avait décidé ainsi.

— Combien de temps veux-tu rester à Saigon cette fois-ci, Paxton ?

— Je ne sais pas... Peut-être un an... En fait j'aimerais mieux ne pas prendre date. Disons... jusqu'à ce que je n'en puisse plus... ou jusqu'à la fin de la guerre.

Il la fixa longuement.

— Paxton, es-tu vraiment sûre de toi ?

Il était tellement stupéfait qu'il se demandait s'il n'y avait pas anguille sous roche et décida de satisfaire sa curiosité :

— Y a-t-il là-bas quelqu'un à qui tu tiennes particulièrement ?

— Non. Rien que des amis. Quelques originaux dans mon genre, qui ne pourront s'empêcher de boire la coupe jusqu'à la lie.

— J'espère que ce cauchemar prendra fin le plus vite possible, dit-il tristement. Tu peux rester au même hôtel, ou en prendre un meilleur, si tu en trouves un. Je te donne carte blanche, Paxton.

Puis, il annonça un salaire inespéré, et se leva pour l'embrasser ; elle le remercia chaleureusement, et en sortant de son bureau, elle rayonnait.

— Il y a de l'augmentation dans l'air, dit une fille de la rédaction en la croisant dans le couloir.

— Vous êtes tombée juste. Je reprends ma chronique de Saigon.

— Oh zut ! laissa échapper la jeune fille.

Personne n'était à même de comprendre sa joie.

Elle envoya immédiatement un télégramme à Ralph, ainsi libellé : « Arriverai au pays par premier vol possible. Tiens-toi prêt. Tendresses. Signé Delta Delta. » Puis elle rentra faire ses bagages et passer quelques coups de téléphone, à sa mère d'abord, qui fut consternée mais pas étonnée outre mesure, à Gabby ensuite, qui pleura, mais parce qu'elle allait accoucher d'un moment à l'autre. Paxton avait désormais sa propre vie. Et deux jours plus tard elle grimpait dans l'avion pour Saigon.

19

En arrivant à Tan Son Nhut, elle se sentit vraiment chez elle, et promena sur le décor familier de la base un regard plus chaleureux que sur Savannah. Dans le taxi qui se dirigeait vers le *Caravelle*, elle sut qu'elle ne s'était pas trompée. Ça faisait déjà cinq mois qu'elle était partie, accablée de chagrin, et maintenant elle se sentait revivre.

Elle décida de garder le taxi et, après avoir déposé ses bagages au *Caravelle*, se fit conduire tout de suite à la tour Eden, impatiente de voir Ralph. Elle le vit tout de suite en entrant. Il lui tournait le dos et avait l'air harassé. Il revenait juste d'expédition et se plaignait du chauffeur lamentable qu'on leur avait donné… Elle s'approcha doucement par-derrière et lui tapota l'épaule. Dès qu'il la vit, son visage s'illumina d'un large sourire et il lui ouvrit tout grands les bras :

— Delta Delta… tu es folle ! Qu'est-ce que tu fais ici au lieu de te la couler douce dans un bureau à San Francisco ?

— Tu parles ! Je n'ai couvert que des événements ennuyeux à mourir, je n'en pouvais plus.

— Bienvenue à Saigon, fit-il calmement, heureux de la revoir.

— Merci, répondit-elle avec un regard de profonde gratitude.

Ils avaient traversé pas mal d'épreuves ensemble, et c'était à lui qu'elle devait d'en savoir autant sur le Viêtnam.

— Trop fatiguée pour aller prendre un verre ? A propos, quand es-tu arrivée ?

— Ça fait à peu près deux heures. Je ne sais pas quelle heure il est pour moi, mais je m'en fiche, je suis en pleine forme.

Elle était folle de joie de le revoir.

— La *Terrasse* au *Continental*, ça te va ? dit-il en riant.

Il se souvenait à quel point elle avait été terrifiée la première fois, lorsque Jean-Pierre l'y avait emmenée.

— Comment va-t-il, au fait ?

— Il boit trop, ça n'a pas changé. Sa femme l'a quitté, elle a fini par se lasser de l'attendre, et je crois que ça ne l'a pas surpris outre mesure.

Il la couva d'un regard attendri. Il était lui aussi très heureux de la revoir : elle faisait quasiment partie de sa famille maintenant.

— Comment va France ?

— Bien. Elle doit accoucher en septembre.

Il eut l'air soudain préoccupé et elle lui lança un regard inquisiteur. Il avait d'abord été bouleversé d'apprendre sa grossesse et, ayant jugé déraisonnable, vu la précarité de leur existence, de mettre un enfant au monde, il avait tenté de l'en dissuader mais elle y tenait tellement viscéralement qu'il s'était rendu à ses raisons.

— Voilà, dit-il avec un sourire, en haussant les épaules. Je vais être père.

Il songeait sérieusement à l'épouser à présent, dans l'intérêt du bébé, mais elle était toujours réticente.

— C'était comment aux Etats-Unis ?

Pour lui, c'était presque un pays étranger.

— Bizarre, répondit-elle avec franchise. Au début je n'ai pas supporté. Les gens ont changé, en tout cas c'est l'impression que j'ai eue. Ils sont repliés sur eux-mêmes, ne se sentent en rien concernés par ce qui se passe ici – sauf ceux qui y sont allés. C'est comme si cette guerre relevait de la plus pure fiction.

— Ça ne m'étonne pas vraiment.

Paxton avait oublié la chaleur étouffante de Saigon. On était bien loin du climat de San Francisco ! Mais elle était heureuse de retrouver les odeurs familières, de fleurs et de fruits, les fumées et le vacarme incessant de la ville.

Ils gravirent lentement l'escalier menant à la *Terrasse*, et Paxton se dit qu'ils allaient peut-être tomber sur Nigel. Elle en fit part à Ralph, qui lui jeta un drôle de regard.

— Il a été tué à Biên Hoa il y a deux mois. Bêtement. Une voiture piégée…

Combien étaient morts stupidement, comme Peter, comme Nigel ? Et le sacrifice de ceux qui étaient morts au combat avait-il un sens ?

— C'est vraiment moche, dit-elle sincèrement, bien qu'elle n'eût jamais eu beaucoup d'affinités avec lui.

Mais elle ne voulait pas assombrir l'instant de ses retrouvailles avec Ralph.

— Tu travailles beaucoup en ce moment ?

— Trop, fit-il avec un sourire épanoui, mais j'adore ça. Ça va être drôle de refaire équipe tous les deux ! Tu veux commencer quand ? Je dois aller à Da Nang mais jusqu'ici je n'ai trouvé personne pour m'accompagner.

Elle n'était encore jamais allée là-bas et elle appréhendait de voir l'endroit où Peter avait été tué, mais maintenant elle se sentait prête à affronter cette épreuve.

— J'aimerais beaucoup y aller avec toi.

— Bon. Je vais essayer d'arranger ça pour après-demain. Ça te convient ?

— Parfaitement.

Il jeta un bref coup d'œil à sa montre. Il n'aimait pas laisser France seule trop longtemps, dans son état, et An lui donnait du fil à retordre.

— Tu veux que je te raccompagne au *Caravelle* ?

— Non. Je te remercie. Si j'arrive à garder les yeux ouverts, je marcherai, sinon je prendrai un cyclo-pousse. Ne t'en fais pas.

Il se pencha et l'embrassa sur la joue.

— Bienvenue. Je suis ravi que tu sois de retour.

Elle l'étreignit chaleureusement.

— Moi aussi. Embrasse France pour moi. Tu seras au show de cinq heures demain, si ça existe encore ?

Elle rit à cette évocation, et se dit qu'elle allait

revoir tous les visages familiers des correspondants chevronnés, dont elle faisait partie à présent. La petite novice qui avait débarqué un an plus tôt appartenait désormais à la race de ceux qui vont jusqu'au bout, qui resteraient là jusqu'à la fin de la guerre, et cette certitude n'était pas sans l'effrayer.

Elle fit au revoir de la main à Ralph et sirota son verre à petites gorgées, en fermant les yeux. Un Béret vert était assis à la table voisine en compagnie d'une jeune Vietnamienne. Il portait la tenue de camouflage propre à ce corps d'élite, kaki zébrée de brun, les *Tiger Stripes* et l'écharpe rouge, blanc et bleu dont ils étaient tous si fiers.

Paxton avait renoué avec sa boisson favorite, le jus d'ananas frais, sachant qu'elle serait tombée raide si elle avait bu quelque chose d'alcoolisé. Tout à coup, en reposant son verre, elle eut un tressaillement, tout se déroulait comme dans un rêve : elle était à nouveau entourée de visages familiers, mais celui qui la dévisageait pour le moment relevait plutôt du cauchemar : c'était celui de Tony Campobello, le sergent de Bill Quinn.

— Je croyais que vous étiez partie, finit-il par dire, mal à l'aise.

— C'est exact. Mais je suis revenue, aujourd'hui même.

Elle avait parlé d'une voix un peu hésitante, se demandant s'il allait de nouveau l'agresser, et cette fois-ci Ralph n'était pas là pour s'interposer.

Mais il restait là, désemparé, un peu gauche dans son uniforme, et elle ne savait pas trop que dire. Six mois après sa disparition, Bill les unissait encore d'un lien douloureux.

— Comment était-ce, aux Etats-Unis ?

— Très bizarre. Personne ne comprend ce qui se passe ici.

— C'est ce que tout le monde dit. Nous partons en héros et au retour on nous traite comme des criminels.

— Drôle d'époque, dit-elle calmement, se demandant si elle allait l'inviter à s'asseoir à sa table.

Il avait l'air tendu, fatigué. Il n'était pas grand, mais il émanait de sa personne une force tranquille qui l'avait toujours impressionnée. Elle savait que Bill avait pour lui estime et affection, même si elle n'avait jamais eu de bonnes relations avec lui.

— Etes-vous toujours à Cu Chi ?

— J'ai rempilé pour la quatrième fois, répondit-il, mi-fier, mi-penaud. Bill disait toujours qu'il fallait être cinglé pour être rat de tunnel, et je crois qu'il avait raison.

— Cinglé ou courageux, ou les deux à la fois, fit-elle en pensant à Bill.

Son regard croisa celui de Tony.

— C'était quelqu'un, dit-il avec admiration. – Puis, de nouveau décontenancé : – Je vous dois des excuses.

— Vous ne me devez rien du tout, trancha-t-elle.

Elle n'avait pas envie de s'appesantir sur cet épisode pénible qu'elle n'arrivait pas à chasser de sa mémoire ; elle regarda tristement Tony :

— Nous étions bouleversés tous les deux.

— Ouais, mais vous avez eu un comportement peu banal. J'y ai longtemps réfléchi, et je voulais vous le dire. J'ai compris pourquoi il s'était attaché à vous. Car il vous aimait, vous savez.

Elle sourit faiblement.

— Moi aussi, je l'aimais. Vous aussi, j'en suis sûre. Nous avons tous perdu les pédales quand…

— Ouais. Mais lorsque vous êtes revenue chercher ses affaires, là j'ai été épaté. La plupart des femmes n'auraient jamais pensé à faire une chose pareille. Beaucoup de soldats ont eu des liaisons ici, mais je n'ai jamais vu une fille se pointer pour en faire disparaître les traces. Peut-être pensaient-elles que tout ça n'avait plus d'importance. Vous avez voulu épargner à sa femme une souffrance inutile. Il aurait apprécié ce geste. Ses enfants comptaient énormément pour lui… et ce que vous m'avez raconté sur votre père ce jour-là… Je ne vous demandais rien… Je tenais à vous présenter mes excuses, mais j'ai appris par le type de l'Associated Press que vous étiez rentrée à San Francisco.

Elle dut refouler ses larmes, et lorsqu'il lui tendit la main, il avait lui aussi les larmes aux yeux.

— Je m'étonne que vous ayez accepté de me parler après tout ce que je vous ai dit.

— Nous étions tous très perturbés. J'accepte vos excuses, Tony.

Elle lui serra la main : elle était fraîche et ferme, à son image. Il darda son regard noir au fond de ses yeux.

— Merci.

Elle commençait à entrevoir pourquoi Bill l'aimait : il était droit et sincère, en dépit de son sale caractère.

— Asseyez-vous, proposa-t-elle en indiquant la place laissée vacante par Ralph, mais il refusa d'un signe de tête, encore mal à l'aise en face d'elle.

— Non, merci, j'ai rendez-vous. Pourquoi êtes-vous revenue ?

Son regard semblait vibrer de mille questions muettes.

— J'ai rempilé. Pour la deuxième fois, répliqua-t-elle en souriant.

Il rit franchement.

— Vous avez du cran. En principe les gens n'ont qu'une idée en tête, c'est de se tirer d'ici le plus vite possible.

— C'est San Francisco qui m'a fait cet effet-là.

— Vous êtes de là-bas ? demanda-t-il avec une indéniable curiosité.

Apparemment, Bill lui avait très peu parlé d'elle.

— Non. Le journal qui m'emploie est à San Francisco, mais je suis originaire de Savannah.

— Oh, là là ! j'ai passé un week-end là-bas après mon entraînement en Géorgie. Ce que les gens sont collet monté ! J'ai cru qu'ils allaient me virer de la ville parce que j'étais allé danser. Je suis de New York. C'est un peu plus vivant par là-haut !

— Vous avez vu juste ! dit-elle en riant. Vous comprenez pourquoi je ne veux plus vivre là-bas ! J'ai eu beaucoup de mal à le faire admettre à ma mère.

— Mais elle doit être fière que vous soyez partie à Saigon, fit-il avec un air grave.

— Pas vraiment. Mais je ne lui ai pas laissé le choix. Je ne supportais plus la vie là-bas.

— Pourquoi êtes-vous revenue ici ?

De son point de vue, c'était assez incompréhensible : elle était jolie, intelligente, elle avait un travail intéressant, elle aurait pu aller n'importe où ailleurs qu'au Viêtnam. Que diable venait-elle faire dans cette galère ?

— Je n'ai pas encore la réponse, dit-elle honnêtement. La sensation de n'avoir pas achevé ma tâche, peut-être. Ma place est ici, en tout cas. Je ne pouvais plus supporter le train-train et les préoccupations futiles de nos concitoyens, leur nouvelle voiture, leur carrière, leurs rideaux à changer, alors que d'autres se font massacrer ici.

Il porta sa main à son front dans un geste où elle crut reconnaître un salut militaire.

— Moi, d'où je viens, ça s'appelle la « pazza ». C'est un endroit délirant.

Il fit une grimace très new-yorkaise et elle se leva en riant. Elle commençait à être vraiment fatiguée, à cause des dix-neuf heures de décalage horaire, et elle n'y voyait plus très clair.

— Vous avez l'air vannée.

— Je le suis. Je viens d'arriver.

Il lui fit presque au revoir de la main, comme s'il ne savait pas encore quelle attitude adopter envers elle. Elle essaya de ne pas paraître nerveuse, mais gardait présente à l'esprit la haine qu'il avait éprouvée à son égard à la mort de Bill. Mais cela appartenait au passé désormais, et toute vengeance était hors de propos. Il avait amorcé une trêve et Bill aurait sûrement aimé qu'ils fussent amis. Même si elle trouvait que le sergent avait un sacré caractère, elle n'avait pas envie de lui en tenir rigueur. Drôle de caractère, mais forte personnalité, un peu irritable, mais à Saigon, qui ne l'était pas ?

— Puis-je vous raccompagner à votre hôtel ? J'ai volé une Jeep à l'aéroport !

— Voilà qui est rassurant, dit-elle en riant de son aplomb. A dire vrai, je m'apprêtais à marcher, mais je suis épuisée. J'accepte votre offre. Je suis au *Caravelle*, juste en bas de la rue.

— C'est un bon hôtel. J'ai dîné une fois au *Penthouse*. La nourriture y est très fraîche.

Elle le regarda, étonnée de sa réflexion, et il expliqua en riant :

— Je sais, ça a l'air stupide, mais mes parents sont épiciers en gros, alors j'entends parler de la fraîcheur des légumes depuis que je suis tout petit. Quelle barbe ! C'est une tare familiale, presque une obsession.

Ils rirent à l'unisson, et elle était si fatiguée qu'elle se sentait prête à se lier d'amitié avec lui. C'était tellement saugrenu de se retrouver à côté de lui à bavarder comme si de rien n'était, après toute cette haine et cette violence. Peut-être avait-il simplement été jaloux ? Elle avait entendu dire que parfois les sous-offs devenaient terriblement possessifs envers leurs supérieurs.

— Je ferai attention aux légumes, si je vais dîner là-bas.

— Pensez-y.

Il arrêta la Jeep devant le *Caravelle* et l'aida à descendre.

— Oh, là là ! vous dormez à moitié… Ça ira ?

— Du moment que je peux atteindre mon lit… Merci de m'avoir raccompagnée, sergent.

— A votre disposition, mademoiselle Andrews.

Il la salua élégamment, et elle fut étonnée qu'il se rappelât son nom. Elle eut encore la force de ramasser ses bagages à la réception, et s'écroula tout habillée sur son lit.

Elle fut réveillée vingt heures plus tard par les rayons du soleil filtrant à travers les persiennes. Et en se revoyant discuter à la *Terrasse* avec le sergent, la nuit précédente, elle se dit qu'elle avait dû rêver.

20

Elle défit ses valises, prit un bain, descendit pour avaler une collation et se rendormit jusqu'au lendemain matin. Ralph avait laissé un message précisant qu'il viendrait la chercher à sept heures. A six heures, elle s'éveilla avec le soleil levant ; il faisait déjà une chaleur infernale. Elle éprouva presque du bonheur en enfilant son treillis sur un tee-shirt kaki et en laçant ses bottes de combat : celles que Ralph lui avait données à son arrivée à Saigon, l'année précédente. Cette fois-ci, elle se sentait parfaitement bien dans sa peau et, en descendant, se dit qu'elle avait fait le bon choix.

Comme à son habitude, Ralph fut ponctuel. Il était accompagné de Bertie, un vieux photographe anglais, un type formidable avec qui elle avait déjà eu l'occasion de travailler et qu'elle estimait beaucoup. En route, il n'arrêtait pas de faire de mauvais jeux de mots et Paxton souriait à Ralph en se versant du café dans le gobelet de la Thermos. Le soleil déjà haut tapait dur, les rues étaient comme noyées de vapeur et le parfum persistant d'essence, de fleurs et de fruits emplissait l'atmosphère. Et toujours cette brume en suspension dans l'air, ce vert éclatant des forêts et ce rouge intense de la terre qui donnait envie d'en prendre une poignée pour la laisser filer entre ses doigts... Elle retrouvait les mêmes mendiants, les enfants abandonnés et les estropiés. Elle respirait à nouveau ce pays qu'elle avait appris à aimer au point de ne pouvoir vivre ailleurs. Ralph lui avait transmis un message la nuit précédente, comme quoi leur destination avait été modifiée. Ils n'iraient donc pas à Da Nang, mais le rendez-vous était maintenu.

— Tu te rends compte que je ne sais même pas où on va ? C'est ce qui s'appelle faire une confiance aveugle !

Ralph s'était interrogé quant à l'opportunité de l'emmener et il aurait préféré lui donner le choix, mais il n'avait été informé de ce changement que tard dans la soirée et, tout à la joie de repartir avec elle en mission, il avait oublié de lui en parler. Il regarda nerveusement sa montre :

— Nous allons à Cu Chi. Si tu veux, on fait demi-tour, il n'y a pas de problème. Tu n'es pas obligée de venir. C'est idiot que ça tombe juste aujourd'hui : je n'y ai pas mis les pieds depuis six mois et, soudain on me prévient que ça barde là-bas. Je me sens fautif, Pax. J'aurais dû te le dire plus tôt…

Leur dernier voyage à Cu Chi avait été tellement douloureux, et si ce fou de sergent traînait encore dans les parages…

— Tu n'as rien à te reprocher, Ralph. Il faut que j'affronte la réalité.

— Si tu préfères que nous rentriions à Saigon…

Elle secoua doucement la tête et laissa longtemps errer son regard sur le paysage. Bill était mort depuis six mois maintenant, et Peter depuis quinze. Dans ce pays, chaque lieu recelait son lot de souvenirs tragiques, et il était impossible d'y échapper. Da Nang, Cu Chi… elle ne pourrait les ignorer à tout jamais. Continuer à vivre était une nécessité.

— Ça va, dit-elle calmement.

Elle ne se rappelait que trop précisément leur dernier voyage à Cu Chi, lorsqu'elle était venue récupérer ses lettres, avant que le corps ne soit rapatrié à San Francisco. Elle prit une profonde inspiration et avala une gorgée de café noir.

— Tu ne devineras jamais sur qui je suis tombée l'autre soir après ton départ !

— Hô Chi Minh, lança-t-il avec insouciance.

Il était aux anges de partir en reportage avec elle. Il avait autant souhaité la voir quitter Saigon pour son propre bien, qu'il était ravi à présent de sa décision de revenir. Son séjour aux Etats-Unis l'avait régénérée, elle était à nouveau prête à exercer son métier, ce métier de journaliste qui les passionnait tous au point de ne pas vouloir quitter le Viêtnam avant la fin de la guerre.

— J'ai vu Tony Campobello, figure-toi. Le sergent-major de Bill.

Pour la première fois depuis des mois, elle pouvait prononcer son prénom.

— Ce maboule ? Il t'a jeté son verre à travers la figure ?

Il repensa à l'horrible scène qu'il avait faite à Paxton, l'injuriant alors qu'elle pleurait Bill, crispée sur son pauvre paquet de lettres…

— En fait, c'est à peine croyable, il a été plutôt aimable. Un peu tendu, mais… il m'a fait des excuses.

Ralph la dévisagea d'un air songeur.

— C'est vraiment surprenant. J'ai bien cru que cet abruti allait te sauter à la gorge. Je lui aurais botté les fesses s'il avait seulement essayé de te toucher, mais je crois qu'il avait perdu les pédales.

— C'est un peu ce qui nous est arrivé à tous.

Elle avait le cœur brisé, mais Campobello avait perdu tout sang-froid.

— Ça leur arrive à tous, commenta Ralph. Ils vivent trop sur les nerfs, ils sont sans arrêt exposés au danger et finissent tous par craquer à un moment ou à un autre. On peut difficilement les en blâmer.

En arrivant à la base, Ralph demanda à voir le nouveau commandant, et Paxton lui emboîta le pas. C'était un homme affable et il leur expliqua qu'ils venaient de mettre au jour tout un réseau de tunnels qui abritaient des bombes, des bureaux, des appartements. Sans le savoir, ils avaient vécu avec un village entier juste sous les pieds. Il leur montra des photos et des schémas, demanda à un aide de camp de leur faire faire un tour et leur proposa aimablement de répondre à toutes leurs questions, en regardant Paxton avec insistance. Il ignorait qui elle était, mais il la trouva diablement jolie même avec son harnachement et il se dit que Ralph avait bien de la chance.

Ils regagnèrent ensuite les arrières et Paxton sentit son cœur se fendre à la vue des bâtiments où Bill avait travaillé et vécu. Ralph lut son chagrin dans ses yeux et se sentit brusquement coupable.

— Je suis désolé, Pax, je n'avais pas le droit de te faire ça. C'était irréfléchi de ma part.

— Ça va…

Elle lui tapota gentiment le bras et rajusta son sac à dos, où elle conservait quelques carnets de notes et quelques affaires comme sa gourde et une trousse de premiers secours. Elle avait, comme les soldats, coincé sa crème solaire et une bombe anti-insectes dans son casque.

Elle avait menti à Ralph, en réalité elle était triste à mourir. Elle était perdue dans ses pensées lorsqu'elle fut violemment bousculée par quelqu'un qui la rattrapa à temps pour l'empêcher de tomber.

— Zut ! fit une voix grave, alors qu'elle tentait de reprendre son équilibre.

Le soldat qui avait failli la renverser n'était autre que Tony Campobello.

— Bonjour, fit-elle timidement.

Ralph était déjà en conversation avec quelqu'un d'autre et le photographe rechargeait son appareil. Un sourire illumina les yeux noirs comme la braise du sergent ; son accent new-yorkais était maintenant familier à Paxton.

— Excusez-moi… Décidément je n'arrête pas de vous présenter des excuses ces temps-ci. Vous êtes bien rentrée l'autre soir ? Vous aviez l'air tellement crevée que j'ai cru que vous n'arriveriez jamais à monter les escaliers.

Elle commençait à comprendre pourquoi Bill l'avait aimé. Il était souvent sur les nerfs, mais il était intelligent et s'intéressait sincèrement aux autres.

— J'ai dormi vingt heures d'affilée. Après vous avoir quitté, je me suis jetée tout habillée sur le lit.

— C'est ce que vous aviez de mieux à faire, répliqua-t-il en souriant.

Il avait lu le chagrin dans ses yeux et savait que ce reportage était une dure épreuve pour elle. Pour lui aussi, ça avait été dur de continuer à travailler ici. Où qu'il aille, il était hanté par le souvenir des morts qu'il avait aimés. Tous ceux qui étaient depuis longtemps au Viêtnam, même s'ils avaient quelques rares bons souvenirs, finissaient par vivre avec des spectres…

Ils échangèrent un regard qui en disait long sur leur chagrin à tous deux et elle eut une fraction de seconde la tentation de lui prendre les mains.

— Comment sont les légumes ici ? demanda-t-elle avec un sourire lumineux.

— Très frais, répondit-il en riant, surpris qu'elle se rappelle les détails de leur conversation.

Son visage s'assombrit soudain.

— Les tireurs aussi, malheureusement. Nous devons rester aux aguets. Nous avons subi une attaque à l'est et l'un de mes gars a été blessé au bras. Rien de grave, heureusement. Nous nous tenons tranquilles depuis. Si vous allez voir les tunnels, ne vous aventurez pas vers l'avant.

Il connaissait le but de leur expédition et avait reçu l'ordre de se montrer coopératif.

— Je ferai attention, merci.

Ralph lui lança un regard exaspéré : la chaleur commençait à lui porter sur les nerfs et il était contrarié de savoir les Vietcongs si proches. Son intention n'était pas d'entraîner Paxton dans une mission dangereuse, il voulait simplement qu'elle fût en prise directe sur l'événement pour redémarrer ses chroniques.

— Tu vas papoter encore longtemps, Delta Delta ?

— Ne t'emballe pas, j'arrive.

— Fais gaffe à toi, il y a des Viets partout.

— C'est ce qu'on vient de me dire.

Elle rejoignit Ralph et on la présenta au lieutenant qui remplaçait Bill. Elle eut un serrement de cœur mais fit un effort pour se concentrer sur le reportage. Ralph décrivit au photographe le genre de clichés qu'il désirait et expliqua à Paxton sous quel angle il comptait aborder son sujet. Autour d'eux se déployait une activité fébrile et des soldats s'infiltraient dans les broussailles pour en découdre avec les Vietcongs.

— Bon sang, quand ils ont traversé la rivière au

niveau du parking, on aurait dû se douter qu'ils allaient venir jusqu'ici ! murmura Ralph à un des hommes, lequel se contenta de hausser les épaules.

Il savait bien qu'il n'y avait pas moyen de les arrêter.

— On n'arrive pas à s'en débarrasser. On peut les brûler, les arracher de leurs trous, les tuer, ces petits salopards reviennent toujours.

Ralph approuva du chef, et Paxton s'accroupit pour suivre Bertie dans des herbes hautes vers la clairière. Il voulait quelques clichés d'un échange avec des tireurs isolés. Ralph était occupé ailleurs, ils étaient entourés de soldats et l'un d'eux était parti en éclaireur. Un opérateur radio vint s'agenouiller auprès de Paxton.

— Ça va, mademoiselle ?

— Très bien.

— Vous êtes sûre d'être à votre place ici ?

— J'ignorais qu'il y eût des sièges réservés pour la presse !

A peine avait-elle prononcé ces mots qu'un coup de feu siffla à ses oreilles. Elle se jeta instinctivement à plat ventre, le radio la protégea de ses bras, leurs casques s'entrechoquèrent et ils restèrent immobiles face contre terre dans la poussière.

— Après tout, vous pourriez avoir des sièges pour la presse… songez-y. Ça n'est pas passé loin.

Ils étaient presque à l'endroit où Bill l'avait sauvée du tir de grenade. Les balles étaient passées plus près qu'ils ne pensaient. En se redressant sur les genoux, le radio s'aperçut que Bertie avait été frappé d'une balle en plein cœur et gisait sans vie à côté de lui.

— Oh ! merde !…

Il lui tâta le pouls. Il n'y avait plus rien à faire pour lui. Un nouveau coup de feu éclata, et des soldats brandissant des M-16 tirèrent dans la direction des assaillants.

— Fichez le camp de là, cria le radio à l'adresse de Paxton. Revenez en arrière.

Mais au moment où elle s'apprêtait à obtempérer, on leur tira dessus depuis une autre planque et il se jeta à plat ventre sur elle en essayant désespérément d'établir le contact avec la base. Il restait encore deux tireurs embusqués par là.

— Ma Mère l'Oie… ici Peter Pan. Je suis dans la clairière, ils nous tirent dessus à l'aveuglette, j'ai une journaliste sur les bras, et un photographe vient d'être tué. Au secours…

— Nous vous recevons cinq sur cinq Peter Pan, ici Ma Mère l'Oie.

L'opérateur de la base allait envoyer des renforts pour neutraliser les deux tireurs, ce qui ne serait pas chose facile.

— Il y a deux possibilités, expliqua le radio en étouffant à demi Paxton : soit nous rebroussons chemin en courant comme des dératés, soit nous gagnons les arbres en face, c'est plus près.

Mais c'était plus risqué également, car les tireurs étaient embusqués par là. Le pauvre radio ne savait que faire de Paxton. C'était un garçon de son âge environ, originaire du Maine, et il voulait absolument éviter tout accident susceptible de lui valoir un blâme pour n'avoir pas eu le bon réflexe au bon moment.

— Je choisis les arbres, dit calmement Paxton. Et je crois que nous avons intérêt à faire vite.

Une nouvelle rafale venait de frôler ses genoux ; elle se dégagea en roulant sur elle-même et se précipita en avant, suivie de près par le jeune radio. A peine s'étaient-ils élancés qu'une grenade explosa à l'endroit même où ils étaient tapis. Décidément les Vietcongs ne plaisantaient pas. Ils détalèrent ventre à terre et plongèrent dans le bouquet d'arbres, pantelants. A ce moment précis une M-60 ouvrit le feu, suivi d'une énorme explosion.

Le radio se remit en contact avec la base.

— Ici Ma Mère l'Oie... Peter Pan, qu'avez-vous fichu de votre Delta Delta ?

— Elle est à côté de moi.

Il lui sourit et elle eut presque envie de rire. Au cœur de la bataille, là où elle risquait sa vie au même titre que les soldats, on continuait à l'appeler Delta Delta. La voix se fit anxieuse.

— Elle n'est pas blessée ?

— Ça a l'air d'aller. Pouvez-vous nous tirer de là ?

— Nous essayons. Ils sont plus nombreux que nous le pensions.

Ça se passait toujours comme ça. Ils s'infiltraient en nombre grâce à leur système de tunnels, ce que la récente découverte du réseau souterrain tendait à prouver. Quoiqu'on fît, on avait l'impression que ces petits hommes tenaces avaient toujours une longueur d'avance.

— On va vous tirer de là, Peter Pan. Tenez bon.

Une autre rafale crépita pendant que Ma Mère l'Oie annonçait qu'un des tireurs, touché, venait d'être capturé. Le radio ordonna à Paxton de ne pas bouger pendant qu'il irait voir si les soldats avaient besoin d'aide.

— Je reviens tout de suite.

Dès qu'il fut parti, elle entendit des coups de feu derrière elle ; la seule issue était de le suivre et brusquement elle se retrouva sous le feu, un soldat gisant à ses côtés. Son dos avait été criblé de balles et sa tête était renversée en arrière. Elle crut qu'il était mort, mais en s'approchant elle vit qu'il respirait encore : c'était le gars du Maine, sa radio à côté de lui ; il y avait deux autres blessés évanouis eux aussi, un peu plus loin. Le combat semblait s'éloigner, mais le bruit des grenades, des M-16 et M-60 était encore perceptible.

Sans réfléchir, elle arracha l'appareil radio des mains du soldat et essaya d'alerter la base en faisant attention de bien parler dans le micro, comme elle l'avait vu faire.

— Allô, Ma Mère l'Oie… répondez.

— Je vous reçois. Qui êtes-vous ?

Elle hésita un quart de seconde.

— Ici Delta Delta. Le radio est grièvement blessé, ainsi que deux autres soldats.

— Où êtes-vous ? s'affola la voix à l'autre bout.

— Je ne sais pas exactement. Dans les broussailles, pas loin du lieu des opérations. Apparemment, il n'y a pas que des tireurs isolés autour de nous.

Elle essayait de garder un ton ferme, mais ses mains tremblaient. Un des blessés émit un gémissement et elle se cramponna pour garder son sang-froid.

— On va vous tirer de là, Delta Delta… Avez-vous une fusée éclairante ?

— Oui.

— Il faut que je vous localise précisément. Attendez mes instructions, ne bougez pas.

Il se mit à crier à la cantonade :

— Qu'on aille me chercher le lieutenant ! J'ai une femme et trois blessés et je ne suis pas fichu de les localiser. Ils sont quelque part dans les broussailles.

Le lieutenant accourut immédiatement, bientôt suivi de Ralph. Il se mit à écouter fébrilement le radio avec les hommes de la base. Ils essayaient toujours de débusquer les tireurs isolés, mais d'autres Vietcongs venaient d'être repérés et il était clair qu'ils avaient maintenant affaire à une unité entière de l'armée nord-vietnamienne.

— Il ne manquait plus que ça ! grommela le lieutenant. L'armée d'Hanoi qui attaque au moment où j'ai une journaliste de San Francisco et trois blessés sur les bras !

Il ferma les yeux un instant, comme s'il priait.

— Tu vas pouvoir la tirer de là, Mack ? demanda Ralph, l'air terrorisé.

— Pour l'amour du ciel, Ralph, je ferai tout mon possible. Je ne sais fichtre rien de ce qui se passe là-bas et encore moins comment elle s'est retrouvée là. On dirait bien que c'est cette saloperie d'armée nord-vietnamienne qui débarque.

— Autour d'une base comme ici ?

Cela paraissait peu crédible, mais il fallait se rendre à l'évidence. Cela arrivait de plus en plus fréquemment, ils s'infiltraient partout la nuit, égorgeant des hommes, volant des fusils. Maintenant ils ne se cachaient plus et d'où elle était embusquée, Paxton observait le déroulement de l'action. Ils se lançaient mutuellement des grenades, et la M-60 n'arrêtait pas.

— Ici Ma Mère l'Oie… Vous me recevez ?

— Très bien. Vous pouvez m'envoyer un taxi ?

Ralph se mordait les doigts de l'avoir emmenée à Cu Chi pour ce reportage.

— Dans cinq minutes.

Le combat semblait s'éloigner de la base et s'enfoncer dans les broussailles.

— Comment vont vos blessés ?

L'un d'eux avait repris connaissance, et les deux autres respiraient encore.

— Ça va, mais ne tardez pas.

— Dans deux minutes vous aurez un hélicoptère. Vous avez votre fusée ?

— Oui.

— Tenez-vous prête à suivre nos instructions.

Dans les minutes qui suivirent le combat s'éloigna encore et elle entendit le vrombissement de l'hélicoptère. Un Dustoff apparut au loin.

— Vous voyez le taxi, Delta Delta ?

Elle en eut les larmes aux yeux. Il avait été rapide, mais l'opération était très périlleuse. On était bien loin de San Francisco ou de Savannah ici. Des hommes mouraient ou se retrouvaient estropiés à vie, infirmes ou gueules cassées. Elle avait bien failli y laisser sa peau elle aussi. Mais elle n'avait guère le temps d'y penser pour l'instant. Il fallait s'occuper des blessés.

— Allô, Ma Mère l'Oie. Je vois l'hélicoptère.

— Faites partir votre fusée, Delta Delta…

Le visage de Ralph ruisselait de sueur en écoutant la radio. « Mon Dieu ! Pourvu que ces salauds ne la tuent pas… »

L'opérateur radio s'adressait alternativement aux hommes sur le terrain et à l'équipe de médecins.

— Nous vous avons repérée, Delta Delta. Ils vont atterrir.

Paxton ne bougea pas et vit l'hélicoptère se poser juste à l'endroit où Bertie avait été tué. Elle observa les hommes hisser le corps à bord, puis courir vers le bouquet d'arbres avec une civière.

— Ça va ?

Elle fit oui de la tête et ils mirent rapidement un des blessés sur le brancard, puis se hâtèrent de faire de même pour les deux autres.

— Venez… vite !

Elle courut à travers l'énorme nuage de poussière soulevé par les pales de l'hélicoptère et se sentit happée au moment où il décolla.

— Ma Mère l'Oie à Alpha Bravo : vous avez la fille ?

— Oui. Nous avons les trois blessés. Nous rentrons. Terminé.

Ils atterrirent bientôt à la base où les attendaient une escouade de soldats et d'infirmières prêts à intervenir.

Paxton était encore cramponnée à la radio et elle se mit à trembler de tous ses membres. L'opérateur radio avait l'air de tenir le coup ; Paxton laissa les hommes évacuer les blessés, puis descendit avec précaution de l'hélicoptère. A peine eut-elle mis pied à terre qu'elle fut si violemment agrippée qu'elle tournoya sur elle-même, son casque roula à terre, libérant sa cascade de cheveux blonds.

— Qu'est-ce que vous fichiez là-bas ?

Elle ne vit pas tout de suite l'homme qui l'interpellait si brutalement. Il la secouait comme un prunier et elle crut qu'il allait la frapper.

— Vous auriez pu vous faire descendre ! Vous ne savez pas que cette zone est interdite !

— Je…

Soudain elle reconnut les yeux noirs qui vrillaient les siens. C'était Tony Campobello.

— Ça vous arrive de temps en temps d'obéir aux règlements ? Vous vous croyez au-dessus de ça ? Vous auriez pu vous faire tuer, et les autres avec !

C'était plus qu'elle n'en pouvait supporter. Il n'allait pas la culpabiliser encore une fois. Ce n'était pas de sa faute si Bill avait été tué, et cette fois-ci non plus elle n'avait rien à se reprocher.

Ses yeux verts lançaient des éclairs.

— Ça suffit comme ça ! Personne n'a été blessé par ma faute, que je sache. Vous avez toute l'armée nord-vietnamienne aux trousses, monsieur, et si vous n'êtes pas fichu de la repousser, ne me rendez pas responsable de votre incompétence. J'ai fait trois pas en avant et on m'a tiré dessus, c'est tout.

— Et vous vous attendiez à quoi ? A ce qu'on vous serve le thé avec des petits gâteaux ? Nous sommes dans une zone de combat, bon Dieu !

L'hélicoptère était reparti et on avait emmené les blessés depuis longtemps qu'ils étaient encore là à se jeter des injures à la figure. Les soldats ne s'interposèrent pas, pensant qu'il s'agissait d'une querelle privée. Et de fait, c'en était une. Ils avaient accumulé trop de griefs et il fallait qu'ils mettent les choses au clair.

Mais soudain les yeux de Paxton s'emplirent de larmes. Des larmes de rage.

— Cessez de m'accuser, se révolta-t-elle. Ce n'est pas de ma faute si ces hommes ont été blessés.

— Non, mais ça aurait pu.

Ralph et le lieutenant se dirigeaient vers eux en Jeep ; en les voyant s'injurier et se menacer, Ralph émit un grognement de colère.

Tony se dégagea à l'approche de son lieutenant et Ralph lui adressa un regard venimeux.

— Vous remettez ça ?

Il était prêt à se colleter avec Ralph également.

— Elle aurait pu se faire dégommer, expliqua-t-il laconiquement.

— Dieu merci, elle est saine et sauve ! s'exclama le lieutenant.

Il était un peu plus âgé que ne l'était Bill et semblait bouleversé par les événements de la matinée.

— C'était sans doute prématuré de faire venir la presse.

Le photographe avait été tué, Paxton avait frôlé la catastrophe et Ralph était blême. Il regarda Paxton avec acuité.

— Nous devrions être plus prudents. Pour l'amour du ciel, pourquoi t'es-tu éloignée ?

— Je ne sais pas. Bertie voulait prendre quelques clichés et je l'ai suivi. Tout ce que je sais, c'est qu'on m'a tiré dessus…

— Si vous n'aviez pas eu la présence d'esprit d'utiliser la radio, mademoiselle, vous seriez sûrement encore là-bas, dit le lieutenant avec respect. Vous avez probablement sauvé la vie de ces hommes.

Elle jeta un coup d'œil assassin à Tony, qui fulminait.

— Votre sergent pense au contraire que j'ai failli les faire tuer.

Le lieutenant sourit. Tony était l'un de ses meilleurs éléments, malgré son caractère un peu soupe au lait.

— Je n'ai pas dit ça, maugréa celui-ci. J'ai dit que vous avez failli vous faire tuer…

Il l'avait aussi rendue responsable de la mort de Bill, mais ça, c'était une autre histoire.

— Ça me paraît plus près de la vérité, dit Ralph.

Tony et Paxton montèrent dans la Jeep en continuant à se lancer des œillades meurtrières. Il fallait ramener le corps de Bertie à Saigon et Ralph s'entretint des modalités avec le lieutenant. Tout le monde l'aimait et appréciait son travail. C'était une perte cruelle. Une de plus. Difficile de continuer à vivre, ici.

— Je voudrais dire merci à l'opérateur radio de la base, dit Paxton au lieutenant.

Il le lui présenta et, en le voyant, elle eut soudain les larmes aux yeux.

— Je voulais vous remercier…

Les mots lui manquèrent devant cet homme qui, grâce à son sang-froid, lui avait sauvé la vie.

— Je suis à votre disposition, Delta Delta, fit-il avec un accent traînant du Sud. Désolé de vous avoir envoyée sur un point chaud.

— Vous m'avez sortie de là. C'est ce qui compte.

Les blessés étaient tirés d'affaire. Mais Bertie y avait laissé sa peau, et Ralph était bouleversé.

Ils ne revirent pas Tony avant de partir, mais Ralph lui en voulait encore et il reporta une partie de son agressivité sur Paxton. La journée avait été rude, une sale journée dans une sale guerre, et ils revenaient sans leur sujet, qui plus est. Ralph dit qu'il s'arrangerait avec l'Associated Press.

— Qu'est-ce que vous avez, Campobello et toi ? interrogea Ralph. Chaque fois que vous vous croisez, vous vous disputez comme des malades !

En réalité, il avait eu une peur bleue pour elle, et il était tellement soulagé à présent qu'il se laissait aller à sa colère.

— Il m'a accusée d'avoir exposé inutilement ses hommes par mon imprudence.

— Tu n'as pas fait attention à toi, ce qui est bien pire. N'oublie pas que tu es journaliste, tu es là pour écrire des articles, pas pour prendre des risques. Quant à lui, je ne sais pas ce qui le travaille, mais à mon avis il est cinglé.

— Ça oui, approuva-t-elle, le regard mauvais.

Elle était sale, les traces de sang sur ses vêtements la ramenaient en arrière, à tous les reportages qu'elle avait effectués. Non qu'elle aimât cela, mais elle sentit à nouveau que c'était là son devoir. Envers qui ? Son pays, son journal, Peter, Bill, ou bien elle-même ?

La question était complexe, et sur le chemin du retour, elle resta silencieuse et pensive. Ils venaient de vivre une rude épreuve.

Tony, toujours fulminant, partit faire une longue marche, essayant lui aussi de démêler l'écheveau de ses sentiments envers Paxton.

21

Ralph était encore fâché contre elle lorsqu'il la rencontra le lendemain au bureau de l'Associated Press, mais elle l'invita à déjeuner et, après deux verres, il se radoucit.

— J'ai vraiment cru que tu allais y passer quand tu étais dans les buissons avec les types blessés. J'imaginais déjà la suite !

— J'aurais pu me faire descendre, admit-elle en sirotant son *café sua* – une mixture de café fort et de lait concentré qu'elle trouvait imbuvable auparavant mais qu'elle adorait à présent.

— Tu as eu la trouille ? demanda-t-il à voix basse, ce qui la fit sourire.

— Après coup, oui. Sur le moment, non, je ne crois pas… J'ai paniqué au début à l'idée de ce qu'ils me feraient s'ils me capturaient.

Il y avait effectivement eu des cas de journalistes faits prisonniers par les Nord-Vietnamiens ; ces derniers les relâchaient en général rapidement dans le but d'avoir un peu de propagande pour leur cause, mais ils n'étaient pas toujours aussi généreux et les tortures et les sévices étaient tristement légendaires.

— Sur l'instant je n'ai pensé qu'à sauver les blessés à temps.

Ralph hocha la tête, l'air accablé.

— Pauvre Bertie.

— Etait-il marié ?

— Non. Il avait une petite amie ici, une fille de Cholon, je crois. Je ne lui connais pas de famille. J'ai appelé l'ambassade pour les formalités de rapatriement du corps. Ils l'envoient à Londres demain.

Paxton hocha la tête en pensant à Bill.

Ralph l'observait et il eut soudain l'air très fatigué.

— Tu n'en as pas marre de tout ça ? Je veux dire, de voir mourir des gens sans arrêt ? Parfois je me demande quel effet ça fait de vivre dans un pays où les gens ne meurent que de maladie, du cancer ou des accidents de la route.

— Si, j'en ai marre comme tout le monde.

Elle sourit amèrement. Elle ne partirait pas avant d'avoir achevé sa tâche, même si c'était dur. Elle en avait eu la certitude lorsqu'elle était revenue aux Etats-Unis : il fallait aller jusqu'au bout.

Ralph, qui buvait rarement, en était à son troisième verre, et semblait enclin à la confidence.

— Je me fais du souci pour France. Tu parles d'un pays pour mettre un enfant au monde !

— Pourquoi ne les emmènes-tu pas aux Etats-Unis ?

Peut-être avait-il vécu ici trop longtemps pour pouvoir se réadapter ailleurs. C'était un phénomène courant chez certains journalistes qui, ayant séjourné en Turquie, en Algérie ou au Viêtnam, ne pouvaient plus rentrer à New York, Chicago ou Londres. Elle se demandait parfois si c'était le cas de Ralph, ou le sien.

— Elle ne rentrera pas avec moi. Elle veut rester ici. Quand elle était mariée à un GI – le père du petit An –, elle a beaucoup souffert du mépris de l'armée et de sa belle-famille. Elle est persuadée que si elle m'accompagne aux Etats-Unis, elle se fera lyncher dans la rue, et j'ai bien peur qu'elle ne soit dans le vrai. Je ne peux pas m'arroger le droit de l'enlever à son pays. Et pourtant, c'est tellement désespérant d'élever un enfant dans un endroit pareil ! Aux Etats-Unis, je pourrais faire beaucoup plus pour An, alors qu'ici, je m'estime heureux s'il mange à sa faim et s'il est à l'abri du danger.

An était presque un bébé encore, mais Paxton savait que des gamins de cinq ans vendaient de l'héroïne dans la rue. France était une dame jusqu'au bout des ongles ; elle s'occupait merveilleusement bien du petit An. Il restait encore à la maison avec elle, mais elle l'avait inscrit dans une école maternelle française catholique autrefois à la mode. Et leur enfant allait voir le jour dans cet univers moribond.

— Comment va-t-elle, à propos ?

— Elle est grosse ! Adorable !

Ralph n'avait jamais eu d'enfant, et, à trente-neuf ans, l'idée d'être père pour la première fois l'enthousiasmait, malgré le détachement qu'il essayait d'afficher devant ses amis.

Il regagna son bureau et Paxton alla à la piscine de l'hôtel Catinat pour se détendre un peu avant de rentrer écrire son article. Elle n'avait pas encore remis de l'ordre dans ses idées après les événements de la veille à Cu Chi et, perdue dans ses pensées, elle sursauta lorsque quelqu'un lui toucha le bras. Quelle ne fut pas sa surprise de voir Tony !

— Je… qu'est-ce que vous faites ici ?

Elle ne savait pas quoi dire, se demandant s'il allait se mettre à hurler, ce qui semblait être son mode de communication privilégié. Il devint rouge cramoisi. C'était plus facile de l'aborder lorsqu'elle portait un harnachement de soldat qui dissimulait sa silhouette et un casque qui cachait sa magnifique chevelure blonde. Or là, la découvrant si féminine et si jolie, il se sentit ridicule d'être venu, mais il avait obéi à une impulsion.

— Je vous dois encore des excuses, dit-il en plongeant son regard noir de jais dans ses yeux verts d'un air suppliant de gamin pris en faute. Je n'aurais pas dû vous parler sur ce ton, hier. Je… j'ai eu peur pour vous et j'ai été tellement soulagé de vous savoir hors de danger que j'en ai perdu les pédales. Et puis ça m'a fait mal de vous revoir là-bas, ça m'a rappelé de mauvais souvenirs. Ça a dû être dur pour vous aussi…

Il avait les yeux mouillés de larmes. Il ne s'était pas encore remis de la mort de Bill Quinn, il savait qu'elle non plus. Et il n'était pas capable de cacher ses sentiments.

Elle acquiesça, touchée par sa sincérité. La tension était un peu retombée entre eux, et elle put lui parler.

— Je ne savais pas que nous allions à Cu Chi, au

départ. J'accompagnais seulement Ralph en reportage, et puis nous nous sommes retrouvés là, et… j'ai été incapable de penser à autre chose.

Elle détourna le regard pour qu'il ne vît pas les larmes qui perlaient à ses paupières.

— Vous aviez peut-être raison quand vous disiez que, lorsqu'on a l'esprit trop plein de quelqu'un, on se met en danger, soi, ou les autres.

— Je n'aurais jamais dû vous dire ça. Il n'est pas mort à cause de vous, même si sur le moment je vous en ai voulu. Je n'en pouvais plus de voir les Vietcongs tuer nos meilleurs éléments. Et ça continue… C'était de la faute de Bill aussi, il prenait toujours trop de responsabilités. Il n'avait nul besoin de descendre dans ce tunnel, mais il a fallu qu'il y aille à la place d'un autre. Or cette fois-là, il y est resté. Et hier, une unité entière de Vietcongs était juste sous notre nez, et vous vous êtes trouvée au milieu. Tout bien considéré, on ne s'en est pas mal tirés, mais l'idée qu'ils auraient pu vous capturer m'a fait perdre la tête.

— Merci, dit-elle en souriant lentement. Merci de vous être soucié de moi.

A force de côtoyer la mort quotidiennement, on finissait par devenir insensible à la souffrance d'autrui, car si on se laissait attendrir, c'était sa propre vie que l'on mettait en danger.

— J'ai eu très peur, rétrospectivement. Sur le moment, je n'ai guère eu le temps de penser, à vrai dire.

— Vous étiez très près des combattants, et ça aurait pu très mal se terminer.

L'idée qu'il aurait pu lui arriver quelque chose le rendait malade.

— J'ai eu de la chance. Je m'apprêtais justement à écrire mon article.

Il eut l'air désarçonné.

— Ah… J'ai quelques papiers à prendre chez Mac Vee, et j'avais pensé… enfin… peut-être on pourrait aller prendre un café quelque part.

Elle ne savait pas trop ce qu'il attendait d'elle, mais après tout elle se dit que son article pouvait attendre un peu. Ils avaient été tous les deux ébranlés par les événements de la veille et peut-être le moment était-il venu de faire la paix. D'ailleurs, elle le suspectait, sous son aspect bourru, d'avoir une bonne nature.

— D'accord. Je pondrai mon article plus tard.

Ils marchèrent jusqu'à un petit café sur l'avenue Tu Do et s'installèrent à la terrasse pour profiter du spectacle de la rue qui leur était si familier maintenant.

— Ralph dit que nous nous injurions sans arrêt, dit-elle en sirotant son thom xay.

— Ouais. Il n'a pas tort. C'est de ma faute, rétorqua-t-il d'un ton penaud.

— Je le crains, fit-elle en riant, et il se détendit.

— C'est plus fort que moi. Ce doit être le sang italien qui coule dans mes veines.

— C'était donc ça ! Ralph prétend que nous sommes fous tous les deux.

— Ça se peut bien…

Il lui sourit et elle remarqua qu'il avait un sourire magnifique qui illuminait tout son visage.

— Ici on le devient tous un peu.

— C'est un constat ou une mise en garde ?

— Sans doute un peu les deux.

Curieusement, elle se sentait à l'aise avec lui, malgré

toutes les souffrances qu'il lui avait injustement fait subir.

— Etes-vous marié ? demanda-t-elle sur le ton de la conversation.

« Il était vraisemblable qu'il le fût », se dit-elle en essayant de deviner son âge. En fait, il était de sept ans son aîné, il avait trente ans.

Il soupira, et décida de jouer franc jeu avec elle. Elle appartenait à la race de ceux avec qui on ne triche pas.

— Je l'ai été. Je suis divorcé. C'est en partie pour ça que je me suis engagé. Je me suis marié à dix-huit ans. Mon ex-femme et moi étions ensemble dès le collège. Nous avons eu une petite fille un an après la fin de nos études, mais ce n'est pas uniquement à cause de ça que nous nous sommes mariés. La petite est morte à deux ans. De leucémie. Nous avons cru en mourir. Nous n'avons pas accepté. Comment Dieu pouvait-il nous envoyer un tel malheur ?

Son regard s'assombrit à l'évocation de ce terrible souvenir. La plaie n'était pas encore refermée… Mais il s'illumina soudain :

— Puis nous avons eu un petit garçon. Il est formidable. Il s'appelle Joey. Comme mon père, Jo. Il lui ressemble, en plus.

Paxton fut attendrie en l'écoutant parler de son fils : il exultait littéralement. Son visage se ferma soudain.

— Quand Joey a eu deux ans, Barbara a demandé le divorce. Après sept ans de mariage, la mort d'un enfant entre nous, et le petit Joey, elle voulait me quitter. Je ne savais pas si j'allais la tuer, ou me suicider. J'étais comme fou.

— Que s'est-il passé ? Elle s'était lassée ?

— De moi, certainement. Elle était tombée amoureuse de mon frère. Il a deux ans de plus que moi et ça a toujours été la vedette de la famille. Tommy le Magnifique… qui faisait de brillantes études tandis que moi je me crevais à travailler pour mon père. J'ai fini par sauver sa boîte de la faillite. Tommy devint comptable et alla travailler au centre ville, puis il fit des études de droit, et maintenant il est avocat. Elle m'a quitté pour l'épouser, alors j'ai décidé d'en finir avec tout ça. Joey l'admirait énormément, mais comment expliquer à un gamin que son oncle est maintenant son père parce que sa mère s'est mal conduite ? Mes parents m'ont demandé de ne pas faire d'esclandre « pour ne pas détruire la famille » ! – Il eut un geste d'impuissance typiquement latin. – Alors je suis venu ici. Je ne suis jamais rentré depuis. Voilà. Vous savez tout.

Elle resta un moment pensive.

— Vous n'avez pas revu le petit Joey depuis ?

— Non. Pour lui dire quoi ? Que je déteste sa mère ?

— C'est vrai ?

— Ça l'était. Je ne sais plus trop où j'en suis maintenant. C'est vrai que j'ai eu envie de la tuer… alors je suis venu ici casser du Vietcong à la place. Mais je ne sais même plus si je lui en veux encore. Elle a peut-être eu raison. Tommy l'adore, et ils ont eu trois enfants. Joey a l'air superbe sur les photos, et il est fou de Tommy. Alors, peut-on dire qu'ils ont eu tort ? C'est drôle, mais parfois je n'arrive plus à me rappeler précisément ses traits.

— La haine est un sentiment bizarre, parfois elle vous dévore à tel point qu'on en oublie la cause.

— Vous n'êtes pas quelqu'un de banal. J'ai été

impressionné par votre attitude après la mort de Bill, lorsque vous êtes venue chercher vos lettres. Ce n'est pas une fille comme Barbara qui aurait fait ça. Elle ne m'a pas épargné. Vous, vous avez pensé à sa femme, que vous ne connaissiez même pas.

— Je l'ai fait pour lui. Et aussi pour ses enfants.

— Vous l'aimiez vraiment, n'est-ce pas ?

— Oui. Pourquoi m'avez-vous tellement haïe, à ce moment-là ?

Tony respira profondément et essaya de démêler l'écheveau de ses sentiments, autant pour elle que pour lui, d'ailleurs.

— Je ne sais pas. J'avais peut-être peur de vous. Je craignais qu'il commît quelque imprudence à cause de vous, c'est vrai. J'ai vu des types se faire descendre bêtement parce qu'ils bayaient aux corneilles en pensant à une minette. A dire vrai, Bill n'était pas comme ça. Je ne sais pas… j'étais peut-être jaloux. La vie est parfois plus simple sans les femmes.

« Et vice versa, se dit Paxton. Parfois c'est mieux avec eux, quand même. »

— Il vous estimait énormément, dit-elle.

Cet aveu était un peu comme un dernier cadeau de la part de Bill.

— Il vous aimait profondément, reprit-il. Ça se lisait sur son visage quand il parlait de vous. Croyez-vous qu'il aurait quitté sa femme, en définitive ?

— Probablement pas. Je ne le croyais pas capable d'abandonner ses enfants. Ici les choses paraissent plus faciles, dans le feu des passions : on ignore si on sera encore en vie la semaine suivante. On vit au jour le jour, seulement préoccupé de vivre jusqu'au prochain week-end à Vung Tau. D'une certaine façon, c'est plus simple.

— Vous allez rester combien de temps cette fois-ci ?

Il avait envie d'en savoir plus long sur elle et, même si parfois elle l'avait exaspéré avec sa façon d'être indépendante et fière, il était touché par sa dignité, sa générosité et sa gentillesse.

— Jusqu'à ce que je ne puisse plus supporter, et tant qu'ils voudront bien imprimer ma prose.

— J'ai entendu dire que vos articles étaient bons.

— Je ne sais pas. J'adore écrire.

— Moi je n'écris jamais. Même à Joey j'ai du mal à écrire des lettres. Ça fait si longtemps…

— Vous devriez rentrer le voir un de ces jours, vous ne croyez pas ?

En réalité, il avait peur de cette rencontre.

— Je ferais peut-être aussi bien de le laisser tranquille. Je n'ai rien à lui donner et Tommy est parfait avec lui. Et comme il porte le même nom, personne ne se doute qu'il n'est pas le fils de Tommy.

— Pourtant vous êtes son père. Comment vous appelle-t-il dans ses lettres ?

— Papa, fit Tony d'une voix étranglée. – Puis, après un long silence : – J'irai le voir la prochaine fois.

— Et votre affaire ? Qu'est-ce qu'elle est devenue ?

— Mon père est mort l'année dernière et ma mère a vendu. Elle a bien fait. Elle a partagé l'argent entre mon frère et moi. A mon retour j'aurai de quoi monter quelque chose mais je n'ai pas d'idée précise pour l'instant. J'aurais aimé avoir une ferme en Californie… ou un vignoble dans la Napa Valley. En tout cas, une activité en rapport avec la terre. C'est la seule chose que j'aime vraiment au Viêtnam, cette terre rouge intense, et cette végétation luxuriante. Je crois qu'au fond de moi j'ai toujours désiré être fermier. Ça plairait peut-être à Joey…

— J'en suis sûre.

Elle se dit qu'il arriverait sûrement à ses fins. C'était un homme au cœur pur, animé d'un idéal simple et attaché aux valeurs traditionnelles.

C'était également un officier brillant qui avait démantelé un nombre incroyable de réseaux de tunnels. Mais les choses n'allaient sûrement pas être faciles pour lui au retour. Et l'histoire de Joey était si touchante…

— Et vous, Paxton, avez-vous déjà été mariée ?

— Non.

— Quel âge avez-vous ?

— Vingt-trois ans. Je suis venue ici tout de suite après l'université.

Elle lui raconta Peter, et Gabby. Elle lui parla de sa mère, de Georges. Elle lui confia à quel point elle s'était sentie loin d'eux lorsqu'elle était rentrée après la mort de Bill.

— Je n'avais rien à faire là-bas. Et je n'ai pas envie d'y retourner.

— Attention à l'accoutumance. Ce pays exerce sur vous une véritable fascination. Regardez ces soldats qui prennent de l'héroïne, ou fument… il y en a d'autres qui sont comme nous accrochés au Viêtnam, et pour ceux-là il n'y a pas de désintoxication possible.

— Il faut que nous restions jusqu'à ce que nous n'en ressentions plus le besoin.

— Ouais. Ou jusqu'à ce que ça nous tue. C'est bien ce qui a failli vous arriver hier.

Et ça ne lui plaisait pas du tout.

— Et vous ? Vous avez sûrement frôlé la mort des milliers de fois. Je commence à croire que ce n'est qu'une histoire de chance.

Combien d'hommes avaient passé l'arme à gauche la veille de leur démobilisation ? C'était monnaie courante.

— J'ai peut-être eu de la chance, en effet, dit Tony en haussant les épaules. Depuis que je suis ici, en tout cas. Avant, je n'ai pas été franchement gâté.

Il tira une photo de sa serviette.

— Voici Joey à six ans. Il en a sept à présent.

Paxton sourit à l'image du petit garçon.

— C'est votre portrait tout craché !

— Pauvre gamin ! fit Tony en riant.

Il avait aussi une photo de Barbara, mais il la regardait de plus en plus rarement. Il avait eu pas mal d'aventures au Viêtnam : des infirmières, des auxiliaires de l'armée, des Vietnamiennes… Il était sorti avec une fille superbe, lors de l'attaque de Ben Suc, deux ans auparavant.

Mais pas une seule fois il n'était tombé amoureux, pas une seule fois, depuis Barbara, il n'avait éprouvé ce que Paxton avait ressenti à l'égard de Peter ou de Bill. Il ne se rappelait même plus quel effet ça faisait, sauf quand il avait aperçu dans les yeux de Bill cette lueur d'apaisement qu'il ne connaissait plus depuis des années.

Il la raccompagna à son hôtel, dans le vacarme familier de la ville, les cris, les klaxons, le va-et-vient incessant des cyclo-pousse, le crin-crin des sonnettes des bicyclettes et lorsqu'ils atteignirent le perron de l'hôtel, Tony la dévisagea avec un air grave.

— Merci de m'avoir accordé cet après-midi, Paxton. Malgré ma conduite inqualifiable.

— Ne soyez pas stupide ! dit-elle en riant franchement.

Il avait envie de lui dire qu'il la trouvait très belle, au cas où il ne la reverrait plus. Mais tout ce qu'il put dire fut :

— Accepteriez-vous de dîner avec moi un de ces soirs ?

Elle parut déconcertée un instant. Cet homme restait décidément un mystère pour elle, mais après tout, peut-être avait-il seulement besoin d'amitié, et elle ne voulait pas lui refuser la sienne.

— Oui, volontiers.

— Je vous appellerai.

— Merci, Tony.

Elle lui serra la main et regagna sa chambre pour écrire son article. Lorsqu'elle eut fini, elle se surprit à songer à ce petit Joey dont le papa était parti depuis si longtemps, et que, sans même le connaître, elle aimait déjà.

22

Tony l'appela la semaine suivante lorsqu'il revint à Saigon, mais elle était partie en reportage avec Ralph, et elle lui téléphona dès son retour au numéro qu'il avait laissé. Il était à la base de Tan Son Nhut avec des amis et il lui proposa de dîner ensemble, et peut-être d'aller voir un film après. Il y avait une éternité qu'elle n'en avait pas vu, et l'idée lui parut amusante.

Il vint la chercher à sept heures, elle avait tout juste eu le temps de se doucher et de se changer lorsqu'il frappa à sa porte. Ils dînèrent au Ramuncho, un restaurant français situé au rez-de-chaussée de la tour Eden et fréquenté par nombre de soldats. Maintenant qu'ils se connaissaient un peu, ils étaient plus à l'aise et le dîner fut animé et joyeux. Il avait le sens de l'humour et lui raconta des histoires à mourir de rire sur la vie militaire.

— Pourquoi vous réengagez-vous à chaque fois ?

— Je ne sais pas quoi faire d'autre. J'ai suivi deux ans de cours du soir. Je parle couramment espagnol. Je suis imbattable pour changer les couches de bébé. Je suis censé avoir l'étoffe d'un chef puisque j'ai été rat de tunnel pendant quatre ans et demi. Et tout ça va me servir à quoi ? Faire l'égoutier à New York ?

— Et la ferme… ou la vigne en Californie ?

— J'ai tout le temps pour ça… D'autre part j'ai horreur de laisser tomber en cours de route.

Et pourtant, il avait renoncé à son fils. Il faut dire qu'il n'avait que vingt-cinq ans à cette époque et se sentait totalement désarmé.

— Et vous, enchaîna-t-il, qu'est-ce que vous voulez être quand vous serez grande ?

— Dorothy dans Le Magicien d'Oz. J'ai toujours eu un faible pour les chaussures rouges.

— Je comprends pourquoi vous me plaisez ! Vous êtes folle ! Vous allez continuer à travailler dans un journal quand vous rentrerez ?

— Je suppose. J'ai toujours voulu être journaliste, et j'adore vraiment ce métier.

— Vous avez de la chance. C'est une façon très agréable de gagner sa vie.

Ils éclatèrent de rire à l'unisson à la pensée de ce qui avait failli lui arriver à Cu Chi.

— A part cette fois-là, évidemment. A propos, où êtes-vous allée cette semaine ?

Il fut impressionné par le nombre de reportages qu'elle énuméra. Elle n'hésitait pas à côtoyer le danger et ne fermait pas les yeux sur l'aspect horrible de la guerre et, s'il avait peur pour elle, il ne l'en estimait cependant pas moins.

D'un commun accord ils décidèrent de remettre le cinéma à une autre fois. Ils restèrent des heures au bar à parler du Viêtnam, d'eux-mêmes, de Bill, de leurs familles respectives, et même de Queenie.

— J'ai l'impression de te connaître depuis toujours. Tu veux bien qu'on se dise tu ? dit-il en la quittant ce soir-là.

Il la trouvait si chaleureuse qu'il était impossible de ne pas aller vers elle.

— Bien sûr. Moi aussi j'ai cette impression. Tu sais, je n'ai pas l'habitude de raconter ma vie.

Elle lui avait même confié comment sa mère, dont la froideur l'avait toujours déconcertée, s'était montrée tendre et compatissante après la mort de Peter, mais lors de son récent séjour aux Etats-Unis, elle l'avait à nouveau sentie distante.

— Je n'ai pas eu de copain comme toi depuis l'école primaire, dit-il en riant, tu sais, le genre de pote à qui on dit tout.

Sauf peut-être avec Barbara autrefois, il n'avait jamais connu pareille complicité.

— Quand est-ce que tu reviens à Saigon ?

Il était deux heures du matin, l'heure du couvre-feu était dépassée depuis longtemps.

— Je ne sais pas encore. Je t'appellerai, dit-il en lui tapotant l'épaule d'un geste hésitant.

Son coup de fil ne se fit guère attendre. Il s'était débrouillé pour se libérer et l'invita de nouveau au cinéma à la base de Tan Son Nhut, mais il y avait eu un attentat sur la route et un embouteillage énorme les contraignit à faire demi-tour.

— Qu'est-ce qu'on fait, on va voir une pièce à Broadway ? A moins que tu ne préfères le Radio City Music Hall ? Ou un hamburger chez Schrafft ?

— Arrête… tu vas me donner le mal du pays.

— Aimerais-tu aller danser au Pink Nightclub ?

— Si on allait chez toi regarder la télé en grignotant du pop-corn ?

— Laisse tomber. Retournons à ton hôtel pour continuer notre discussion.

Ils parlèrent encore très longuement, ce soir-là, mais au moment de partir, il l'entraîna un peu à l'écart dans le hall et l'embrassa. Il fit glisser ses doigts dans ses cheveux, et le contact de la peau satinée de ses épaules sous ses paumes le fit presque gémir.

— Ça se complique, dit-il comiquement avec la voix des Munchkins dans Le Magicien d'Oz en rajustant sa ceinture, et elle éclata de rire.

— Tu es impossible, dit-elle en lui rendant son baiser.

— Je suis tout à fait possible, je t'assure. Tu veux bien m'essayer ? chuchota-t-il dans son cou, et elle eut un petit rire.

— Tu ne devrais pas me faire rire à un moment pareil.

Soudain grave, il l'embrassa passionnément.

— Je te présente mes excuses… si nous montions, Paxxie ?

— J'ai peur, chuchota-t-elle.

— Il ne faut pas.

Tous ceux qu'elle avait aimés étaient morts. Si jamais il lui arrivait quelque chose, à lui aussi… elle ne se le pardonnerait jamais.

Il la regarda avec une douceur infinie en rejetant délicatement les mèches blondes et soyeuses en arrière.

— Nous ne sommes pas responsables de ce qui nous arrive, Paxton. C'est écrit dans les étoiles. Nous sommes dans la main de Dieu. Ce qui est arrivé à Bill ou à Peter, c'est le destin. Tu n'es coupable en rien, Paxton, oublie tout ce que j'ai pu dire avant… Il faut prendre le bonheur lorsqu'il se présente, et s'aimer tant qu'il est encore temps.

— Mais j'ai l'impression de leur avoir porté malheur, dit-elle, les larmes aux yeux, et il s'en voulut de l'avoir ainsi accusée à tort, alors qu'il ne la connaissait même pas.

— Ça n'est pas vrai, Paxton, tu le sais bien. Mais je comprends que tu aies peur. – Il l'entoura de ses bras et la serra fort contre lui. – Je t'en prie, ma chérie, ne me repousse pas. Je n'ai jamais aimé comme je t'aime, je t'en supplie… – Et il osa lui dire une chose qu'il n'avait jamais dite à personne : – Chérie, j'ai besoin de toi…

Ils avaient besoin l'un de l'autre pour affronter la cruauté du monde où ils étaient projetés.

En montant les marches, il la tenait étroitement serrée contre lui et, une fois devant sa porte, il l'embrassa longuement, passionnément, puis il plongea son regard dans le sien.

— Quoi qu'il arrive... quelque décision que tu prennes... je t'aimerai toujours.

Il fit brusquement volte-face et dégringola l'escalier sous le regard médusé de Paxton.

23

La semaine suivante, elle reçut un télégramme de San Francisco : Gabby venait de mettre au monde une petite fille, baptisée Mathilda. Paxton fut heureuse pour elle, mais tout cela lui semblait très loin de la vie qu'elle menait désormais. Les télex parlaient d'un rassemblement sans précédent de la jeunesse pour un concert à Woodstock.

Elle était sortie avec Tony un soir et ils avaient enfin vu un film, Les Producteurs, qui les avait fait rire, et un documentaire sur les premiers pas de l'homme sur la lune, qui avait ému Tony jusqu'aux larmes. Puis ils avaient bavardé devant un hamburger et un milk-shake. Elle lui avait raconté son enfance à Savannah, qui était à des années-lumière de la sienne à New York.

— Paxton, non ! Ne me dis pas qu'il y a encore des gens qui s'occupent de la Guerre civile ? Ça n'est pas possible !

Elle lui parla de son père, des moments heureux passés avec lui à son bureau le samedi matin, et de tout ce qu'ils avaient partagé.

Il lui décrivait son enfance dans le Bronx, les étés

passés à travailler avec son père, le labeur acharné de sa famille pour amasser finalement un petit pécule, et la maturité qu'il avait acquise en trimant dès l'enfance. Il lui raconta son émotion lors de la naissance de son premier bébé et sa douleur lorsque l'enfant avait succombé à la maladie : il avait cru ne pas pouvoir y survivre. Puis l'arrivée du petit Joey comme un cadeau du ciel, fort et en pleine santé, si différent.

Son regard s'illumina en pensant à la naissance de son fils, d'autant plus que c'est un souvenir auquel il ne s'abandonnait pas souvent.

— C'est le truc le plus fantastique qui existe au monde… avoir des enfants ! Et toi, Paxton, tu voudras en avoir plus tard ? ajouta-t-il.

Il ne voulait rien ignorer d'elle, une rencontre dans de telles circonstances vous en apprenait plus sur l'autre qu'une vie entière passée ensemble.

— Je crois. Je ne l'ai jamais vraiment envisagé… ou plutôt si, il y a longtemps, avec Peter, nous y pensions. Avec Bill, c'était différent, je ne me suis jamais laissée aller à croire qu'il m'épouserait, de peur d'être déçue. C'est drôle, mais avec les enfants des autres, je suis toujours distante.

— Quand ce sont les tiens, ce n'est pas pareil. C'est merveilleux… c'est un lien indestructible, un enfant fait partie de toi pour toujours.

Elle le contemplait avec attendrissement.

— C'est ce que tu ressens pour Joey ? Même maintenant ?

— Oui, dit-il après un silence.

— Alors tu devrais aller le voir de temps en temps.

— Ouais, sûrement, fit-il d'un ton bourru.

Ce soir-là, ils allèrent danser et il la raccompagna

à son hôtel, le bras autour de ses épaules. Il allait la quitter après l'avoir embrassée lorsqu'elle le tira doucement par la manche, et il vit qu'elle avait laissé la porte de la chambre ouverte derrière elle. Il la suivit, referma la porte, la prit dans ses bras et l'embrassa comme il n'avait embrassé personne depuis des années. Elle lui rendit son baiser avec la même fougue. Avec lui, elle se sentait différente, à la fois adolescente et terriblement femme, parfaitement à l'aise. Elle avait la sensation de lui être destinée de toute éternité, et il ressentait la même chose, comme il le lui confessa plus tard, alors qu'ils reposaient côte à côte, heureux et apaisés.

— Je n'ai jamais aimé comme ça, Pax. Tu me donnes des ailes. Je n'ai qu'une envie, c'est de boucler mon sac et de m'enfuir à toutes jambes avec toi vers la paix et la sécurité.

Cette façon de penser pouvait être funeste ici, et ils le savaient bien.

Cette première nuit de bonheur fut suivie de beaucoup d'autres et, à la fin de l'été, ils vivaient quasiment comme mari et femme. Ils sortaient tout le temps ensemble, elle lui demandait son avis sur des sujets dont elle n'avait jamais parlé à personne auparavant, parfois même sur des reportages qu'elle faisait avec Ralph.

Tony n'avait pas de secrets pour elle, même s'il se montrait plutôt discret sur ses missions pour ne pas l'effrayer.

Même Ralph avait mis de l'eau dans son vin à l'égard de Tony, et, au début septembre, ils allèrent dîner tous les quatre ensemble. La pauvre France était énorme, et Ralph se moquait d'elle gentiment, mais

Tony lui dit qu'il la trouvait superbe et Paxton en fut touchée. Elle avait du mal, quant à elle, à s'imaginer dans cet état. Une fois elle crut voir le bébé donner un coup de pied et elle fut impressionnée par la sérénité de France.

— Ça doit faire mal, non ? demanda-t-elle le soir à Tony. Ça doit être horrible de se sentir déformée comme ça.

— Mais non, c'est magnifique, je t'assure, dit-il en l'embrassant.

Ils n'avaient ni l'un ni l'autre évoqué l'éventualité de se marier et d'avoir des enfants, mais ils savaient au fond de leur cœur que c'était là leur plus cher désir, s'ils sortaient vivants de cet enfer. Pour l'instant, ils parlaient de vacances à Bangkok ou de cadeaux de Noël pour Joey.

Vers la mi-septembre, Tony prit cinq jours de congé et l'emmena à Hong Kong où il lui offrit une bague qu'il lui passa au doigt sans plus de commentaire. C'était un anneau de rubis rehaussé d'un cœur serti d'un diamant ; Paxton aima tout de suite ce bijou, symbole de l'amour de Tony. Ils passèrent quelques jours de rêve à Hong Kong, à l'hôtel Ambassador, comme nombre d'autres soldats avec leur femme ou leur petite amie.

A leur retour, Ralph était parti à Da Nang, ce que Paxton jugea vraiment inconséquent. Le bébé pouvait naître d'un moment à l'autre. Elle lui avait déjà dit qu'il ne faudrait pas qu'il s'en aille trop souvent, ce à quoi il avait rétorqué qu'il ne pouvait pas rester les bras croisés à attendre que France accouche. On avait déjà attribué une sage-femme à France, ainsi qu'un médecin, en cas de nécessité. Ralph lui avait donné le numéro de téléphone de Paxton, mais il pensait être de retour au moins une semaine avant l'accouchement.

Une nuit où Paxton et Tony dormaient profondément après avoir fait l'amour, le téléphone sonna, réveillant Paxton en sursaut.

— Mm… allô ?

Elle se demanda qui pouvait bien appeler à une heure pareille. Il était quatre heures du matin. La voix à l'autre bout du fil avait un accent français prononcé et elle ne la reconnut pas tout de suite.

— Allô, Paxton ? C'est France.

Paxton se dressa dans le lit, se demandant où était Ralph.

— Oui, ça va.

Paxton l'imaginait souriant poliment ; elle, si discrète, appelant au milieu de la nuit ! Paxton commença à s'inquiéter.

— Je suis désolée…

Il y eut un long silence et Paxton se demanda ce qui se passait, n'imaginant pas qu'elle avait déjà des contractions.

— Ralph n'est pas là et… je n'arrive pas à joindre la sage-femme ni le docteur.

Il y eut un nouveau silence et Paxton, affolée, secoua le récepteur.

— France ?… Tu es toujours là ?

Tony émergea du sommeil.

— Que se passe-t-il ?

Paxton lui expliqua brièvement, et France continua à parler, sur un ton un peu plus haché cette fois-ci.

— Je ne veux pas vous déranger, mais… pourriez-vous m'emmener à l'hôpital, et garder An jusqu'au retour de Ralph…

Elle se tut à nouveau.

— Bien sûr, j'arrive immédiatement. Tu es sûre que ça ira ? Veux-tu que j'appelle une ambulance ?

— Non, non, c'est inutile, mais si tu pouvais venir assez vite…

— Tout de suite. France, tu ne vas pas accoucher à l'instant ?

— J'espère arriver à temps à l'hôpital. Merci…

Et elle raccrocha brutalement. En réalité, elle était pliée de douleur et n'arrivait même plus à marcher. Elle avait attendu trop longtemps, et les contractions se rapprochaient de manière inquiétante.

Paxton s'habilla à la hâte, tandis que Tony sortait du lit.

— Je vais te conduire à Gia Dinh. Il ne devrait pas y avoir trop de circulation à cette heure-ci.

— Où est l'hôpital le plus proche ?

Elle essayait de garder la tête froide, mais intérieurement elle était bien plus paniquée que lorsqu'elle avait failli être tuée.

— Je crois que c'est… je ne sais pas. Je vais demander à l'hôtel. Elle avait l'air comment ?

Tony avait déjà endossé son uniforme, et Paxton avait enfilé une jupe, un chemisier et une paire de sandales ; elle était en train de se brosser les cheveux.

— Vraiment bizarre. Par moments, elle ne parlait plus, à tel point que j'ai cru que la ligne était défectueuse, mais ce n'était pas ça.

— Si mes souvenirs sont bons, c'est le moment crucial.

— Je ne pense pas qu'elle aurait appelé sinon, fit Paxton en prenant sa brosse à dents.

Ils mirent vingt minutes pour atteindre Gia Dinh.

Lorsqu'ils sonnèrent en bas de l'appartement de Ralph et France, ils n'obtinrent pas de réponse pendant un long moment et Paxton supposa qu'elle était partie à l'hôpital sans les attendre, mais Tony lui fit remarquer qu'il y avait de la lumière dans l'appartement. Finalement la porte s'ouvrit et ils montèrent les marches quatre à quatre pour trouver France recroquevillée derrière sa porte d'entrée, avec un long sillage aqueux derrière elle. Elle eut l'air affligée de constater que Paxton n'était pas seule, mais Tony fit semblant de ne rien remarquer.

Il l'aida à regagner sa chambre et Paxton vit le petit An, qui dormait paisiblement dans la chambre à côté. Elle referma doucement la porte. France portait une chemise de nuit rose et une robe de chambre qu'elle ne pouvait même plus refermer sur son ventre énorme. Paxton lui demanda si elle avait à nouveau essayé d'appeler le médecin mais elle fit signe que non, toujours cramponnée au bras de Tony et ne semblant guère prêter attention à Paxton.

— France, il faut t'habiller, dit-elle le plus calmement possible, mais France émit un gémissement en s'agrippant plus fort au bras de Tony. Il la porta doucement jusqu'à son lit et la fit étendre, une fois la contraction passée.

— France, il faut aller à l'hôpital, dit-il doucement. Je vais te porter.

Mais elle poussa un cri déchirant en s'accrochant de nouveau à Tony. Les contractions avaient commencé avant minuit et la douleur lui faisait presque perdre connaissance. Il était cinq heures du matin à présent et Paxton fut terrifiée en apercevant du sang dans le lit. Elle essaya de le signaler à Tony, mais il savait exactement ce qu'il fallait faire.

— Pas question d'aller à l'hôpital. Prends toutes les serviettes de toilette que tu pourras trouver, et des journaux, le plus possible.

Il se mit à délacer ses chaussures et Paxton se demanda ce qui lui passait par la tête. Il essaya de quitter France quelques instants mais elle s'accrochait à lui, ravagée par la douleur.

— Je suis désolée, murmura-t-elle faiblement dès que les contractions lui laissèrent un peu de répit.

Paxton revint avec une pile de serviettes, des draps propres et un tas de journaux. Tony lui demanda de les poser et de s'agenouiller à côté de lui, tandis qu'il se plaçait derrière France pour la tenir. Une vague de douleur la souleva à nouveau et elle étreignit désespérément les mains de Paxton.

— Oh non ! hurla-t-elle, le bébé va venir !

— Je sais, fit Tony, et, entre les contractions, il s'enroula dans un des draps comme dans un grand tablier.

Les deux femmes se tenaient les mains tandis que France poussait. Puis Tony demanda à Paxton de prendre les jambes de France tandis qu'il tenait ses épaules. Paxton eut envie de s'enfuir en hurlant tant le spectacle de sa souffrance était intolérable. Elle se demandait comment Tony pouvait trouver cela beau. Puis soudain il y eut une poussée plus forte et un léger vagissement, puis un petit visage rouge et fripé apparut. France le considéra avec étonnement.

— Ça y est, dit Tony, encore un petit effort… et il sortit doucement le bébé.

C'était une petite fille ; tous trois regardaient, émerveillés par le miracle de la vie, le bébé qui vagissait. Tony noua le cordon ombilical avec un de ses lacets.

— Appelle une ambulance, dit-il à Paxton, alors qu'elle le couvait d'un regard admiratif.

Elle aurait voulu lui dire à quel point il avait été extraordinaire, mais elle aurait tout le temps plus tard.

Ils réveillèrent An, qui découvrit sa petite sœur avec amusement.

— Elle est venue pendant que maman dormait ? demanda-t-il, et tous sourirent.

An ne voulait pas qu'elles partent en ambulance, mais il accepta de rester avec Tony à l'hôtel Caravelle pendant que Paxton accompagnerait France et le bébé à l'hôpital. Elle était encore toute retournée par ce qu'elle venait de voir : la douleur atroce, inhumaine, l'apparition du visage minuscule du bébé et le sourire de la mère… A présent la petite fille reposait calmement dans ses bras. Paxton tenait toujours la main de France. Tout cela lui semblait complètement irréel. Alors que la guerre et la mort étaient monnaie courante ici, le miracle de la naissance, cette partie de sa propre féminité, l'avait complètement émerveillée.

— Tu as été très courageuse, France. Je n'ai pas été très efficace… Je ne savais trop que faire.

Dieu merci Tony était là.

— Tu as été merveilleuse, Paxton, dit France d'une voix ensommeillée, et elle ferma les yeux, sans lui lâcher la main.

Paxton resta avec elle à l'hôpital jusqu'à la fin de la matinée, et lorsqu'elle regagna l'hôtel, elle trouva Tony en train de jouer avec An ; tous deux avaient l'air de s'entendre à merveille. Heureusement, Tony avait deux jours de congé.

— Comment va-t-elle ?

— Tout va pour le mieux. Le bébé est superbe, et elle l'allaitait lorsque je suis partie.

Ce qu'ils venaient de vivre cette nuit les avait encore rapprochés et, sans lâcher la main d'An, Tony passa son autre bras autour des épaules de Paxton, en l'embrassant tendrement.

— Tu as été très courageuse cette nuit.

C'était un moment qui resterait à jamais gravé en eux.

— Je n'ai jamais eu aussi peur de ma vie… Mon Dieu, Tony, pourquoi fait-on ça ?

— Cela vaut la peine, non ?

Il avait raison, et Paxton n'était pas près d'oublier l'émotion qui l'avait assaillie au moment où la tête du bébé était apparue et lorsqu'il avait poussé son premier vagissement.

— C'est un vrai miracle.

— Oui, fit Tony en hissant An sur ses épaules.

Ralph vint à cinq heures. Il avait trouvé le mot qu'ils lui avaient laissé chez lui et s'était précipité à l'hôpital pour voir France et le bébé. Paxton était navrée qu'il n'ait pu assister à la naissance de son enfant. Il était fou de joie et tint à leur offrir le champagne, puis il partit avec An dans les bras, en les remerciant chaleureusement. Ils avaient l'intention d'appeler la petite comme Paxton, Pax plus exactement, ce qui signifie « paix » en latin. Elle se nommerait Pax Tran Johnson.

Paxton était encore bouleversée par ce qu'elle venait de vivre lorsqu'elle alla se coucher au côté de Tony. Elle se demandait comment France avait pu supporter une telle douleur.

— Tu sais, Tony, lui dit-elle dans l'obscurité, je ne me sens pas prête pour ça.

Il l'embrassa en riant doucement.

— Ce n'est pas la peine d'y penser pour l'instant. Tu as d'autres préoccupations.

Il leur fallait d'abord survivre.

— Tu sais, ça m'a paru terrible à un moment, elle souffrait trop…

— C'est vrai que ça doit être très douloureux, mais je crois que les femmes ont la faculté d'oublier, sinon elles ne feraient plus d'enfants.

Il est vrai que d'assister à la naissance du bébé de France l'avait fait réfléchir sur les vraies valeurs et subitement il eut envie de changer de vie.

— J'aimerais vraiment avoir d'autres enfants, confessa-t-il.

— Tu ne te débrouilles pas mal, fit-elle tristement en se le remémorant avec An.

Pour l'instant il n'était pas question de songer à l'avenir. Qui pouvait dire s'ils seraient encore en vie pour faire des enfants ?

Mais ce moment unique et profondément émouvant qu'ils venaient de partager resserrait encore le lien qui les unissait.

— Je t'aime, Pax, murmura-t-il dans l'obscurité.

— Moi aussi.

Et elle s'endormit dans ses bras en pensant à la petite Pax qui venait de voir le jour.

24

En octobre il y eut une manifestation d'ampleur nationale aux Etats-Unis en faveur de la paix au Viêtnam, bientôt suivie d'une autre début novembre, et le président Nixon promit de mettre fin à la guerre, ce qui suscita un regain d'espoir chez ses partisans.

Le 16 novembre 1969, la révélation du massacre de My Lai[1] traumatisa la nation entière et provoqua un tollé au Viêtnam. Aux Etats-Unis, le lieutenant William Calley fut arrêté ; au Viêtnam, on assaillait les généraux de questions. Les responsables militaires étaient scandalisés. Le Viêtnam avait été le théâtre de tant d'atrocités de part et d'autre que ce nouvel exemple de cruauté semblait rendre tout le monde fou. On avait publié des photos d'enfants et de bébés abattus, et l'Associated Press, le Time, CBS, ABC ou NBC étaient l'objet d'incessantes demandes de reportage. Tous les journalistes furent submergés de travail pendant cette période riche en événements. Ralph et Paxton ne firent pas exception à la règle. Paxton avait du mal à dérober un peu de temps pour voir Tony.

De son côté, Tony fit des pieds et des mains pour obtenir un congé à la Thanksgiving, et ils allèrent passer quelques jours de vacances à Bangkok. Ils descendirent à l'hôtel Montien et y connurent quatre

1. Massacre de la population vietnamienne perpétré le 16 mars 1968, à My Lai et dirigé par le lieutenant William Calley. Cette affaire sert encore de référence aux pacifistes qui comparèrent le comportement américain à celui des nazis. (N.d.T.)

jours de bonheur parfait. Elle se sentait plus proche de Tony qu'elle ne l'avait jamais été. Ils étaient autant amis qu'amants et n'avaient pas de secrets l'un pour l'autre. Dans l'avion qui les ramenait au Viêtnam, ils parlèrent du massacre de My Laï, et Paxton demanda à Tony s'il avait rencontré le lieutenant Calley.

— Non, heureusement. Mais ce n'est pas la première fois que j'entends de semblables histoires. Officieusement, bien sûr. Les soldats en ont tellement marre des Vietcongs qu'ils perdent les pédales. Quand ils en ont assez de voir tous leurs copains massacrés, ils deviennent fous et se vengent sans discernement.

Cette guerre était vraiment une sale guerre, qui n'avait que trop duré.

A Noël, ils assistèrent au spectacle de Bob Hope. Paxton fut troublée de penser qu'à peine un an auparavant elle regardait le show de Martha Raye avec Bill. Mais au Viêtnam, une année paraissait une éternité. Ils finirent tranquillement la soirée à son hôtel et le lendemain matin elle appela sa famille à Savannah.

Le jour suivant ils rendirent visite à France et Ralph pour offrir leurs cadeaux de Noël à toute la famille. La petite Pax profitait, et Ralph était fou d'elle. Elle tenait aussi bien de lui que de France. Malgré tous ses efforts, Ralph n'avait pas encore réussi à convaincre France de l'épouser.

Il voulait emmener Paxton avec lui en reportage le jour du nouvel an dans le delta du Mekong, mais elle avait du travail en retard et, comme Tony était de service ce jour-là, elle comptait profiter de la journée pour écrire.

Ensuite elle alla passer deux jours à China Beach à Da Nang avec Tony et, au retour, se rendit au bureau de l'Associated Press pour demander à Ralph s'il avait récolté des informations sur l'invasion d'une base près de An Loc, le 1er janvier.

Personne ne savait exactement où il était, et elle revint le lendemain. Un silence absolu pesait dans le bureau lorsqu'elle entra, mais elle n'y prêta pas attention. Elle se dirigea vers les télétypes, puis alla dans le bureau de Ralph pour constater qu'il n'y était pas encore passé, les gobelets de café étant intacts. Elle se demanda si elle allait l'attendre ou pas lorsqu'en jetant un coup d'œil à sa montre, elle vit soudain les autres qui l'observaient. Personne n'osait rien dire, on les savait si proches... Finalement l'assistant du chef de bureau s'avança lentement vers elle et, sans un mot, lui fit signe de le suivre. Elle s'exécuta, en fronçant les sourcils d'un air intrigué.

— Que se passe-t-il ? Où est Ralph ?

Elle avait parlé d'un ton vif ; elle était pressée, comme à l'accoutumée. Elle voulait quelques précisions sur certains sujets, et espérait qu'il ne tarderait plus. C'est alors que l'assistant lui annonça l'horrible nouvelle : Ralph avait été tué en revenant de My Tho ; sa Jeep avait sauté sur une mine... un « accident stupide ». C'était toujours stupide, n'est-ce pas ? Que ce fût une bombe, une balle perdue, une mine ou un obus, qu'est-ce que ça changeait ? Y avait-il une façon intelligente de mourir ici ?

Paxton s'assit, le regard fixe, incrédule. Non. Ce n'était pas possible. Pas Ralph. Il était trop sagace, trop aguerri, trop prudent. A trente-neuf ans, il venait d'être père, personne n'aurait pu dire ça au type qui avait installé la mine ? Pas lui. Il avait un bébé... une femme aimante qui l'attendait chez lui. Mais tout ça n'avait aucune importance, tout le monde s'en fichait.

Elle se leva comme une automate, marcha jusqu'à son hôtel, loua une voiture et fila jusqu'à Cu Chi, sans se soucier une seconde du danger. Il fallait qu'elle voie Tony.

Lorsqu'il la vit traverser la base, il se demanda s'il était victime d'une hallucination. Elle n'avait même pas sa tenue de combat. Elle portait un chemisier léger, une jupe rose et de fines sandales blanches. Ce fut pur hasard s'il la croisa. Il accompagnait de nouvelles recrues en manœuvre. Il bondit hors de la Jeep et demanda à son caporal de patienter quelques minutes.

— Qu'est-ce que tu fais là ?

Elle lui avait fait une peur bleue, mais quand il vit sa tenue, il se dit qu'il n'y avait sûrement rien de grave.

— Qui t'a conduite jusqu'ici ?

— Personne. J'ai loué une voiture, dit-elle avec une expression désespérée, en jetant des regards affolés autour d'elle.

— Que se passe-t-il, Paxton ?

Elle ne le regardait pas, et avait l'air terriblement agitée. Il avait déjà vu des types en état de choc, sur le point de devenir fous après avoir vu tuer leurs copains. Il comprit soudain et la tint serrée contre lui, la forçant à le regarder.

— Chérie, que se passe-t-il ?

Il était heureux qu'elle fût venue le voir, même s'il trouvait que c'était de la folie pure d'avoir fait la route toute seule. Mais elle n'était plus elle-même. Soudain elle le regarda en essayant d'inspirer un peu d'air, la gorge nouée de sanglots, la respiration bloquée.

— Doucement… Là, respire lentement… voilà…

Une recrue les observait, intriguée, mais Tony s'en moquait éperdument. Il ne se préoccupait que de Paxton, qui suffoquait dans ses bras.

— Raconte-moi ce qui s'est passé.

— Ralph…

Elle ne put en dire plus et Tony eut un coup au cœur.

— Respire.

Il la fit doucement asseoir par terre et s'agenouilla à côté d'elle. Il avait déjà vécu cela tant de fois !

— Il… a sauté sur une mine en revenant du delta du Mékong, il y a deux jours. Personne ne m'avait rien dit… Non, ça n'est pas vrai, les salauds, ils l'ont eu ! Après tout ce temps !

Tony en eut le cœur brisé, mais pour lui c'était presque devenu une routine.

— France est-elle au courant ?

— Je ne sais pas. Je ne l'ai pas appelée.

Quel malheur ! France restait seule avec ses deux enfants, dont un nouveau-né. Qu'allait-elle devenir ? Sa famille était ruinée et ne pouvait guère lui venir en aide.

Tony prit Paxton dans ses bras et l'embrassa tendrement.

— Ecoute. Il faut absolument que j'y aille. Tous ces gars m'attendent pour partir en manœuvre. Dès mon retour, je viens à ton hôtel et nous irons voir France. Quelqu'un va te raccompagner, maintenant.

Elle fit oui de la tête, comme un enfant docile, en le regardant à peine, et il chargea un soldat désœuvré de la ramener à Saigon.

— Sois prudent, cria-t-elle en le voyant s'éloigner.

Pendant tout le trajet, elle resta muette et raide sur

son siège, le regard vague en pensant à Ralph, France, An et la petite Paxxie.

En rentrant à l'hôtel, elle alla s'étendre sur son lit et ne bougea pas lorsque le téléphone sonna. Vers huit heures du soir, Tony arriva, fou d'inquiétude, car le jeune soldat qui l'avait conduite n'était toujours pas de retour. La tension ambiante n'épargnait personne. Il la trouva allongée, le regard fixé au plafond. Elle n'avait pas bougé de l'après-midi.

— Ecoute, ma chérie… Ralph était conscient des risques qu'il prenait. Tout comme chacun d'entre nous. C'est la règle du jeu.

— C'était le meilleur reporter que j'aie jamais vu. C'était mon meilleur ami… dit-elle sur le ton d'une gamine qui donne des coups de pied dans des cailloux pour les faire tomber dans la rivière. A part toi, bien sûr. Mais c'était différent.

Il était le frère que Georges n'avait jamais été pour elle.

— Je sais tout cela. Moi aussi je l'aimais. Comme beaucoup d'autres. Certains sont rentrés indemnes, d'autres y sont restés. Si Ralph avait eu peur, il y a belle lurette qu'il serait rentré aux Etats-Unis.

Elle savait bien qu'il disait vrai, mais ça ne la consolait pas pour autant. Il allait tellement lui manquer !

— Et France ?

— Ça, c'est une autre histoire, fit-il d'un ton sinistre.

Son avenir n'était pas rose.

Tony prit une douche, se changea, et ils décidèrent de ne pas l'appeler avant de partir car elle aurait été capable, avec sa délicatesse innée, de leur dire que tout allait bien.

Ils prirent la Jeep de Tony, et une fois là-bas, la même scène que le soir où France avait accouché se reproduisit : pas de réponse, les lumières allumées à l'étage. Finalement ils sonnèrent chez quelqu'un d'autre qui leur ouvrit de mauvaise grâce. A la porte de l'appartement, toujours pas de réponse. Ils insistèrent, car de la musique filtrait à travers la porte.

Tony regarda anxieusement Paxton.

— J'ai l'impression qu'il se passe quelque chose de bizarre à l'intérieur. Peut-être ne veut-elle voir personne ? Mais on n'entend pas les enfants non plus. Il se peut que je me trompe et qu'elle soit sortie. Veux-tu que nous revenions plus tard ?

Paxton hocha la tête. Elle avait aussi la sensation qu'il y avait quelque chose d'anormal.

— On ne peut pas essayer d'entrer ?

— Par effraction, tu veux dire ? C'est parfaitement illégal.

— Le propriétaire est peut-être là ?

— Ouais, mais je ne suis pas capable d'aligner trois mots en vietnamien. Attends, je vais essayer avec ça.

Il sortit un couteau de sa poche et fit jouer la lame dans la serrure pendant un certain temps sans succès. Il était sur le point d'abandonner lorsque la porte céda soudain. Tous deux eurent une étrange sensation en pénétrant dans l'appartement, comme s'ils commettaient une indiscrétion.

Tony entra le premier, suivi de près par Paxton. Tout était parfaitement en ordre, et ils se sentirent un peu désemparés. La radio diffusait de la musique douce, et il y avait de la lumière dans la chambre du petit An, mais l'enfant n'y était pas. Tony jeta un coup d'œil dans l'autre chambre et instinctivement tendit le bras pour arrêter Paxton mais elle avait été trop vive et se tenait déjà à côté de lui.

Tout avait l'air normal. Ils dormaient, tout simplement. France, dans son ao dai, souriait doucement, tenant le bébé dans ses bras, vêtu d'une robe magnifique brodée à la main, et le petit An avait l'air d'un ange, avec ses cheveux bien peignés et son plus joli costume. Paxton voulut dire à Tony de ne pas faire de bruit pour ne pas les réveiller, elle n'avait pas encore compris. Plus rien désormais ne risquait de les arracher au sommeil. Tony s'en aperçut en se penchant doucement pour effleurer leurs visages. Ils étaient morts depuis un bon moment déjà. Dès qu'elle avait appris la mort de Ralph, France s'était empoisonnée avec ses enfants. Elle avait laissé un message en vietnamien, et une lettre pour Paxton. Tony s'agenouilla près d'eux et les contempla, les larmes aux yeux. Paxton debout à côté d'eux se mit à sangloter, puis se pencha pour les toucher comme pour une bénédiction muette.

— Mon Dieu, murmura-t-elle, pourquoi ? Mais pourquoi a-t-elle fait une chose pareille ? Avec An, et le bébé, qu'ils avaient mis au monde à peine trois mois et demi plus tôt… Pax… la Paix.

France avait voulu rejoindre Ralph. Ils seraient à nouveau tous réunis dans la mort. Elle savait que la vie aurait été infernale pour eux à Saigon.

— Elle aurait pu venir aux Etats-Unis… elle aurait pu !

Tony secoua la tête. Sans la protection de Ralph, elle n'aurait rien pu faire. Ils étaient à nouveau tous ensemble. Ils étaient si beaux, souriants, comme apaisés.

Ils les regardèrent longtemps en silence, puis Tony alla appeler la police.

Dans sa lettre à Paxton, France les remerciait elle et Tony pour tout ce qu'ils avaient fait pour elle et leur disait adieu, leur souhaitant longue et heureuse vie. Paxton sanglotait en posant la lettre, et Tony la prit dans ses bras. Elle n'avait jamais rien vu d'aussi effroyable que ce suicide. La police emmena les trois corps, le petit An enveloppé dans un drap blanc, et la mère et le bébé ensemble, dans un autre. C'était plus qu'elle n'en pouvait supporter, et elle défaillit presque lorsque Tony l'entraîna hors de l'appartement. Une fois rentrés à l'hôtel, il leur commanda deux brandy.

— Mon Dieu, Tony, mais pourquoi a-t-elle fait ça ?

— Elle ne voyait pas d'autre issue.

Paxton était en proie à un chagrin incommensurable. Sans Ralph, elle se sentait orpheline. Elle se dit qu'elle ne serait plus jamais la même. Tony savait bien que, même si un jour elle parvenait à donner le change, elle demeurerait à jamais amputée d'une part d'elle-même. Comme tous ceux qui ici avaient le cœur en quarantaine depuis bien longtemps.

Janvier, puis février s'écoulèrent dans un épais brouillard. Paxton était complètement prostrée, et c'est seulement en mars qu'elle commença à revoir le jour. C'était l'époque de la mousson et elle était maintenant au Viêtnam depuis deux ans. Elle sortait avec Tony depuis huit mois, ce qui semblait une éternité dans cette tourmente. Elle avait beaucoup de mal à parler de Ralph, de France ou des enfants sans se sentir complètement anéantie, alors que maintenant elle pouvait évoquer Peter ou Bill avec un peu plus de sérénité. Tony avait raison. Ils n'étaient plus les mêmes.

Ils sortaient moins souvent et, le mauvais temps aidant, se terraient dans la chambre d'hôtel même le week-end. Ils discutaient, buvaient, faisaient l'amour, essayaient de démêler l'écheveau des événements. Ses articles évoluaient, acquérant plus de profondeur, et le journal l'avait informée quelque temps auparavant que l'on pensait à elle pour un prix, mais peu lui importait. Tout lui semblait terriblement futile et la seule chose qui comptât vraiment était de survivre jusqu'à la fin de la guerre, et peut-être d'espérer rentrer un jour au pays. Ils parlèrent beaucoup du petit Joey aussi, et Paxton exhorta Tony à lui écrire plus souvent.

Tony devait être démobilisé en juin ; il avait décidé de ne pas rempiler, mais il n'avait aucune idée de ce qu'il allait faire. Même s'il était sûr de vouloir quitter le Viêtnam, il ne se sentait pas psychologiquement prêt pour le retour. Paxton non plus n'était guère fixée sur son avenir. Elle avait avisé le journal qu'elle resterait un an encore au Viêtnam, ce qui n'avait rien d'irréversible. Ils ne faisaient jamais de projets d'avenir, par superstition.

Ils étaient encore plus soudés et plus heureux qu'au début de leur liaison. La mort de Ralph, de France et des enfants avait ému Paxton jusqu'au plus profond de son être et l'avait rapprochée de Tony. Il avait encore plus besoin d'elle qu'auparavant car, même s'il n'en parlait pas souvent, l'idée de rentrer au pays le terrorisait. Ils n'avaient pour l'instant qu'un seul projet : aller à Hong Kong en mai. Ensuite, ils aviseraient. Elle portait tout le temps la bague qu'il lui avait offerte : un cœur entouré de rubis qui symbolisait l'amour qu'elle lui portait et il était touché de voir que ce bijou ne la quittait jamais. Il ne lui demandait pas plus de promesses qu'elle ne lui faisait de serments, mais il savait que son cœur lui appartenait, pour toujours.

Trois semaines avant leur départ pour Hong Kong, au plus fort de la mousson, il dut partir en mission dans une région qui grouillait de Vietcongs depuis des semaines. Ils choisissaient les périodes de mousson pour s'infiltrer, car les soldats les poursuivaient difficilement sous les pluies diluviennes et souffraient de rhumatismes à force d'avoir constamment les pieds dans l'eau.

La chaleur était poisseuse, l'air étouffant, lorsqu'ils se mirent en route ce mardi-là, et ils tombèrent dans une gigantesque embuscade. Quinze hommes furent tués sur le coup et neuf autres blessés. Les hélicoptères étaient gênés par les conditions atmosphériques et les avions d'observation ne purent même pas décoller. Une deuxième unité, partie en renfort, fut décimée à son tour et le lieutenant lui-même fut atteint par des éclats d'obus. La confusion était totale, et il leur fallut deux jours pour regagner la base de Cu Chi avec leurs morts et leurs blessés. Les pertes furent considérables et les hommes revinrent exténués, malades, traumatisés.

Ils revinrent sans Tony. Il était porté disparu.

25

Le lieutenant vint en personne annoncer la nouvelle à son hôtel. Depuis deux jours, tourmentée par un mauvais pressentiment, elle n'avait quasiment ni mangé ni dormi ; avant même qu'il eût frappé à sa porte, elle sut qu'il s'était passé quelque chose. Lorsqu'elle vit le lieutenant, elle recula instinctivement avec un regard horrifié, et pourtant elle eut l'étrange intuition qu'il n'était pas mort, peut-être seulement blessé…

— Non… dit-elle en avançant sa main comme pour repousser une vision de cauchemar, ça n'est pas possible. Pas encore !

Pas à elle, une fois de plus !

Le lieutenant restait sur le pas de la porte, très mal à l'aise.

— Mademoiselle Andrews…

— Où est Tony ?

Il y eut un silence interminable, puis leurs regards se croisèrent, intenses.

— Je suis désolé. Il est porté disparu. Personne ne l'a vu se faire blesser ni abattre. C'est tout ce que je puis vous dire… La débâcle était totale, à cause de la mousson : nous avons été mal renseignés, nous sommes tombés dans le guet-apens tendu par les Viets. Beaucoup d'hommes y sont restés, et nous avons perdu la trace du sergent Campobello. Nous avons ratissé l'endroit avant de partir mais son corps n'a pas été retrouvé, ce qui ne signifie malheureusement pas qu'il soit encore en vie. Pour l'instant il est porté disparu. Je ne puis vous en dire plus.

— Croyez-vous qu'il soit prisonnier ?

Rien qu'à cette idée, elle était sur le point de défaillir. Elle avait entendu quantité d'horreurs sur la façon dont les Viets traitaient les prisonniers, et ceux qui avaient échappé à leurs griffes en restaient traumatisés durant des mois. Mais cela laissait une lueur d'espoir.

— C'est possible. Mais peu vraisemblable. Ce

n'était pas dans leurs intentions. Ils voulaient seulement nous porter un rude coup. Et ils y sont parvenus, dit-il tristement.

Il ne voulait pas qu'elle se fît trop d'illusions.

Il était toujours dans l'encadrement de la porte et elle ne l'invita pas à entrer. Il lui apparaissait comme l'ange de la mort, elle ne voulait plus jamais le croiser sur son chemin.

— Où étiez-vous ?

— Nous avons traversé la forêt Hobo jusqu'à Trang Bang, puis nous avons gagné Tay Ninh, près du Cambodge. C'est là qu'il a disparu.

Elle se laissa tomber sur une chaise, la tête dans les mains, sans parvenir à croire qu'il fût mort ; quelque chose en elle s'y refusait. C'était impossible. Pas lui. Avec Tony elle partageait une complicité qu'elle n'avait connue avec personne d'autre auparavant, une sorte d'entente tacite, une profonde compréhension basée sur la confiance ; elle était persuadée qu'il n'était pas mort, elle le sentait, mais elle était incapable de faire comprendre cela au lieutenant.

Elle ne put que le remercier d'être venu le lui annoncer lui-même. C'était étrange. Les autres fois, elle savait qu'ils étaient morts, et si elle en avait eu le courage elle aurait pu les voir. Mais cette fois-ci, tout ce qu'on pouvait lui dire, c'était que Tony avait disparu dans une tempête… Ça paraissait insensé. Peut-être allait-il réapparaître le lendemain matin. Après le départ du lieutenant, en s'étendant sur le lit qu'elle avait partagé avec Tony depuis près d'un an, elle eut la sensation bizarre que quelqu'un allait lui annoncer qu'il s'agissait d'une erreur, et qu'il allait bien. Mais cette fois-ci, elle le croyait vraiment.

Elle demeura plusieurs jours dans cet état d'esprit ; il lui était même impossible de pleurer, tant elle restait convaincue qu'il était en vie. Elle continua à vivre, comme un zombie. Elle écrivit ses articles, lut les télétypes, alla au bureau de l'Associated Press et fréquenta le fameux show de cinq heures. Tout le monde la connaissait, au bout de deux ans. C'était une des plus jeunes et des plus jolies journalistes en poste ici et apparemment une des meilleures, comme en témoignait le prix que son journal lui envoya de Californie. Mais elle s'en moquait éperdument, et ceux qui la connaissaient mieux savaient pourquoi. Tony avait disparu. Et elle était morte à l'intérieur. Depuis avril, elle avançait comme une automate. Tous ceux qu'elle avait aimés ici étaient morts, emportant avec eux des lambeaux de sa vie. Et sans Tony, elle n'avait plus de raison de vivre, ni au présent ni au futur.

Le 2 mai 1970, son frère téléphona pour lui annoncer la mort soudaine de leur mère, des suites d'une opération de la vésicule biliaire. Il lui demanda de venir aider Allison pour les obsèques. Elle lui dit qu'elle le rappellerait. Ce soir-là, elle alla à Cu Chi voir le lieutenant pour savoir s'il y avait du nouveau à propos de Tony, mais il n'avait rien appris de plus qu'en avril. Il avait officiellement averti la famille. Le sergent Anthony Edward Campobello était porté disparu.

— Qu'est-ce que ça signifie, bon Dieu ? Faut-il que je reste ici à l'attendre ou que j'aille moi-même à sa recherche ? Qu'est-ce que je vais devenir, bon sang ?

Elle se répandit en invectives, sans faire grand cas de son rang ni de sa gentillesse. Pour la première fois ses yeux se gonflèrent de larmes, elle commençait à réaliser qu'il ne reviendrait peut-être jamais, elle ne pouvait se le dissimuler plus longtemps.

— Et s'il était encore là-bas, blessé ? dit-elle d'une voix brisée.

— Sincèrement je ne le crois pas, Paxton. Je crois qu'il a disparu. Nous n'avons pas pu le retrouver. Je suis désolé.

Il s'avança pour lui prendre le bras, mais elle se déroba. Sa compassion n'eût fait qu'aggraver sa peine.

— Vous devriez rentrer chez vous. Chacun a ses limites, Paxton. Les plus lucides d'entre nous rentrent quand ils les ont atteintes, d'autres croient pouvoir tenir plus longtemps. Vous avez passé deux ans ici, vous ne croyez pas que c'est suffisant ? Tony devait rentrer en juin, et il était de mon avis en ce qui vous concerne. Rentrez chez vous et je vous promets que si nous apprenons quoi que ce soit, nous vous préviendrons.

Elle acquiesça, le regarda un long moment droit dans les yeux, et lorsqu'elle quitta la pièce, elle se dit qu'il avait raison. Il était temps pour elle de battre en retraite. Sans Tony.

C'était au Viêtnam qu'elle était devenue adulte. Elle était arrivée ici, le cœur déchiré par la mort de son premier amour. Elle était venue chercher des réponses et n'avait trouvé que des questions. A vingt-quatre ans, elle avait perdu trois hommes dans cette guerre, sans compter Ralph, ni les amis ou les collègues disparus, ni même des gens comme Nigel. Elle avait surtout perdu irrémédiablement une partie d'elle-même. Mais elle avait rencontré sinon la vérité, du moins une vérité, celle d'un pays à l'agonie, un pays autrement magnifique, voué aujourd'hui à une lente destruction. Et elle avait aimé Tony avant qu'il ne disparût à son tour, mais où qu'il se trouvât, vivant ou mort, il ne lui manquerait plus, car, tout comme le Viêtnam, il faisait partie d'elle-même à tout jamais.

26

Sa dernière journée à Saigon s'écoula comme dans un rêve. Elle s'étonna d'avoir si peu de choses à faire, une fois prise sa décision de partir. Elle alla dire au revoir à ses collègues de l'Associated Press dans l'après-midi, et put à peine leur parler tant elle était hantée par le souvenir de Ralph, de France et des deux enfants.

Elle se rendit pour la dernière fois au show de cinq heures puis, rien que pour le piquant de la chose, monta jusqu'à la Terrasse, au Continental. La masse grouillante et hurlante des mendiants l'attristait au lieu de l'effrayer comme au début. Elle ne vit personne de connaissancc, tous ceux qu'elle aimait avaient disparu… Elle finit par tomber sur Jean-Pierre et prit un verre avec lui. Il était déjà passablement éméché et n'arrêta pas de lui parler de Nigel, qui lui aussi avait été tué en reportage. Elle se demanda si, en demeurant ici, elle deviendrait aigrie, déboussolée et portée sur la boisson comme l'était Jean-Pierre. Ceux qui restaient trop longtemps finissaient souvent ainsi, et ceux qui partaient restaient marqués à jamais. Quant à ceux qui y avaient laissé leur peau… En fait, nul ne pouvait sortir indemne de cette tourmente. Peut-être était-ce la seule morale de cette guerre : personne n'avait gagné, ni ne gagnerait jamais.

— Tu reviendras ? demanda Jean-Pierre dans un éclair de lucidité, entre deux verres.

Elle lui fit signe que non, et cette fois-ci, elle savait que c'était vrai. Le retour était douloureux, mais elle ne trouverait plus ici ni réponses, ni questions. Il fallait qu'elle rentre et poursuive son chemin, lestée de ce bagage. Au fond d'elle-même, elle savait qu'elle n'abandonnerait pas les recherches pour Tony. Elle serait peut-être plus efficace là-bas. Il y avait beaucoup de gens aux Etats-Unis qui enquêtaient sur les prisonniers de guerre ou les disparus.

— Moi aussi il faudrait que je rentre un de ces jours, ajouta-t-il.

Mais il n'avait nulle part où aller, comme elle. Pourtant elle s'accrochait à l'idée que Tony n'était pas mort, tout en sachant que même aux Etats-Unis plus rien ne serait comme avant. Sa mère venait de disparaître elle aussi, plus rien ne la retenait désormais à Savannah.

Elle dit au revoir à Jean-Pierre et, en descendant l'avenue Tu Do jusqu'à son hôtel, elle eut le cœur serré en prenant pour la dernière fois le pouls de cette ville, avec ses parfums et son vacarme incessant. Elle rit en voyant un soldat qui essayait d'apprendre le base-ball à une poignée de galopins. Il y avait souvent des matchs de base-ball à Tan Son Nhut, et elle y avait parfois assisté en compagnie de Bill, mais Tony n'aimait pas trop ce sport. Il était d'une nature trop vive, trop ardente pour rester assis à regarder jouer les autres, il préférait discuter, penser, échafauder des théories. Il lui avait beaucoup appris sur la vie, sur les gens, sur la guerre, sur la façon de faire de son mieux – mais ça c'était déjà dans sa nature. Elle se rappelait leurs conversations, les idées échangées, la nuit où ils avaient mis au monde le bébé de France. Tout ça lui paraissait complètement irréel maintenant.

En traversant le hall de son hôtel, elle se rappela la fois où il était venu lui présenter ses excuses, tellement mal à l'aise… et leur bonheur, les moments merveilleux passés ensemble à Hong Kong. Elle ne quittait pas la bague en rubis ornée d'un cœur, de même qu'elle portait toujours le bracelet de Bill. Elle avait aussi gardé les plaques d'identité militaires de Peter – comme d'autres conservaient une mèche de cheveux, un lambeau d'uniforme ou des bracelets de portés disparus gravés à leur nom. Toutes ces reliques étaient les témoins dérisoires d'une époque et de son cortège de souffrances encore loin d'être révolue malheureusement.

En faisant ses bagages, elle eut l'impression d'être entourée de spectres. Elle mit de côté ses livres, qu'elle laissait à quelques amis. Elle avait très peu de choses à emporter, à part des souvenirs – de ceux qui vous collent pour toujours à la peau. Le lendemain matin elle prit un taxi pour la base de Tan Son Nhut et se retrouva parmi la foule de ceux qui rentraient. Il y avait des Vietnamiennes qui pleuraient leur soldat, de grands gaillards pétant la santé qui piaffaient d'impatience, et quelques blessés. Ceux dont les blessures se voyaient – une main bandée, une paire de béquilles – et les autres, apparemment indemnes, comme Paxton, dont les déchirures étaient invisibles.

L'avion décrivit un cercle au-dessus de Saigon, et elle prit son souffle avant de regarder en bas.

— Chao ong, murmura-t-elle… Adieu… Je t'ai vraiment aimé…

Et, en fermant les yeux, elle eut l'impression que Tony était assis près d'elle. Devait-elle l'abandonner ainsi ? Ils lui avaient tellement ressassé qu'il était mort qu'elle finirait par se persuader qu'ils avaient raison.

De toute façon, elle n'avait pas le choix. Il fallait qu'elle rentre pour l'enterrement de sa mère. Elle se sentait étrangement froide, indifférente. Elle aimait toujours Tony, mais il avait emporté avec lui les derniers lambeaux de son cœur.

Après une escale à Midway, ils atterrirent à San Francisco. Elle ne téléphona ni au journal, ni aux Wilson. Ils savaient qu'elle rentrait mais elle devait poursuivre jusqu'à Savannah. Elle serait de retour à San Francisco d'ici à quelques jours, et il lui faudrait prendre une décision quant à son avenir au journal. La « Lettre du Viêtnam » appartenait désormais au passé.

Elle arriva à Travis Field, à Savannah, vers quatre heures de l'après-midi, récupéra ses bagages, puis héla un taxi, et donna au chauffeur l'adresse de cette maison qui l'avait vue grandir. Elle en avait conservé la clé, et la maison était déserte lorsqu'elle entra. La jeune femme de ménage avait été congédiée après la mort de sa mère. Elle appela Georges, puis poussa la porte de la cuisine familière, avant de se laisser tomber sur une chaise avec un soupir d'épuisement. Le réfrigérateur était vide, ainsi que les placards. Paxton s'en fichait éperdument, comme elle se fichait de tout, d'ailleurs. Mais son retour se révéla plus douloureux qu'elle ne l'avait prévu, le souvenir brutal des êtres et des choses à jamais disparus, des frustrations et des joies, vint la saisir au dépourvu.

Elle prit une douche et se changea pour se rendre à l'établissement de pompes funèbres du centre ville où elle devait retrouver Georges. Là, devant le corps de sa mère, elle fut incapable d'éprouver autre chose que de la pitié pour cette femme dont le malheur avait été de ne pas avoir su aimer. Son père, lui, avait vécu intensément, avait aimé… Queenie avait un cœur débordant de générosité, Ralph avait mené une vie passionnante, France aussi… Peter… Bill… et Tony… mais cette femme, elle, n'avait fait que fréquenter des clubs. Maintenant, tout était scellé.

— Tu as l'air fatigué, murmura Georges.

Il portait un costume sombre très strict, et sa chevelure parsemée de quelques fils d'argent lui conférait une allure éminemment distinguée.

— Je viens de faire vingt-six heures de voyage.

Elle le regarda avec amertume. Il était vraiment comme leur mère. Il l'avait tout juste embrassée et à peine serrée dans ses bras, sans même lui demander comment elle allait et, après toutes les épreuves qu'elle venait de subir, il s'étonnait qu'elle parût un peu lasse !

— Tu as l'air plus mince.

— Il se peut que j'aie maigri. La vie au Viêtnam n'est pas de tout repos, répondit-elle avec un petit sourire.

« Les mines, les tirs isolés, les suicides, les morts et les disparus, ça n'est pas tout à fait l'ambiance de Savannah », se dit-elle intérieurement. Ils étaient là, devant le cercueil de leur mère, à bavarder calmement.

— Comment vont Allison et les enfants ?

Ils avaient eu un second bébé récemment, mais elle se sentait tellement loin de tout ça !

— Bien. Elle voulait venir ce soir, mais les petits sont malades.

De toute façon, pour leur mère, cela n'avait plus d'importance. Ils reçurent les condoléances du Tout-Savannah, et le service funèbre se tint le lendemain à l'église épiscopale Saint-John, avec le faste et la solennité qui auraient plu à Béatrice Andrews. La cérémonie se déroula dans une dignité parfaite, et les maris de ses amies portèrent son cercueil.

Quand tout fut fini, Paxton n'eut plus qu'une envie : quitter la ville au plus vite. Elle ne supportait pas le vide de la grande demeure. Elle laissa à son frère le droit d'en disposer comme il l'entendait, car il était hors de question qu'elle revînt un jour s'installer à Savannah.

— A moins que tu ne veuilles y habiter avec Allison et les enfants…

— Ce n'est pas assez grand pour nous, fit-il poliment. Souhaites-tu avoir quelques affaires de maman ?

Elle avait des perles, une montre ornée de diamants, cadeau de leur père, et quelques boucles d'oreilles. La valeur de ces bijoux était essentiellement sentimentale, mais Paxton ne se sentait pas le cœur de fouiller dans les affaires de sa mère.

— Envoie-les-moi, s'il te plaît, et garde quelque chose pour Allison.

— En fait, dit-il en s'éclaircissant la voix, elle aimerait bien les vêtements de maman, et sa veste en fourrure.

La veste était passée de mode depuis belle lurette, et Paxton se retint de lui suggérer de lui en offrir une neuve.

— Parfait, dit-elle simplement.

En admettant qu'elle eût la même taille que sa mère, l'idée de mettre ses vêtements lui eût été odieuse. Mais tout cela n'avait guère d'importance à ses yeux.

— Quels sont tes projets ? demanda Georges.

Sa sœur demeurait une énigme pour lui ; il n'avait jamais vraiment compris pourquoi elle avait passé près de deux ans au Viêtnam, tout en étant surpris par la qualité et le style de ses chroniques lorsqu'elles paraissaient dans la presse de Géorgie. Elle le regarda en soupirant, se demandant comment aurait réagi Tony à son égard. Ils se seraient détestés, à coup sûr. Tony était trop tranchant et direct pour supporter la prétention de Georges.

— Je ne sais pas encore. Dans l'immédiat, je vais rentrer à San Francisco et voir ce que le journal me propose. Dans un premier temps, j'ai peur de me sentir inadaptée, comme la plupart des soldats. En tout cas c'est ce que j'ai ressenti lorsque je suis rentrée l'an dernier.

— Tu n'envisages pas d'y retourner ?

— Je ne crois pas. Ma vie est ici désormais.

— J'avoue n'avoir jamais compris les raisons de ton départ, si ce n'est… la mort de ce garçon. Mais tu n'avais nul besoin d'aller à Saigon.

— Peut-être bien.

Elle avait ressenti cependant le besoin d'y rester deux ans, pour témoigner de son horreur de la guerre.

— Quoi qu'il en soit, je te tiendrai au courant.

Sur ce, elle lui dit au revoir, et il l'embrassa du bout des lèvres.

Elle quitta la maison le lendemain matin, ferma la porte et glissa sa clé désormais inutile dans la boîte aux lettres. Il était convenu que Georges lui ferait suivre ses affaires dès qu'elle aurait une adresse à San Francisco. Mais pour l'instant, elle se sentait comme une bohémienne, sans attaches ni foyer, avec pour tout projet un avenir incertain. Son frère n'aurait pas compris qu'ayant passé toute son enfance et son adolescence dans la même maison, elle se sente à ce point déracinée… Une réaction commune à tous ceux qui revenaient du Viêtnam. Ils refusaient de rentrer chez eux, totalement désemparés face à leur avenir.

Elle était dans cet état d'esprit en volant vers San Francisco.

Elle descendit dans un petit hôtel. Cette fois, elle n'avait pas de suite réservée au Fairmont et les Wilson ne l'invitèrent pas à dîner. Après quelques jours de réflexion, elle décida de ne pas téléphoner à Gabby. Elle n'avait vraiment rien à lui dire. Comment raconter Ralph et France, et Bill… et Tony, à quelqu'un qui était resté bien au chaud au pays, avec pour seules préoccupations les dîners, les matches de foot et le cinéma ?

Elle vit Ed Wilson au journal, et ce qu'il put lui offrir de mieux fut une chronique locale. San Francisco était, d'une certaine façon, une petite ville, avec un journal en proportion.

— Le jeu s'est calmé dans le pays ces temps-ci. Les gens ne veulent plus entendre parler de la guerre, Paxton. Ils sont las de toute cette agitation et de ces manifestations. Je crois que nous allons connaître une période de répit.

Ce en quoi il se trompait. Il avait sous-estimé les réactions suscitées par la mort de quatre étudiants, tués par la Garde nationale lors d'une manifestation pacifiste à l'université de Kent, dans l'Ohio. Les événements allaient dans le sens des convictions de Paxton. Tout le monde n'avait pas sombré dans l'apathie et l'indifférence et le pays souffrait encore de cette incurable blessure qu'il s'était infligée avec le Viêtnam.

Sur ces entrefaites, Paxton reçut une offre du *New York Times*. Le *Morning Sun* lui avait donné sa chance alors qu'elle n'était qu'une débutante, aussi vierge d'expérience que la forêt du même nom qui entoure Saigon. Mais maintenant son envergure dépassait celle du journal, et la proposition du *New York Times* vint à point nommé. Ils la considéraient apparemment comme une spécialiste du Viêtnam et lui demandaient de bien vouloir couvrir pour eux les pourparlers de paix à Paris. Ils voulaient qu'elle passe d'abord à New York pour un entretien, et elle se sentit flattée à la fois par la proposition et par le salaire. Ça ressemblait à un conte de fées, et elle riait comme une gamine en raccrochant le téléphone. Elle aurait tellement aimé partager cet instant avec Tony ! Elle ne cessa de penser à lui toute la nuit, communiant silencieusement avec lui, où qu'il fût, et lorsque enfin elle trouva le sommeil, elle le vit en rêve ramper dans la jungle et se faufiler dans les tunnels. Ce n'était qu'un rêve, et pourtant, au réveil, elle eut la sensation qu'il était encore en vie. Peut-être n'était-elle plus capable de supporter l'idée de la mort. Son sentiment, quant à lui, était bien réel.

Ed Wilson se réjouit de l'offre du *New York Times* et en fut soulagé. Il sentait que sa présence au journal aurait fini par poser des problèmes. Comme tous ceux qui revenaient de là-bas, elle était en plein désarroi, elle y avait laissé une part d'elle-même – à moins que ce ne fût la drogue, se demandait-il. Quoi qu'il en soit, il était content qu'elle ne reste pas à San Francisco. Elle avait complètement changé : elle était plus forte, mais plus amère aussi, avec au fond du cœur une tristesse incurable et une rage inassouvie. Il lui souhaita bonne chance, et elle le chargea de transmettre ses amitiés à Mme Wilson et à Gabby. Elle ne les avait revues ni l'une ni l'autre, et en un sens, se sentit soulagée de ne pas avoir à faire semblant d'être au même diapason qu'elles.

A New York, elle assista à plusieurs réunions au *Times*. Elle était logée à l'hôtel Algonquin, dont la clientèle se composait essentiellement de journalistes, d'écrivains et d'hommes d'affaires, mais elle n'adressa la parole à personne. Elle fut satisfaite de ses entretiens : on attendait d'elle une information objective sur tout ce qu'elle verrait à Paris, ainsi qu'une interview du lieutenant Calley[1]. On lui demandait la même force d'écriture et la même densité d'émotion que celles qui transparaissaient dans sa « Lettre du Viêtnam », lorsqu'elle relatait ses expéditions en compagnie de Ralph à Da Nang, Long Binh ou Chu Lai. Elle serait la spécialiste du Viêtnam jusqu'à la fin de la guerre ; on ne pouvait lui faire offre mieux appropriée.

— Je commence quand ? demanda-t-elle avec impatience.

— Demain, fit le rédacteur en chef, l'air satisfait.

Il avait craint son refus, car bon nombre de journalistes étaient dégoûtés par le sujet.

— Pourquoi ne vous attaqueriez-vous pas à l'interview du lieutenant Calley la semaine prochaine ? Nous allons faire le nécessaire pour vous introduire auprès

1. Incarcéré en Géorgie, en attente du jugement.

de lui. Vous pourrez vous envoler pour Paris tout de suite après. Ça vous va ?

— Formidable !

Si toutefois on pouvait qualifier de formidable l'interview d'un criminel de guerre ! Elle était contente de disposer d'un peu de temps car elle avait une idée derrière la tête.

Elle déambula dans New York, à l'affût des lieux, des odeurs et des gens, comme lors de son premier jour à Saigon. Puis elle s'acheta quelques vêtements, plus adéquats à sa nouvelle fonction au *New York Times*. De retour à l'hôtel, elle s'assit sur le lit, ferma les yeux et se décida à l'appeler. Elle fit une petite prière pour Tony – en espérant qu'il ne lui en voudrait pas – puis demanda aux renseignements le numéro de Thomas Campobello, qu'ils trouvèrent finalement à Long Island. Pourvu que ce soit bien lui ! Il ne devait pas y avoir des quantités de Thomas Campobello...

Elle composa le numéro, et retint son souffle en entendant la sonnerie. Une voix de femme lui répondit.

— Je voudrais parler à Mme Campobello, s'il vous plaît.

C'était un nom qu'elle pourrait bien porter elle-même un jour mais elle s'interdit d'y penser pour l'instant.

— C'est elle-même.

— Madame Barbara Campobello ?

La voix était jeune, plutôt agréable, avec un fort accent new-yorkais et, à moins que ce ne fût la mère de Tony, ce ne pouvait être que Barbara.

— Oui. Qui est à l'appareil ?

La voix s'impatientait, croyant probablement à un appel importun.

— Je sais que ma démarche va vous paraître bizarre, mais, je vous en prie, ne raccrochez pas… J'ai fait la connaissance de votre ex-époux au Viêtnam.

Les deux femmes étaient aussi émues l'une que l'autre au bout du fil.

— Nous étions très proches… et si d'aventure il lui arrivait quelque chose, il voulait que je vous appelle, ainsi que Joey.

Ce n'était qu'un demi-mensonge car, un soir, il lui avait effectivement demandé de passer voir son fils, s'il venait à disparaître.

Il n'avait pas fait allusion à Barbara, mais Paxton se dit qu'il valait mieux la mettre de son côté.

— Je n'ai pas l'intention de m'imposer, mais je suis de passage à New York, et…

— Comment l'avez-vous connu ? demanda-t-elle dans un souffle, comme si elle s'interdisait de prononcer son prénom.

Paxton était gênée.

— Nous étions… amis intimes et… il adorait Joey, vous savez.

— Ça fait cinq ans qu'il n'est pas venu le voir, dit-elle amèrement.

Mais Paxton en savait plus long qu'elle ne l'imaginait.

— Il n'est pas rentré aux Etats-Unis. Je pense qu'après ce qui s'était passé ça lui était difficile, madame Campobello.

Paxton n'eut pas trop de scrupules à la culpabiliser un peu pour arriver à ses fins. Après tout, cette histoire datait de bientôt six ans et elle avait eu trois autres enfants avec le frère de Tony.

— Il pensait que Joey était très heureux avec votre mari et vous.

— Il l'est, fit Barbara, sur la défensive, et Paxton sentit qu'elle perdait du terrain.

— Sait-il ce qui est arrivé à son père ?

— On lui a simplement dit qu'il avait disparu. Il écrivait de temps en temps à Joey et nous lui avons toujours donné ses lettres. Il a été bouleversé quand on lui a appris la disparition de son père. C'est bien normal. Mais c'est un enfant calme, il ne s'extériorise pas beaucoup.

Mais était-il à la portée d'un enfant d'exprimer son chagrin de voir sa mère épouser son oncle, et de perdre son père du même coup ?

Paxton trouvait assez remarquable que, pour Barbara, « porté disparu » signifiât évidemment « tué au Viêtnam ».

— Voyez-vous un inconvénient à ce que je lui parle ?

— Que voulez-vous lui dire ?

— Que son papa l'aimait… Je voudrais lui raconter ce qu'il a fait au Viêtnam. Il était parmi les plus courageux, ceux qu'on a surnommés les rats de tunnel parce qu'ils descendaient dans ces incroyables boyaux creusés par les Vietcongs pour circonvenir notre armée et celle du Sud-Viêtnam. Je suis sûre qu'il sera fier de son papa, et fasciné par ce qu'il a accompli.

— Oui, sans doute… Je vais demander à mon mari. Quel est votre nom, déjà ?

— Paxton Andrews.

— Vous étiez au Viêtnam ? Vous êtes infirmière ?

— Non, je suis journaliste. J'étais correspondante d'un journal de San Francisco et maintenant je travaille pour le *New York Times*. Je dois partir pour Washington d'ici à quelques jours, puis pour la Géorgie et ensuite Paris.

Elle avait dit tout ça d'un trait pour l'impressionner, et elle avait réussi. « Et si elle allait écrire un article sur Tony, son ex-femme et son fils ? » se dit Barbara. Elle se voyait déjà à la une des journaux… Paxton avait frappé juste, et elle s'étonna que Tony ait pu aimer une fille comme elle. Mais ils s'étaient connus adolescents, et mariés à dix-huit ans…

Paxton maintint la pression.

— Voulez-vous que je vous rappelle ?

— Nous vous téléphonerons. Donnez-moi votre numéro.

— Je suis à l'hôtel Algonquin à Manhattan.

— Très bien. Je vous rappelle ce soir.

— Merci. Je vous promets de ne pas trop le bouleverser. Je veux simplement le voir. Par égard pour Tony, parce que je le lui avais promis, dit-elle en se radoucissant un peu.

C'était la vérité mais elle avait aussi envie de le voir parce que cet enfant représentait tout ce qui lui restait de Tony.

Barbara avait perçu un fléchissement dans la voix de Paxton et sembla hésiter un long moment.

— Vous l'aimiez ?

— Oui, répondit Paxton après un silence encore plus long.

Elle n'avait pas honte de le dire, au contraire, elle en était fière mais elle pensait que ça ne regardait pas Barbara Campobello. Simplement, d'une certaine façon, cela créait un lien entre ces deux femmes si différentes.

— Moi aussi je l'ai aimé, autrefois. C'était un type bien, un bon père… Nous avons perdu une petite fille, il vous l'a peut-être raconté.

— Oui, dit doucement Paxton.

— C'est ce qui a eu raison de notre entente. Personne n'était responsable de ce malheur, bien sûr, mais il était terriblement désespéré, il me ramenait sans cesse à ma peine. Avec Tommy, j'y pensais un peu moins…

Tony lui-même avait reconnu qu'il avait été tellement miné par le chagrin, et si anxieux après la naissance de Joey, que cela avait déstabilisé leur mariage. Barbara n'avait pas tort à cent pour cent, même si elle n'avait pas fait preuve du meilleur goût dans le choix de son second mari : ce manque de tact avait causé le départ de Tony et privé Joey de son père. Mais de quel droit Paxton pouvait-elle s'ériger en juge ? Si Barbara n'avait pas épousé son beau-frère, elle n'aurait jamais connu Tony au Viêtnam.

— Je suis désolée.

— Bon. Je vous appellerai.

Paxton passa le reste de l'après-midi au Metropolitan Museum ; à son retour, un message de Barbara l'attendait et elle l'appela aussitôt. Elle lui demanda de venir le lendemain matin, un samedi, car Joey n'avait pas classe. La mère de Tony serait là : elle tenait à faire la connaissance de Paxton. Ce qu'elle ne lui dit pas, c'est que son mari était furieux, mais elle l'avait plus ou moins convaincu en lui faisant valoir que c'était la dernière volonté de Tony. De plus, cette fille était une célèbre correspondante du *New York Times* et, s'ils ne la laissaient pas voir Joey, ça risquait de faire du bruit dans les journaux. Il avait fini par accepter, mais il était hors de ses gonds. Barbara donna à Paxton les indications pour venir chez eux, à Great Neck. Le lendemain matin, Paxton loua une voiture à son hôtel et se mit en route pour Long Island.

Mme Campobello mère, Barbara, et trois petites filles en robe rose l'attendaient sur le pas de la porte. Elles avaient l'air de sortir d'une boîte, et Paxton eut envie de rire en les voyant : charmant spectacle, mais tellement éloigné de son univers qu'elle en resta bouche bée. Elle aperçut à l'écart un homme de haute stature, mais ne put se rendre compte s'il ressemblait à Tony, et de toute évidence il ne manifesta aucun empressement à venir la saluer. Barbara la présenta à sa belle-mère, et Paxton crut voir Tony tant la ressemblance était frappante. La vieille dame se mit à pleurer dès que Paxton lui eut touché la main. Elle s'exprimait avec un fort accent italien.

— Vous avez connu mon garçon au Viêtnam ? dit-elle d'une voix que l'émotion, plus que l'âge, faisait trembler.

Paxton dut refouler ses larmes, tandis que Barbara s'éloignait avec les petites.

— Oui. C'était quelqu'un de bien. Vous pouvez être fière de lui, dit-elle, la voix brisée. Il était renommé dans tout le Viêtnam pour son courage.

Elle ne put retenir ses larmes plus longtemps et prit la vieille dame dans ses bras.

— C'est ma faute. J'aurais dû l'empêcher de partir !

— Vous n'y pouviez rien.

Ceux qui restaient se sentaient toujours coupables… Paxton en savait quelque chose, elle qui s'était sentie responsable de la mort de Peter, de celle de Bill, et maintenant de Tony… Mais qui les avait tués, si ce n'est le destin ?

— Il n'avait de rancune envers personne. Il était heureux.

Mme Campobello se moucha et hocha la tête, puis considéra Paxton avec intérêt :

— Vous étiez sa petite amie ?

Le terme fit sourire Paxton.

— C'était un type merveilleux. Je l'adorais.

Elle se demanda pourquoi elles parlaient de lui au passé. Sans doute que, pour leur propre santé mentale, il valait mieux faire semblant de le croire mort, même si au fond elles en doutaient.

— Vous êtes une jolie fille. Qu'est-ce que vous faisiez là-bas ? demanda la vieille dame sur un ton mi-curieux, mi-désapprobateur.

— Je travaillais pour un journal. C'est comme ça que je l'ai rencontré. Nous nous disputions tout le temps au début.

La mère de Tony rit à travers ses larmes.

— Avec moi aussi, il se disputait. Quand il était petit, il me faisait tourner en bourrique.

« Il n'était pas comme Tommy », allait-elle dire mais elle se retint, pensant que Dieu l'avait déjà punie pour cette mauvaise pensée, puisqu'il lui avait repris Tony.

Barbara réapparut sur le pas de la porte :

— Joey est dans la maison. Si vous voulez lui parler…

— Avec plaisir.

Barbara avait dû être très belle, et elle était toujours séduisante, mais il y avait en elle quelque chose de dur, d'aigri. Paxton la suivit dans la maison et elle vit le petit Joey assis sur le canapé, vêtu d'un jean, d'une chemise propre et coiffé d'une casquette de base-ball.

— Salut, dit-il calmement, avec cette même expression qu'elle aimait tellement chez son père.

Au grand étonnement de Paxton, Barbara s'éclipsa discrètement.

— Je m'appelle Paxton. J'ai fait la connaissance de ton papa au Viêtnam, et il m'avait demandé de venir te voir si je passais par là. Je suis à New York en ce moment et j'ai pensé que tu serais content de me voir.

Sa ressemblance avec son père lui fit presque peur.

— Tu vas écrire une histoire sur mon papa ? Maman me l'a dit.

— Non, Joey. Je suis venue parce que je l'aimais… et il t'aimait beaucoup. En réalité, je l'aime toujours, dit-elle en souriant à travers ses larmes. Et je voulais te voir.

Joey lui lança un regard presque accusateur.

— Qu'est-ce qui est arrivé ? Pourquoi il est mort ?

— On n'est pas vraiment sûr qu'il soit mort. Il est porté disparu. Ça veut dire qu'il y a eu un combat, et qu'il n'est pas revenu. Mais il se peut qu'il se soit perdu et qu'il soit encore vivant. On ne sait pas. Il peut aussi être blessé, ou prisonnier des Vietcongs.

Il se redressa sur le canapé, soudain captivé.

— Ouais ! Personne ne m'a dit ça !

Il avait huit ans maintenant, et elle pensait qu'il avait le droit de savoir la vérité.

— On ne sait rien. Il est possible qu'il soit mort, c'est même fort probable.

— Qu'est-ce que tu crois ?

C'était bien la question la plus embarrassante, mais elle décida de ne pas se dérober.

— Je ne saurais pas t'expliquer pourquoi – et peut-être que je me trompe – mais, au fond de mon cœur, je sens qu'il est encore en vie… C'est sans doute parce que je l'aimais tellement que je ne peux pas croire qu'il soit mort. Voilà mon sentiment.

Il buvait littéralement ses paroles, et s'approcha un peu d'elle.

— Tu as des photos de lui ?

Elle se serait battue de ne pas y avoir pensé.

— Pas ici. Mais j'en ai à l'hôtel et je t'en enverrai de Paris

Il hocha la tête, satisfait.

— Tu vas repartir au Viêtnam ?

— Je ne crois pas.

— C'était effrayant, hein ?

Il se rapprocha encore, fasciné par sa beauté, par ses paroles, et par le fait qu'elle connaissait son père. Il ne pouvait pas parler de lui devant sa mère, qui se comportait comme s'il avait commis un crime, et quand par hasard il prononçait son nom, sa grand-mère pleurait et Tommy lui criait après. Mais Paxton était l'émissaire direct de son père et il pouvait tout lui dire.

— Assez. Mais pas tout le temps. Nous avons passé de bons moments quand même. Il m'a beaucoup parlé de toi.

Le visage de Joey s'illumina, et elle aurait voulu le prendre dans ses bras.

— C'est vrai ?

— Bien sûr. Il en parlait tout le temps. Il m'a montré ta photo, et il voulait venir te voir.

Mais il n'avait pas eu le temps. Il y avait une foule de choses qu'il ne ferait plus maintenant.

— Tu reviendras me voir ? demanda-t-il, plein

d'espoir, en se glissant tout contre elle et finalement il osa toucher ses cheveux, si blonds et raides, tellement différents de ceux de sa mère.

— Bien sûr, ça me ferait très plaisir, si ta maman et ton beau-père veulent bien.

Joey fit une grimace, et lui murmura à l'oreille :

— C'est pas mon beau-père, c'est mon oncle !

— Je sais. Ton papa me l'a dit, répondit-elle sur le ton de la confidence.

— Il te disait tout, hein ? fit-il en riant.

Il venait de se faire une amie et il était ravi. Elle lui caressa les cheveux et lui passa un bras autour des épaules lorsque Barbara rentra.

— Nous avons passé un bon moment ensemble, et je vais envoyer à Joey des photos de son papa, dit Paxton, reconnaissante à Barbara de sa discrétion.

Ils sortirent main dans la main et, avant de partir, elle le prit dans ses bras.

— N'oublie pas qu'il t'adorait.

Joey fit un petit signe de tête, avec les larmes aux yeux, et Paxton le serra tendrement contre elle, se rappelant son propre chagrin lorsqu'elle avait perdu son père.

— Je te téléphonerai.

— D'accord.

Elle aperçut Tommy, aux aguets, un peu à l'écart. Il était grand et très brun mais ne ressemblait pas du tout à son frère. Il ne s'approcha même pas pour la saluer et disparut dans le garage. Elle remercia encore une fois Barbara et embrassa la maman de Tony. Elles lui souhaitèrent bonne chance à Paris, comme à une vicille connaissance.

— Je t'envoie les photos, c'est promis, dit-elle encore à Joey.

Elle leur fit au revoir de la main en tournant le coin de la rue, attristée par ce petit homme qui ne connaîtrait pas son père.

27

Elle arriva à Paris par une belle journée de printemps, une semaine après avoir vu les officiels du Pentagone et interrogé le lieutenant Calley, à Fort Benning, en Géorgie. L'interview avait été brève et plutôt pénible. Cet homme était devenu le symbole de la guerre et de ses excès, de la cruauté et des débordements inutiles ; Paxton en fut mortifiée.

Mais Paris mit un peu de baume sur ses blessures : elle avait trouvé un studio agréable près de la Seine. En déambulant le soir dans les rues de la ville, elle mesura combien sa vie avait changé depuis Saigon. Ici elle menait une vie solitaire et laborieuse. Tous les jours elle assistait aux négociations officielles.

Pour difficile qu'avait été sa vie à Saigon, Paxton s'y était sentie plus heureuse qu'ici, où elle ne vivait qu'avec ses amours morts et sa nostalgie.

Comme promis, elle envoya les photos à Joey, et il lui répondit d'une petite écriture appliquée, pour la remercier.

Elle était parfaitement informée de ce qui se passait au Viêtnam, et en octobre, le nombre de victimes était plus bas que jamais. Il eût mieux valu cependant que la guerre fût réellement terminée.

Grâce à tous ses contacts professionnels, elle demandait souvent des nouvelles des portés disparus, mais on ne savait rien de plus sur Tony. Elle s'était fait une raison maintenant, bien qu'au fond d'elle-même, le doute persistât... peut-être parce qu'il serait toujours vivant dans son cœur.

A la fin de l'année, cependant, il lui fallut admettre que tout espoir de le retrouver vivant était vain.

En novembre le *Times* la renvoya à Fort Benning pour le procès du lieutenant Calley. Une triste affaire qui se conclut par une condamnation, au vu de photos atroces et d'accablants témoignages.

Après le procès, elle rendit une brève visite à son frère mais, comme à l'accoutumée, sans avoir grand-chose à lui dire, et incapable de faire le moindre effort envers Allison.

Elle retourna à Washington pour interviewer Kissinger, avant de regagner New York pour voir son rédacteur en chef. Elle téléphona à Joey pour l'emmener déjeuner en ville, puis au Radio City Music Hall. Il venait d'avoir neuf ans et ressemblait de plus en plus à Tony. Ils déjeunèrent « entre adultes » au 21 ; Joey se montra fort impressionné par les maquettes d'avions suspendues près du bar. Le maître d'hôtel, lecteur assidu du *New York Times*, fut aux petits soins pour eux ; il apporta à Joey un petit sac à dos marqué « 21 ». Le gamin était aux anges.

— C'est génial ici ! s'exclama-t-il. Tu crois que ça aurait plu à papa ?

C'était son point de repère constant.

— Je crois qu'il aurait adoré. Nous avions l'intention de venir à New York de temps en temps. Et aussi à San Francisco : c'est là que j'ai fait mes études.

Il était fortement impressionné par Paxton et voulut tout savoir d'elle. A la fin du repas, il la regarda avec un air grave.

— Mon papa… enfin, mon autre papa, tu sais, mon oncle…

Paxton faillit rire : c'était tragi-comique, et Tony aurait sûrement ri aussi, mais le petit garçon était d'un sérieux imperturbable.

— Il dit que tu dis n'importe quoi… que mon papa est certainement mort, et que tu es folle.

— Ça se peut bien. Il a sûrement raison, dit-elle en esquissant péniblement un sourire. Mais la vérité, c'est que personne ne sait exactement ce qui lui est arrivé – d'où l'expression « porté disparu ». Il a peut-être été fait prisonnier. Je me renseigne le plus souvent possible au Pentagone, mais pour l'instant, ton papa n'est pas sur les listes de prisonniers. Et on n'a rien retrouvé à l'endroit où il a disparu.

C'était dur à entendre pour un petit garçon. La véritable torture pour tous consistait à rester ainsi dans l'ignorance.

— Ça veut dire quand même qu'il pourrait être vivant ? dit-il avec une éphémère lueur d'espoir dans le regard. Mais mon papa… mon oncle, il dit qu'il est mort. Et toi, Paxton, est-ce que tu crois qu'il est mort ?

— Non, Joey, honnêtement je ne le crois pas.

Elle prit sa petite main dans la sienne et la serra longuement, émue par sa ressemblance avec Tony.

28

En 1971, Paxton dut faire face à un surcroît de travail et passa la majeure partie de l'année à Paris. Elle écrivit pour le *New York Times* des articles où transparaissait l'immense espoir qu'elle avait fondé sur ces pourparlers de paix.

Mais au Viêtnam la guerre faisait toujours rage et la colère et la lassitude s'emparaient des troupes. Les actes d'insubordination se faisaient de plus en plus nombreux, des grenades à fragmentation explosaient de plus en plus souvent « par erreur », blessant des officiers, et des tensions raciales surgirent. En février, l'armée sud-vietnamienne[1] engagea au Laos une action destinée à couper ce qu'on nommait la piste Hô Chi Minh. Et nulle part, chaque fois qu'elle se renseignait, il n'y avait trace de Tony.

En mars, Paxton retourna aux Etats-Unis assister à la fin du procès et à la condamnation du lieutenant Calley[2]. Elle se trouvait à Washington lors de l'imposante manifestation pacifiste des vétérans du Viêtnam, où certains jetèrent leurs décorations militaires sur les marches du Capitole. Elle en fit un article pour le *Times*, puis repartit pour Paris.

Elle s'y trouvait encore en juin, lorsque Daniel Ellsberg publia dans le *New York Times* ses Dossiers du

1. Assistée de la logistique de guerre américaine. (N.d.T.)

2. Condamné à la prison à vie en 1971, il fut libéré en 1974 après annulation de son jugement. (N.d.T.)

Pentagone[1]. En juillet Nixon déclara que Kissinger allait se rendre en Chine. Et quand Thiêu fut réélu président du Viêtnam du Sud en octobre 1971, Paxton assistait toujours aux entretiens de Paris. Finalement, en décembre, elle fut heureuse de pouvoir annoncer que les effectifs des troupes étaient tombés à cent quarante mille hommes, moins d'un tiers de ce qu'ils étaient dix-neuf mois plus tôt lorsqu'elle était encore au Viêtnam. Elle n'avait toujours pas eu la moindre information sur Tony. Il fallait bien se rendre à l'évidence : s'il avait été fait prisonnier, ou s'il s'était caché quelque part après avoir été blessé, quelqu'un en aurait sûrement entendu parler à l'heure actuelle. Elle appelait Joey de temps en temps, ne lui laissait guère d'espoir, mais pourtant, quand il lui demanda sa conviction profonde, elle lui confia une fois de plus qu'elle sentait que son papa était encore en vie quelque part. Il avait dix ans maintenant, l'âge de comprendre. Elle lui avait raconté comment elle avait perdu son propre père et cet aveu avait tissé de nouveaux liens entre eux : tous deux avaient grandi sans leur papa.

A la fin de cette année 1971, tout semblait lui réussir. A vingt-cinq ans, elle était rayonnante de beauté et s'était déjà taillé un joli succès professionnel à Paris. Pourtant une part d'elle-même était morte, ou pire, semblait n'avoir jamais existé. Une page était définitivement tournée. Elle ne vivait que pour son travail, et pour un petit garçon qu'elle adorait, là-bas, à Great Neck. Il était désormais le seul amour de sa vie. Tous les autres n'étaient que des souvenirs, des

1. Ellsberg, qui avait travaillé au Secrétariat de la Défense, révélait les dessous de l'intervention américaine au Viêtnam. (N.d.T.)

photos rangées sagement sur une table dans son salon, composant une étrange galerie de portraits, dont elle gardait la vibrante nostalgie.

Son talent lui valait le respect de toute la profession et, d'une certaine façon, elle était sinon heureuse, du moins satisfaite de son sort. Mais elle souffrait toujours de l'absence de Tony, et ne quittait jamais la bague de rubis.

En 1972, la question vietnamienne était en plein marasme. Plus que jamais, les pourparlers stagnaient. En mars, l'armée du Nord traversa la zone démilitarisée pour gagner le Sud par la nationale 1 en répandant la terreur sur son passage.

De semblables ravages eurent lieu dans les montagnes du Centre et le Nord. Les populations fuyaient, affamées, sans abri. Les Américains étaient en train d'échouer dans leur tentative de se retirer et de laisser l'initiative de la guerre à l'armée du Sud.

Début avril, une troisième attaque eut lieu près de la frontière cambodgienne, au nord de Saigon, puis An Loc tomba aux mains des troupes nord-vietnamiennes, ainsi que la province tout entière. Paxton en avait les larmes aux yeux en lisant les dépêches de l'Associated Press. La « vietnamisation » apparaissait comme une sinistre plaisanterie.

Vers la mi-avril, Nixon ordonna la reprise des raids aériens au Nord sur les régions de Haiphong et de Hanoi. En mai, la nationale 1 fut envahie de réfugiés et de soldats. L'armée du Sud n'était pas de taille à lutter et il y eut un véritable massacre de civils. Paxton en eut la révélation par les journaux : les photos qui s'étalaient à la une du Time Magazine, entre autres, étaient insoutenables. Pour la première fois depuis deux ans, Paxton se félicita de ne pas être restée là-bas. C'était à se demander s'il y aurait des survivants. Elle se sentait plus utile à Paris, mais en revanche, elle se demandait avec horreur quel sort était réservé à Tony s'il était prisonnier.

Le seul événement qui la détourna un peu de ses préoccupations, après la chute de Quang Tri en mai, fut l'arrestation des cinq hommes qui avaient pénétré dans l'enceinte du Watergate à Washington. Elle écrivit sur ce sujet un amusant éditorial qui lui valut nombre d'éloges. Elle était en train de devenir une sorte de star, mais n'accordait guère d'attention à cet aspect des choses. Elle aimait son métier, et se moquait des louanges : sa mission était d'essayer de démêler le bon grain de l'ivraie dans la jungle des informations, ce qui lui valut plus d'une fois les persiflages de ses collègues, qui la traitaient de fanatique.

Le fait que Kissinger, Nixon et nombre de journalistes de renom la tenaient en grande estime la flattait bien sûr, mais elle ne visait pas la célébrité. La seule chose qui lui importât vraiment, c'était que ses articles fussent « différents ».

En octobre 1972, à la suite d'entretiens secrets entre Kissinger et Lê Duc Tho, la perspective d'un règlement sembla enfin se dessiner. Le 21, le Viêtnam du Nord accepta le plan de paix proposé, et Kissinger en personne annonça au monde que la paix était « à portée de main ». Mais le président Thiêu refusa de signer ces accords qui n'exigeaient pas le retrait des troupes nordistes, par crainte des exactions qu'elles auraient pu continuer à commettre dans le Sud.

Moins de deux semaines plus tard, le président Nixon était réélu haut la main. Quinze jours plus tard le président Thiêu présenta soixante-neuf amendements aux accords et une fois de plus, à la profonde déception de Paxton et de bien d'autres journalistes de renom, on se retrouva dans une impasse.

Les négociations privées reprirent par intermittence tout au long du mois de décembre.

Les Américains bombardèrent des cibles militaires, en promettant d'épargner les civils, mais Hanoi n'accepta de négocier que si les raids aériens cessaient. Il y eut donc trêve le jour de Noël, puis Hanoi accepta de reprendre les négociations. Les bombardements cessèrent enfin.

Au milieu de ce chaos, Bob Hope donna son dernier spectacle de Noël. Mais cette année-là, Paxton était bien loin de penser à lui. Elle était complètement accaparée par les accords de Paris et les informations qu'elle pouvait glaner en haut lieu, parfois directement de Washington. Mais son plus beau cadeau de Noël cette année-là fut un coup de fil de Joey. Il allait bien et lui confia à mi-voix qu'elle lui manquait. Cela lui fit chaud au cœur. Elle était son alliée, son amie de cœur, l'ange gardien que son papa lui avait envoyé.

Enfin les négociations entre Kissinger et Lê Duc Tho reprirent sérieusement à Paris, en janvier 1973, la veille du soixantième anniversaire du président Nixon.

A Saigon, l'ambassadeur américain, Ellsworth Bunker, fit valoir au président Thiêu que s'il ne signait pas les accords sur-le-champ, l'aide économique et logistique américaine serait suspendue.

Et le 27 janvier, enfin, les accords de Paris furent signés, le cessez-le-feu proclamé, cinq jours après la mort de Lyndon Johnson. Nixon exigea la mise en liberté immédiate de tous les prisonniers de guerre et promit de faire évacuer les troupes américaines d'ici à deux mois. Paxton n'en crut pas ses oreilles, et pria avec ferveur pour que, parmi les prisonniers, quelqu'un ait entendu parler de Tony. Sinon, il lui faudrait abandonner tout espoir. Cette incertitude qui durait depuis presque trois ans lui était devenue insupportable, elle se dit que pour Joey ce devait être pire encore ; il continuait à espérer le retour d'un père qu'il avait à peine connu (et qu'il ne connaîtrait probablement jamais) au lieu d'essayer d'apprivoiser celui qu'il avait, même s'il n'était pas parfait. Tommy ne savait peut-être pas à quoi il s'était engagé en épousant Barbara, et sans doute faisait-il payer à Joey le prix de sa culpabilité.

En février 1973, le chiffre officiel des Américains tués au Viêtnam s'élevait à cinquante-sept mille cinq cent quatre-vingt-dix-sept hommes, et Paxton en eut le cœur déchiré en pensant à Peter, Bill et Tony. Elle avait par moments du mal à faire la part, en elle, de la femme et de la journaliste. Le 12 février, lorsqu'elle apprit que les premiers prisonniers de guerre allaient être libérés, elle se jeta sur son lit en pleurant. elle imaginait la joie des femmes de ceux qui échappaient enfin à l'enfer.

Elle travaillait, en dehors de ses articles pour le *Times*, à un livre que depuis trois ans elle s'était promis d'écrire sur le Viêtnam, lorsque son rédacteur en chef l'appela de New York, lui demandant de sauter dans le premier avion militaire pour Manille.

— Mais pourquoi ?

« Pourquoi moi ? » eut-elle envie de dire. Il avait fallu trois ans pour que son chagrin s'apaise un peu, pour que son sommeil ne soit plus perpétuellement hanté par les enfants estropiés des rues de Saigon. Les prisonniers allaient rentrer, imprégnés de cette horreur. Fallait-il vraiment qu'elle retourne là-bas ? Elle avait fini par faire taire en elle l'envie de revoir les forêts d'un vert fantastique et le besoin presque physique de sentir les odeurs lourdes du crépuscule. Allait-elle supporter de se replonger dans ce passé peuplé de fantômes ?

Les prisonniers de guerre devaient atterrir à Clark Field, aux Philippines ; elle avait deux jours pour s'y rendre.

— Est-ce un ordre ou une requête ? demanda-t-elle d'une voix lasse.

Il était minuit à Paris, et ils l'appelaient toujours à l'heure de la fermeture des bureaux à New York.

— Disons un peu les deux, fit doucement le rédacteur.

Paxton soupira. Le cercle infernal allait recommencer : l'espoir, les prières, l'attente…

— Bon. Je vais y aller, dit-elle après un bref silence.

— Merci. Je vous suis reconnaissant d'accepter.

Il savait qu'elle ne refuserait pas. Comme tous ceux qui étaient allés là-bas, elle ne pouvait plus s'en détacher, c'était un déchirement, une plaie secrète, comme une drogue.

29

Elle atterrit à Wiesbaden, en Allemagne de l'Ouest, où elle prit un avion militaire qui la déposa à Manille quelques heures avant l'arrivée des prisonniers. Elle était assise parmi les femmes et les enfants, prenant tranquillement des notes, observant les visages autour d'elle, et imaginant trop bien leur calvaire.

Depuis un certain temps elle commençait à accepter l'idée de la mort de Tony. Quoi qu'elle pût ressentir au fond de son cœur, il était impensable qu'il fût encore en vie, sa raison le lui disait. Elle avait expliqué tout ça à Joey.

Les femmes racontaient comment elles avaient survécu d'année en année en s'accrochant à des photos, des bribes de nouvelles, des récits de soldats évadés… Du moins savaient-elles leurs maris en vie, et ça les avait aidées à vivre. Dans quel état allaient-ils leur revenir, c'était une autre histoire…

Cette attente bouleversait Paxton, mais, par pudeur, elle ne parla à aucune d'entre elles, pour ne pas ajouter à leur chagrin. Elle interrogerait les hommes, plus tard. Pour l'instant, elle restait à l'écoute. Elle se dit qu'en tant que journaliste elle devait garder ses distances, mais lorsque les hommes débarquèrent, elle se mit à pleurer comme les autres. Ils étaient hâves, titubants, couverts de cicatrices, les yeux rouges. Certains avaient les cheveux abîmés par le fongus, d'autres, les articulations enflées à force d'avoir été battus. Ils avaient l'air à peu près intacts, en apparence du moins. Ils se soutenaient mutuellement, grisés par leur liberté toute neuve, symboles de la victoire de la vie et de l'amour. Ce furent des moments inoubliables, et Paxton pleura sans retenue. Mais elle n'avait même pas le soulagement de retrouver un être aimé. Comment peut-on survivre à une telle souffrance ? Espérer encore après sept années d'enfer ? Elle se dit que si elle avait été capturée lors d'un de ses reportages avec Ralph, elle n'aurait sûrement pas été capable de s'en sortir comme eux.

Le lendemain, elle commença à interroger les soldats, leur femme, et parfois les enfants. Un photographe vint la rejoindre par la suite. Elle avait presque fini, et se sentait littéralement épuisée lorsqu'en interviewant un soldat, elle réalisa qu'il avait fait partie des rats de tunnel de Cu Chi, et fait prisonnier peu avant la disparition de Tony. Son stylo faillit lui échapper tant sa main se mit à trembler. Cet homme avait fait trois ans de détention.

— Je… je voudrais vous poser une question d'ordre privé.

Sa voix tremblait autant que sa main, et l'homme eut subitement l'air apeuré.

— Auriez-vous entendu parler d'un sergent nommé Campobello, lorsque vous étiez à Cu Chi ?

L'homme la regarda d'un air décontenancé, se demandant si ce Campobello était un agent secret.

— Pourquoi ?

— Parce que… je l'aimais. J'étais à Saigon à cette époque, dit-elle d'une voix aussi brisée que celle de l'homme. – D'un seul coup tout ce passé douloureux remontait à la surface. – Il a été porté disparu juste après votre capture… et on n'a jamais retrouvé sa trace depuis. Je me disais que peut-être…

Elle ne put retenir ses larmes, et s'en voulut à mort. L'homme lui toucha la main de ses doigts déformés, et elle leva les yeux vers lui à travers ses pleurs. Elle se sentait proche de lui, dans son malheur.

— Tout ce que je peux vous dire, c'est qu'il était en vie il y a deux ans. Il venait d'être transféré dans la prison où j'étais. J'étais malade, dit-il sur le ton de la confidence.

— Savez-vous où c'était ? demanda-t-elle sur le même ton.

— Non. Mais je l'ai connu un peu à Cu Chi ; je me suis fait prendre presque tout de suite par les Vietcongs. C'était un type solide. Il a été capturé vivant, c'est tout ce que je sais. Il faudrait demander à Jordan. Il l'a mieux connu, je crois.

Elle put enfin interroger le dénommé Jordan trois jours plus tard, et les nouvelles n'étaient pas fameuses. Tony s'était évadé avec deux autres prisonniers et Jordan était sûr qu'ils avaient été abattus tous les trois. De vagues rumeurs avaient circulé selon lesquelles deux corps seulement avaient été ramenés, mais d'après lui il ne fallait pas se faire d'illusions. On n'échappait pas à leurs armes, à leurs chiens, à leurs pièges ni à leurs lances. Il avait sûrement été tué avec les deux autres, car on n'avait plus entendu parler de lui depuis deux ans. Jordan pleurait silencieusement en faisant ce terrible récit, et Paxton aussi.

Cette semaine avait été particulièrement éprouvante pour Paxton. Elle avait reçu comme un coup à l'estomac le récit des atrocités commises par les Vietnamiens. C'était comme si elle avait été en prison elle-même, et lorsqu'elle rentra en France elle se sentit épuisée : jamais un reportage ne l'avait bouleversée à ce point, et elle se jura qu'elle ne recommencerait pas. Elle écrivit un article fulgurant qui lui valut l'admiration de ses pairs, et l'on murmurait qu'elle pourrait bien obtenir le Pulitzer un jour ou l'autre. Ralph la charriait toujours à ce propos, il y a bien des années, alors qu'elle n'était qu'une petite débutante. Tony aussi, d'ailleurs…

Maintenant qu'elle savait hélas à quoi s'en tenir, inutile de se cacher la vérité plus longtemps. Le 1er mars, elle s'envola pour New York : elle voulait rapporter à Joey le récit des deux prisonniers de guerre. D'après d'autres échos qu'elle avait eus par ailleurs, à la base de Clark Air Force, il ne faisait plus aucun doute qu'il avait été tué par les Vietcongs après son évasion manquée.

Paxton et Joey firent une longue promenade dans Central Park. Elle lui annonça les nouvelles avec le plus de ménagements possible. Elle le fit asseoir sur un banc. Il avait onze ans à présent – l'âge auquel elle avait elle-même perdu son père –, c'était un gamin intelligent, elle savait qu'il tiendrait le choc.

— Je suis désolée, Joey. J'avais cru que, s'il n'était pas mort sur le coup, il s'en serait sorti. Il était si solide, si… malin !

Ses yeux s'emplirent de larmes à nouveau. Maintenant il leur fallait affronter la vérité. Elle le prit dans ses bras sans un mot, et ils pleurèrent, tous deux enlacés.

— Alors maintenant tu crois qu'il est mort ? demanda-t-il avec un air meurtri.

Elle approuva d'un signe de tête, comme pour s'en convaincre elle-même. Elle l'aimait depuis si longtemps… C'était terriblement dur de renoncer à l'espoir, mais il le fallait.

— Oui, Joey. Nous devons accepter la réalité. Il a disparu pour de bon cette fois-ci.

Elle l'avait entendu de la bouche même des survivants, et c'était comme s'il était mort une seconde fois.

— Et maintenant qu'est-ce qu'on va faire ? fit tristement le gamin en lui donnant la main.

— Je ne sais pas.

Elle se sentait aussi désemparée qu'à son retour du Viêtnam, trois ans auparavant. Les autres femmes avaient retrouvé leur mari, et elle n'avait personne.

— Nous allons penser à lui, aux bons moments, aux moins bons, et ça nous aidera à vivre.

— Et toi ?

Il s'était toujours posé des questions à son sujet et maintenant il s'estimait assez grand pour avoir droit à des réponses. Il savait que jusqu'ici elle avait attendu son père, mais maintenant ? Pour Paxton, tout était fini, et elle allait continuer à faire son métier du mieux possible.

— Tu vas te marier avec quelqu'un d'autre ? fit Joey avec un froncement de sourcils.

« Et si elle épousait un homme qui l'empêche de me voir ? » Elle avait lu dans sa pensée et le serra contre elle.

— Non, ne t'inquiète pas. A moins que tu ne veuilles grandir très vite ! Je peux bien attendre, tu sais !

— Tu vas retourner à Paris ?

Elle lui manquait lorsqu'elle était loin de lui. Un lien très particulier les unissait tous les deux. Pour elle, Joey représentait un peu la continuité de l'amour qu'elle avait éprouvé pour son père, et puis c'était un peu aussi l'enfant qu'elle n'avait pas.

— Je vais probablement rentrer à New York bientôt,

vers la fin mars, quand toutes les troupes auront été évacuées. Je travaillerai pour le *Times* ici.

Il arbora un air satisfait. A défaut de son père, il l'aurait au moins, elle.

— Tu crois que ta maman nous laissera partir quelque part en week-end, quand je serai là ?

— Oui. Sûrement.

Elle n'aurait pas intérêt à refuser ! Ils étaient tous deux un peu plus sereins mais tristes. Ils apprenaient tout doucement à se séparer de Tony.

30

Les dernières troupes améraicaines évacuèrent le Viêtnam le 29 mars 1973, et, trois jours plus tard, tous les prisonniers de guerre furent libérés à Hanoi. Paxton avait regagné New York la veille, et s'était installée à l'Algonquin en attendant de se trouver un appartement. Lorsqu'elle se rendit au journal le lendemain, on lui demanda de partir à San Francisco interviewer les prisonniers de guerre. Elle n'en crut pas ses oreilles, et leur dit tout de go de trouver quelqu'un d'autre, arguant qu'elle venait juste d'arriver, qu'elle était fatiguée et devait chercher à se loger. Elle savait que ça ne tenait pas debout, et son rédacteur ne fut pas dupe. Comme il insistait, elle finit par l'envoyer promener : elle se fichait pas mal des conséquences de ce refus, mais elle n'irait pas parce que c'était insoutenable.

Ils la laissèrent tranquille. A six heures du soir le

rédacteur en chef revint à la charge et par lassitude elle finit par céder, furieuse. Elle partit le lendemain pour la base de Travis. Elle savait qu'elle allait assister aux mêmes scènes douloureuses qu'à Manille, mais au moins cette fois-ci y était-elle préparée, et elle rassembla toutes ses forces pour entreprendre les interviews. Ce fut aussi pénible que ce qu'elle avait imaginé, mais le pire vint lorsque l'un des hommes raconta l'évasion de trois prisonniers. Elle connaissait déjà l'histoire hélas, et redoutait d'en entendre davantage, pourtant quelque chose lui dit qu'il le fallait ; elle s'aperçut en questionnant le soldat plus avant que la fin de sa version différait de ce qu'elle avait appris à Clark. Trois prisonniers s'étaient effectivement évadés. Ils n'étaient pas les premiers à tenter le coup, et la plupart du temps, les candidats à l'évasion se faisaient abattre. Mais parfois quelques chanceux passaient à travers les mailles du filet. C'était le cas de l'un des trois en question. Les deux autres avaient été tués.

— Qui était-ce ? demanda-t-elle d'une voix étranglée.

Fallait-il encore se torturer à espérer ? Ne trouverait-elle donc jamais la paix ?

— Je ne me rappelle pas son nom, fit-il, fouillant ses souvenirs.

C'était un homme amoindri par les tortures : il avait subi des électrochocs, perdu les pouces et failli être amputé d'une jambe à cause de la gangrène, comment pouvait-il se rappeler le nom des prisonniers évadés ? Elle retint son souffle, suspendue à ses paroles.

— Je sais que c'était un rat de tunnel de la base de Cu Chi. Je ne me souviens pas de son nom mais je le reconnaîtrais peut-être si je l'entendais…

— Tony Campobello ? chuchota-t-elle.

L'homme la dévisagea, stupéfait :

— C'est ça !... Oui c'est bien lui. Il s'est évadé... oh ! ça doit pas faire loin de deux ans maintenant, je ne sais plus... mais je suis sûr qu'il a réussi, ça oui.

— Comment pouvez-vous en être si sûr ?

— Ils n'ont pas ramené son corps. C'est un des gardiens qui me l'a dit.

— Il vous a peut-être menti ?

Elle aurait presque souhaité échapper à la torture que l'espoir faisait naître en elle, mais l'homme disait indéniablement vrai.

— Non je ne crois pas. Ils avaient horreur qu'on leur échappe. Ils le prouvaient en torturant un autre prisonnier, pour l'exemple.

— Vous savez où il a pu aller ?

— Non, je suis désolé. Vers le Sud, je suppose... mais il se peut qu'il soit encore caché à l'intérieur du pays. S'il avait été rat de tunnel, il devait être assez rusé. Il se pourrait qu'il soit encore en vie.

Qu'allait-elle dire à Joey ? Qu'il se « pourrait » que son père soit vivant ? Mais il se pouvait aussi bien qu'il ait péri dans un tunnel ou dans une tranchée ou dans Dieu sait quel trou à rat ! Elle remercia l'homme, finit ses interviews dans un état second et rentra à New York.

Elle passa trois jours enfermée dans sa chambre. Il fallait qu'elle réfléchisse à la situation. Elle lut et relut ses notes et finit par prendre la décision de retourner là-bas.

Elle en informa son rédacteur, qui lui dit que c'était de la folie. Mais elle parvint à le convaincre. Elle connaissait le pays et il y aurait encore du monde là-bas après le départ des militaires : des journalistes, du personnel médical, des hommes d'affaires étrangers, des fous, des opportunistes de tout poil… Elle n'avait plus aucune hésitation : il fallait qu'elle y aille, et elle y resterait jusqu'à ce qu'elle ait trouvé ce qu'elle cherchait. Peu importait le temps que ça prendrait – et le mal que ça lui ferait.

Finalement ils acceptèrent. Il faut dire qu'elle ne leur avait guère laissé le choix. S'ils refusaient, ils perdaient leur meilleure journaliste. Elle partit donc avec leur bénédiction.

Ce week-end-là, elle alla faire une grande balade avec Joey. Elle lui expliqua qu'elle retournait au Viêtnam pour savoir exactement ce qui était arrivé à son père et lui rapporta la conversation qu'elle avait eue avec le prisonnier de guerre à San Francisco. Il avait le droit de savoir.

— Tu sais, ma maman et mon papa pensent que tu es complètement folle.

Il lui sourit :

— Et toi, tu le penses aussi ?

— Des fois. Mais je m'en fiche, Pax.

— Merci de ta franchise. Tu sais, moi aussi, je pense par moments que c'est de la folie de retourner là-bas. Mais il faut que je sache. D'après le soldat, il s'en est sûrement sorti.

— Tu crois vraiment qu'il pourrait être vivant ?

Même Joey avait l'air sceptique.

— Je n'en sais plus rien, Joey.

Il hocha la tête.

— Tu vas rester longtemps ?

— Je ne sais pas. Je ne peux rien te promettre. Je t'écrirai. Et je te téléphonerai, si possible. Je ne sais pas comment ça marche, maintenant que nos soldats sont partis. Je ne reviendrai que lorsque j'aurai des réponses.

Il lui prit le bras avec sa petite main et le serra très fort.

— Ne te fais pas blesser Pax. Je ne veux pas qu'il t'arrive quelque chose, comme à papa…

— Je te promets d'être prudente.

Elle se pencha pour l'embrasser et lui caressa les cheveux.

— Je ne suis pas aussi courageuse que lui…

31

L'avion amorça sa descente sur Tan Son Nhut et, vu du ciel, l'aéroport ne semblait pas avoir changé, mais il y avait beaucoup plus de cratères de bombes que trois ans auparavant. A Saigon les choses s'étaient dégradées. Dans les rues, on voyait beaucoup plus de mendiants, pour la plupart des enfants de militaires abandonnés par leur père rentré au pays et dont les mères vietnamiennes ne voulaient pas non plus. La drogue et la prostitution étaient encore plus répandues, et de nombreux bâtiments étaient menacés de ruine. C'était le chaos. Même l'hôtel Caravelle avait perdu de son lustre. Pourtant, le personnel se souvenait d'elle et se montra très aimable. On lui donna une autre chambre, et c'était bien ainsi : elle n'aurait pas supporté de se retrouver dans la pièce où elle avait autrefois vécu avec Tony.

Le bureau de l'Associated Press était resté le même, et elle y retrouva quelques têtes connues. Si rien n'avait bougé en apparence, les choses avaient pourtant sensiblement évolué depuis le départ des soldats américains. Elle commença par reprendre ses anciens contacts. Bien qu'elle se fût depuis longtemps réadaptée à la vie occidentale, elle se sentait toujours chez elle ici. Cependant trop de souvenirs douloureux l'assaillaient. Pendant ses nombreuses insomnies, elle pensait à Joey. Si les choses lui paraissaient différentes, c'était aussi parce qu'elle-même avait changé. A vingt-sept ans, elle était plus aguerrie, et moins intrépide que lorsqu'elle partait en reportage avec Ralph cinq ans auparavant.

A présent elle sillonnait le pays seule, dans une voiture de location. Elle s'allouait parfois les services d'un chauffeur ou se faisait accompagner par un photographe de l'Associated Press. Partout où elle allait, dans chaque village, chaque région, chaque ruine, elle cherchait Tony. En vain. Mais elle se dit qu'en persistant à interroger le plus de monde possible elle finirait bien par retrouver sa trace, s'il était encore vivant. Peut-être était-il terré quelque part, trop estropié pour oser sortir… elle rêvait de le soigner avec amour et de le ramener à la maison…

En constatant les dégâts causés par les troupes nord-vietnamiennes et les bombardements américains, elle réalisa à quel point cela avait dû être difficile de survivre et de se cacher ici.

Apprendre sa mort l'eût soulagée. Savoir enfin quelque chose ! Retrouver un lambeau de tissu, une mèche de cheveux… qu'importe. Une parcelle de ce qui autrefois avait appartenu à Tony.

En juin, Graham Martin remplaça Ellsworth Bunker

à l'ambassade, et le scandale du Watergate éclata à Washington. Paxton se passionna pour cette affaire. Elle épluchait les télex avec intérêt : les enjeux politiques devenaient de plus en plus complexes et elle continuait à écrire ses articles sans pour autant renoncer à chercher Tony. En juillet le président Nixon nommait Kissinger aux Affaires étrangères à la place de Rogers. L'été fut calme. Il pleuvait sans cesse, et Paxton sillonnait inlassablement le pays, montrant des photos de Tony et interrogeant les gens, mais elle ne trouva trace de lui nulle part, et finit par attraper une pneumonie.

En septembre, elle allait mieux et put reprendre ses recherches, dont elle faisait le compte rendu chaque semaine à Joey. Elle-même commençait à trouver tout cela absurde. Mais qu'est-ce qui avait encore un sens au Viêtnam ? Elle côtoyait sans arrêt ces enfants mi-américains mi-vietnamiens qui mendiaient dans les rues, leur donnait ce qu'elle pouvait, argent ou nourriture, mais leur situation était désespérée. France avait choisi d'épargner à ses enfants un sort aussi tragique en se suicidant avec eux, après la mort de Ralph. Difficile de se dire qu'elle avait eu raison mais, après tout, le doute était permis. Personne n'avait plus de certitudes, et Paxton moins que tout autre.

En octobre, Agnew démissionna de la vice-présidence et en novembre le Congrès, passant outre au veto de Nixon, vota une loi[1] qui restreignait considérablement le pouvoir de décision du Président en cas de conflit.

1. Le Congrès vota l'« Acte sur les pouvoirs de guerre », interdisant au président des Etats-Unis d'engager des forces à l'étranger pendant plus de soixante jours sans son autorisation.

Il fallait éviter qu'une telle situation pût se reproduire à l'avenir. L'échec au Viêtnam avait servi de leçon et le Congrès entendait bien désormais garder le Président sous sa coupe.

Paxton passa Noël à Saigon, se promettant de rentrer dès qu'elle aurait trouvé quelque indice concret, sinon elle se fixait un délai d'un an.

Et un an, jour pour jour, après son arrivée, le miracle se produisit : quelqu'un reconnut Tony sur une photo ; c'était une vieille paysanne du Nord qui l'avait trouvé dans un bois, lui avait donné à manger, et l'avait vu se faire emmener par deux soldats. Il avait donc été fait prisonnier à nouveau, mais par qui, et où ? Elle épargna à Joey le récit de cette nouvelle péripétie, mais sa découverte la stimula.

Trois mois plus tard, en août 1974, Nixon donna sa démission, après l'affaire du Watergate, et Ford fut élu. Le *Times* demanda à Paxton de rentrer, mais elle refusa. Elle écrivait des choses magnifiques sur le Viêtnam, à l'heure actuelle son seul centre d'intérêt.

Elle était encore à Saigon le Noël suivant. Son frère avait renoncé à entretenir toute relation avec elle, et Ed Wilson était intrigué chaque fois qu'il tombait sur sa signature. Ses articles étaient toujours inspirés, mais elle semblait s'être polarisée sur ce pays où elle avait fait ses premières armes, et qui l'avait meurtrie profondément, comme tant d'autres. Même Joey commençait à se poser des questions. Peut-être se plaisait-elle là-bas, et n'arrivait-elle pas à admettre que son père était mort, ou peut-être était-elle complètement folle, comme ses parents le laissaient entendre. Bien qu'elle fût partie depuis maintenant deux ans, il ne s'était pas fait à son absence, comme il le confiait parfois à sa grand-mère. Il n'était même pas sûr qu'elle reviendrait un jour. Il avait presque treize ans, son père avait disparu depuis cinq ans, il ne l'avait pas revu depuis dix ans. C'était difficile de rester fidèle aussi longtemps à un absent. Mais Paxton, elle, ne semblait pas prête à renoncer, même si elle devait y perdre la vie.

De temps en temps, quelqu'un prétendait reconnaître Tony, mais comment savoir s'il disait ça pour avoir une petite récompense, ou pour lui faire plaisir ?

Le Sud-Viêtnam était en pleine détresse, Paxton écrivit un article faisant état des promesses faites secrètement par les Américains d'évacuer un million de personnes avant que le Sud ne tombe aux mains des communistes. La chute était imminente et elle savait qu'elle devrait rentrer coûte que coûte et abandonner Tony, mort ou vif.

A partir de février 1975, la situation s'aggrava encore. Des flots de réfugiés venus du Nord envahirent Saigon. Plus au nord, un million de personnes fuyant les communistes par tous les moyens se répandit dans Da Nang. Ce fut un véritable exode. Huê venait de tomber et les civils ne furent pas épargnés par les bombardements nord-vietnamiens. Pris de panique, les gens couraient en tous sens, couverts de sang. Des enfants furent piétinés par la foule. Les télex s'affolaient, intimant l'ordre de partir. Les aéroports, les docks, les plages furent pris d'assaut. Paxton en oublia ses recherches et redevint correspondante de guerre.

A Pâques, Da Nang à son tour fut prise par les communistes, et les Américains commencèrent à plier bagages. Paxton dut s'y résigner à son tour. C'était la fin. Les Américains qui étaient restés à Saigon tenaient à partir avant l'arrivée des communistes et les Vietnamiens sympathisants craignaient de terribles représailles. Cinquante mille personnes quittèrent ainsi la ville courant avril. On avait promis asile à un million de Vietnamiens mais cela devenait de plus en plus utopique.

Le *Times* avait enjoint à Paxton de rentrer, mais elle avait obtenu de l'ambassade l'assurance d'avoir une place sur le dernier vol et elle se tenait prête à partir. Son sac était bouclé. Elle continua à couvrir la chute de Saigon avec son propre appareil photo. Elle avait enfin cessé de chercher Tony. Il fallait se rendre à l'évidence, il était mort et les gens qui disaient l'avoir vu avaient menti, ou ne lui avaient dit que ce qu'elle voulait entendre. Elle était tellement épuisée qu'elle n'arrivait même plus à penser à lui. Elle n'aspirait plus qu'au retour, à la paix. Et puis elle avait envie de revoir Joey.

Le 25 avril, le président Thiêu partit pour Taiwan. Le 28, les communistes étaient aux portes de Saigon, à Newport Bridge, face à l'armée du Sud. Paxton se trouvait à l'ambassade à ce moment-là, à l'affût des ultimes bulletins d'informations. Elle voulait être parmi les derniers à quitter Saigon.

Le 29, les aides de camp de l'ambassade annoncèrent solennellement que l'« Option IV » entrait en action. C'était la plus vaste opération d'évacuation en hélicoptère enregistrée à ce jour. Pourtant un million de Vietnamiens allaient être abandonnés. Paxton assista aux opérations tandis que les communistes continuaient à bombarder l'aéroport de Saigon.

Sous une pluie fine et persistante, dix-huit heures durant, soixante-dix hélicoptères transportèrent les civils de l'ambassade jusqu'aux porte-avions ancrés au large. Un millier d'Américains furent évacués, ainsi que six mille Vietnamiens. On était encore loin du compte.

Des bus avaient été prévus pour véhiculer les gens jusqu'à l'ambassade mais la confusion était telle qu'ils furent coincés dans les encombrements et ne parvinrent jamais à destination. Un vent de panique soufflait sur la ville, et il y avait de plus en plus d'enfants abandonnés.

Vers midi, Paxton sortit pour essayer de venir en aide aux gens, mais elle ne put même pas se frayer un chemin dans la cohue. La foule avait forcé les grilles depuis plusieurs heures et envahi le périmètre de l'ambassade pour accéder aux hélicoptères dans une indescriptible bousculade. Il y avait là des citadins, des villageois, quelques Américains, beaucoup de Vietnamiens cherchant désespérément à échapper aux communistes. Elle savait qu'elle allait partir bientôt ; en faisant demi-tour pour regagner l'ambassade, elle se sentit soudain agrippée, et un bras se tendit vers elle : c'était un homme, un vieux Vietnamien qui essayait de l'attirer vers lui. En se débattant pour échapper à son étreinte, elle se rendit compte qu'il était à demi conscient. Il était couvert de boue et dégageait une odeur épouvantable ; à peine eut-elle réussi à le repousser qu'il tomba en titubant dans ses bras.

Elle crut reconnaître son visage… non, c'était impossible ! Elle avait perdu la raison… c'était une cruelle plaisanterie !

L'homme murmura quelques mots en vietnamien en se redressant, et elle se pencha instinctivement pour le rattraper au moment où il allait s'évanouir. Il n'y avait pas de doute. C'était Tony.

— Oh ! mon Dieu !

Ils étaient pris dans la foule compacte qui se ruait vers les hélicoptères. Il n'y aurait pas de place pour tout le monde.

— Comment es-tu arrivé jusqu'ici ?

Elle était encore sous le choc et le dévisageait intensément, se demandant si elle n'était pas victime d'une hallucination.

Il marmonna quelque chose en vietnamien, et il comprit qu'il était sauvé. Il ne savait pas qui elle était, mais c'était une Américaine. Il n'avait plus rien à craindre.

— Sergent-major Anthony Campobello, de la base de Cu Chi, Vietnam, se mit-il à réciter alors qu'elle le traînait vers l'endroit où on chargeait les hélicoptères.

Il n'y avait pas une minute à perdre. Il fallait partir. Il avait une méchante entaille au bras, et il lui jeta un regard perdu. Des larmes se mirent à rouler doucement le long de ses joues.

— Vite ! hurla-t-elle dans le vacarme.

Quelqu'un essaya de lui mettre de force un bébé dans les bras. Mais elle n'emmènerait que Tony. Elle s'était battue depuis trop longtemps pour lui.

— Viens Tony, allez !

Il faillit s'évanouir à nouveau face à l'escalier très raide accédant à l'hélicoptère. Elle n'aurait pas la force de le tirer toute seule.

— Bon sang, lève les pieds, grimpe ! cria-t-elle avec l'énergie du désespoir.

Elle était en larmes. Tony pleurait de joie. Il lui avait fallu deux mois pour sortir du tunnel où il se terrait et rejoindre la banlieue de Saigon. Il avait réussi. Et il avait retrouvé Paxton. Il ne comprenait pas comment ce miracle s'était produit. Ils étaient à nouveau réunis. Qu'importe s'ils mouraient maintenant.

— Cet homme est un prisonnier de guerre ! hurla-t-elle.

Soudain deux bras puissants le hissèrent à bord de l'hélicoptère et elle s'élança derrière lui.

Ils étaient désormais hors de danger, et libres. Le Viêtnam s'éloignait lentement derrière eux. Il y avait encore des malheureux, des morts, des laissés-pour-compte. Mais elle ne pouvait plus rien pour eux désormais. Elle avait fait tout son possible pour faire connaître la vérité, elle était restée sept longues années à se battre, à écrire sans relâche. Ça n'avait que trop duré. Trop d'hommes y avaient laissé leur vie...

Elle regardait Tony avec incrédulité : il était épuisé, meurtri, couvert de cicatrices, quasi méconnaissable, mais il était en vie. L'hélicoptère amorçait sa descente vers le porte-avions.

— Où diable étais-tu ?

Son visage maculé de boue s'éclaira d'un sourire. Il avait erré dans des tunnels pendant deux ans et avait survécu à des horreurs inimaginables. Il s'était dissimulé dans un wagon rempli de terre pour parvenir à Saigon. Et puis le miracle s'était produit, il l'avait retrouvée par pur hasard, ou grâce à la Providence.

— Je te cherchais... dit-elle en essuyant tendrement son visage. Je t'ai cherché longtemps, très longtemps...

On les aida à descendre de l'hélicoptère et des cris de bienvenue fusèrent de toutes parts.

Tony se mit à pleurer, et elle le serra de toutes ses forces dans ses bras. Le drapeau américain flottait au-dessus de leur tête et il murmura au milieu du tohu-bohu :

— Je t'aime, Delta Delta...

Le lendemain, 30 avril 1975, à onze heures, Saigon tomba aux mains des Vietnamiens du Nord et l'armée du Sud se rendit. C'était la fin du combat que les Etats-Unis avaient mené à son côté depuis tant d'années.

Tony et Paxton regagnèrent les Etats-Unis à bord du navire Blue Ridge. Ils allaient retrouver Joey, et tout un univers dont ils étaient séparés depuis trop longtemps, mais qui vibrait encore dans leur cœur. Pour eux comme pour des milliers d'autres, le Viêt-nam appartenait désormais au passé. Le cauchemar était terminé.

TABLE DES MATIÈRES

POCKET N° 16452

Il a suffi d'un instant…

Danielle STEEL

COUP DE FOUDRE

Timmie O'Neill a toujours eu un coup d'avance sur la prochaine tendance, un don inné pour les affaires et une audace sans pareille. En vingt ans, partie de rien, elle est devenue la grande prêtresse de la mode. Mais à quelques minutes du lancement de son défilé parisien, Timmie se sent défaillir. Appelé en urgence, le docteur Jean-Charles Vernier préconise une hospitalisation. Entre l'Américaine et le Français l'amour est aussi immédiat qu'impossible…

Composition et mise en pages
Nord Compo à Villeneuve-d'Ascq

Imprimé en France par

MAURY IMPRIMEUR
à Malesherbes (Loiret)
en janvier 2018

POCKET – 12, avenue d'Italie – 75627 Paris Cedex 13

N° d'impression : 224223
Dépôt légal : novembre 2015
Suite du premier tirage : janvier 2018
S25070/03